중첩되는
전후론

탈구성적
‘국민화’

이 저서는 2017년도 정부(교육부)의 재원으로 한국연구재단의 지원을 받아 한림대학교 일본학연구소가 수행하는 인문한국플러스지원사업의 일환으로 이루어진 연구임 (2017S1A6A3A01079517)

중첩되는
전후론

탈구성적
'국민화'

| 전성곤 지음

# 서론

우리들은 일상에서 내셔널리즘이나 민족주의 혹은 국민주의라는 말을 아무런 '의심 없이' 받아들이는 것을 자주 마주하곤 한다. 이 용어들이 공통적이며 균질적인 의미를 갖고 있다는 것을 의심하는 사람은 과연 필자뿐일까. 아마 그렇지 않을 것이다.

그러나 필자는 혹시 있을지도 모르는 '비의심자'를 상정하여 비판적 견해 없이 사용되는 이 '내셔널리즘'·'민족'·'네이션'이라는 용어가 어떻게 '민족 혹은 국민' 개념으로 '정의'되었는가를 논하고자 한다. 동시에 이 용어가 무엇을 기초로 하였기에 민족과 국민 개념의 기초로 표출되었으며 어떻게 정형화되면서 차별과 배제를 재생산하고 동질성을 구성해왔는가를 살펴보고자 한다.

예를 들면 민족이나 민족주의 혹은 국민국가 개념이 어떻게 사용되는가를 살펴보자. 세계적으로 유행하는 저서가 된 베네딕트 앤더슨(Benedict Anderson)의 경우를 보자. 영어의 원제목인 저서 *Imagined Communities: Reflections on the Origin and Spread of Nationalism*이 일본어로는 『상상의 공동체-내셔널리티의 기원과 유행』으로 번역되었다.

여기서 필자가 주목하고 싶은 것은 영어 원제목의 'Nationalism'을 일본어의 가타카나로 내셔널리즘이라고 표기되었고, 본문에서는 'national'이라는 용어를 '국민적'이라고 번역한 점이다. 일본의 역자는 내셔널리티를 국민적 귀속이라고 표현하면서 원어 'nationality' 에 대해서는 다음과 같이 주석을 달아 설명했다.

'통상' 국민성이라고 번역되는데 실은 ① 국민적 성격(국민성), ② 내셔널리즘, ③ 국민적 지위, 귀속, 특히 법적 지위(국적), ④ 국민으로서의 정치적 독립 또는 국민으로서의 존재, ⑤ 출자(出自), 전통, 언어 그 이외의 것을 공유하고 국민국가를 구성할 수 있는 인민(국민) 등의 의미를 갖고 있기 때문에 국민성으로 하기에는 오해를 불러일으키기 쉽다. 따라서 여기서는 이 언어가 갖는 이러한 다양성을 감안하여 내셔널리티라고 표기하고, 문맥상 적당하다고 판단되는 경우에는 국민적 귀속, 국적, 국민 등의 번역을 붙이기로 한다. 네이션은 국민, 내셔널리티는 국민적 귀속, 내셔널리즘은 국민주의라고 적지만 정의하기에는 매우 어렵다.[1]

'통상' 국민성이라고 번역된다고 설명하면서도 구체적인 내용을 보충했는데 분명한 것은 원어 'nationality'를 국민이라고 번역한다는 점이다.

그럼 한국의 경우는 어떠한가. 한국에서는 『상상의 공동체-민족주의의 기원과 전파에 대한 성찰』로 번역되었다. 한국어 번역본에는 'Nationalism'을 '민족주의'로 표현했고 'national'이라는 용어를 '민족'이라고 적고 있다. 또한 'nationality'는 '민족성'이라고 표기했다.[2]

---

1) ベネディクト・アンダーソン 著, 白石さや・白石隆 訳 (1999), 增補想像の共同体―ナショナリティの起源と流行. 東京: NTT出版, 19-22.

2) 베네딕트 앤더슨 저, 윤형숙 역 (2002), 『상상의 공동체-민족주의 기원과 전파에 대한 성찰』, 나남 pp.19-27.

이처럼 내셔널리티를 국민이라고 번역하는 것과 내셔널리티를 민족성으로 표기하거나 내셔널리즘을 민족주의로 번역하고 있는데, 이는 이 용어의 정의가 어렵다는 점을 보여주기도 하지만 한국과 일본에서 다르게 표기한 것은 단순히 '통상적인 특성'이라고 받아들여야만 하는 것일까.

여기서 필자는 내셔널리티나 네이션이 국민성이나 국민 혹은 민족주의, 민족이라고 표기되는 것 자체를 문제 삼으려는 것이 아니다. 오히려 내셔널리즘이 국민주의나 국민으로 번역되는 것을 통해 어떻게 국민·국가를 위화감 없이 인식하게 되었는가를 묻고자 한다. 그것은 내셔널리티를 민족주의나 민족으로 번역하는 것도 마찬가지이다.

바로 이 부분을 고민하던 중에 필자는 고야스 노부쿠니(子安宣邦)가 제시한 '개념 해독'을 시도하면서 내셔널리티와 네이션 혹은 국민국가, 민족주의, 국민, 민족 개념이 어떻게 '다르면서 일원화'되었는가를 밝혀내는 작업에 도전하게 되었다. 사상가 고야스 노부쿠니는 내셔널리즘이 해독되어야 한다고 주장했다.

고야스 노부쿠니는 여기서 해독이란 역사적 지층의 담론 위에 그러한 개념들이 어떻게 성립되었는가를 읽어내는 일이라고 논했다. 그리하여 만약 일본 내셔널리즘을 해독하기 위해서는 내셔널리즘이라는 말과 불가분의 관계인 네이션을 함께 이해해야 한다고 했다. 이렇게 본다면 내셔널리즘이나 네이션이 모두 외래어이기 때문에 이 용어들이 어떻게 수용되었는지를 우선 묻지 않을 수 없다.

즉 이러한 용어들은 모두 서구에서 성립된 개념인데, 이 개념을 일본어로 정의하는 것은 유럽에서 그 개념의 성립과정을 추적하면서 동시에 일본어에 유사어를 대입시키거나 혹은 신조어를 만들면서 재구성하는 작업이 있었기 때문에 바로 이것을 더듬어보는 작업이 필요하다는 주장이다. 여기에는 다시 시차의 문제, 내부와 외부 이중성의 동시성도 포함된다.[3] 이것은 개념의 전이 프로세스의 해독이라고 이해할 수 있을 것이다.

필자는 민족이나 국민 개념이 일차적으로 서구에서 형성된 개념이라는 점을 감안하여 이 용어가 일본어로 정착되는 과정에서 어떤 변용이 일어났는가 혹은 어떻게 새로운 개념을 만들어냈는가를 고찰했다. 이를 위해 민족과 국민 개념 사이에 존재하는 시차의 문제, 내부·외부가 다중적으로 통합되는 구조를 파악하고자 했다. 제목을 탈구성적 '국민화'이라고 한 이유는 바로 이 점에 착안했기 때문이다.

안토니오 네그리(Antonio Negri)는 구성적 권력이라는 용어를 활용하여 자율적인 면과 능동적인 자기 조직화하는 민중의 삶(생, 生)의 힘을 가리키는 것으로 사용했다. 그런데 그 구성적 권력이 점점 힘을 잃게 되었다고 보고 이를 어떻게 하면 재구성할 수 있을까를 논했다. 네그리는 이를 통해 '자본주의'와 '사회주의'를 초극할 수 있는 가능성을 찾고자 했다.[4]

그런데 필자가 여기서 탈구성적이라고 한 것은 네그리의 이론이 자칫 잘못하면 일본의 전후를 긍정하는 '위험성'이 내포되어 있다고 여겼기 때문이다. 왜냐하면 전후 일본의 마르크스주의 역사학자

---

3) 子安宣邦, 『日本ナショナリズムの解読』, 白澤社, 2007年, p.1, pp.130-151. 子安宣邦, 『「維新」的近代の幻想: 日本近代150年の歴史を読み直す』, 作品社, 2020年, pp.1-292. 참조.

4) アントニオ・ネグリ 著, 杉村昌昭他 訳, 『構成的權力-近代のオルタナティブ』, 松籟社, 2000年, pp.1-513 참조.

들이 논하는 민족 개념은 피억압 민족 혹은 억압된 민중의 '힘'을 되찾아 혁신적 일본을 재창조하자는 다른 의미로 활용되었기 때문이다. 따라서 본서에서 필자는 동유럽에서 생겨난 단일민족과 다민족국가의 논리들이 결국 민족 자결권 또는 자치 논리들과 어떻게 만나게 되고 경쟁하는지를 고찰해보았다. 그것은 민족을 정의해가는 과정이었고 자본주의와 사회주의의 탄생과 연동되면서 객관적이고 과학적인 개념을 흡수하는 형태로 나타났다. 인식론적 방법론의 하나로 사회나 국가를 이해하는 개념은 보편적 민족론을 창출하게 되었고, 결국 민족 이론으로 정형화되었고 공통인식으로서 보편성을 띤 형태로 나타났다. 특히 일본에서는 민족 개념을 민중의 삶의 힘과 연결시켜 '민족의 국민화'·'국민의 보편화'를 만들어냈다. 바로 이 프로세스를 밝혀내기 위한 기점으로 동유럽을 논하고 일본의 전후를 탈구성적 논리로 재고하고자 했다.

사실 베네딕트 앤더슨의 논고는 상상의 공동체를 논하는 저서로서 해독되고 있지만 필자가 보기에는 이 앤더슨의 이론, 즉 상상의 공동체론도 역설적으로 민족이나 국민 혹은 민족주의, 국민국가라는 개념이 동유럽과 소련에서 시도된 상상된 공동체 만들기의 실천을 대상화하면서 형성되었고, 그 '인식 세계'를 통해 나타난 것으로 이해해야만 할 것이다.

그것은 당연히 마르크스 혹은 마르크스 이후의 마르크스주의가 세계사로 등장하면서 인지하게 된 계급이나 국가론이 계승되지만, 그와 동시에 계급과 다른 민족 개념을 통한 국가론을 각성하게 해주었다. 그 과정에서 언어와 생활 등이 문화 개념으로서 '공동체'론을 설명하는 요소들로 가시화되고 인지하게 되면서 발전하게 됨으로써 현현하게 된 것이다. 이는 역설적으로 보이지 않던 체계나 은폐된 세계를 다시 각성하게 해준다. 이것이 바로 시각의 탄생인 동시에 현재를 바라보게 하는 현재성인 것이다.

현재성이란 '내셔널리티를 국민성 혹은 민족성'이라고 해석하는 의미를 포함하면서 동시에 왜 그렇게 그 용어를 내면화했는가를 바라보는 의미에서의 현재성이다. 필자는 이러한 현재성을 이해하기 위해서는 개념 변용 프로세스에 나타난 재생산 논리를 검토하는 작업이 동반되어야 하는 점을 다시 상기시키고자 한다.

따라서 본 저서에서는 일본에서 민족 개념이 어떻게 국민주의 혹은 국민국가의 논리로 변형되는지 그 역사성과 변용과정을 풀어내 보고자 했다. 그 프로세스에서 중요하게 생각한 것은 바로 시차의 문제이며 일본 내부에서 해석하는 세계사의 양상 내용을 파악하는 점에 주목했다.

이에 대해 필자는 복수성을 고려해보았다. 즉 기존 연구들에는 일본의 내셔널리티나 네이션 개념들을 메이지기(明治期)에 착목하여 고찰했다. 근대 국민국가의 출발을 메이지기로 설정하고 메이지기 일본 내부에서 형성된 국민, 민족 개념을 고찰하는 작업이 매우 중요한 것은 두 말할 필요도 없다. 그것을 부정하는 것이 아니라 필자가 다시 주목하고자 하는 것은 1951년의 일본 상황이다.

일본은 1945년 이후를 '전후'라고 명명하거나 1955년에 유행한 '이제 전후가 아니다'라고 표현하면서 새로운 전후를 논하기도 하지만, 필자가 생각하는 전후는 '민족' 개념의 재구성을 통해 국민국가를 출발하는 국민화 작업이 시작되는 시점을 전후라고 보았다. 그와 동시에 일본은 국민국가를 재구성해냈고, 평화주의나 독립국가로서의 내셔널리티를 획득해가게 되고 경제대국으로서 파시즘을 잊어가며 과거를 소거하는 동시적인 중첩성이 진행되었다고 보았기 때문이다.

이러한 문제의식을 바탕으로 본 저서에서는 동유럽에서 형성된 민족 개념의 다의적 충돌, 그리고 민족 이론의 경합 속에 나타난 언어, 혈통, 지역, 문화 개념들이 어떻게 주권이나 다민족주의로 분파되는지를 살펴볼 것이다.

그 과정에서 나타난 자본주의 이론이나 사회주의 이론이 또 어떻게 민족 개념을 재구성하고 자치 문제와 중첩되는지를 밝혀내고자 한다. 이를 통해 스탈린이 만들어낸 민족 이론이 어떻게 해서 세계적 개념의 유행 담론으로 정형화되었는지를 논할 것이다.

그리고 이러한 역사적 프로세스 속에서 잉태된 민족 이론이 일본에서 어떻게 유통되었는지를 밝혀내고, 특히 일본 마르크스주의 역사학자들이 전후에 다시 전전을 어떻게 재구성하면서 '국민국가'가 완성되었는지를 살펴봄으로써 그 해독으로 자연스럽게 연결될 수 있다.

특히 일본이 패전 후 '아시아로의 회귀'가 갖는 역학을 보여주고자 했다. 이는 매개론적 국민사라는 말로 표현할 수 있는데, 이는 역사 속에 정신적 독립과 세계사적 시각을 집어넣으면서 일본 제국주의를 상대화하는 시도를 가리킨다. 첫째, 마르크스주의적 세계상을 일본에 대입하면서 '일본 고대국가론'을 정립하게 되었고, 그것을 바탕으로 '고대사=역사'를 정형화했다는 부분이다. 그 역사적 근거는 중세사부터 시작되었고, 그 중세사는 마르크스주의적 역사적 발전단계론에서 스탈린의 논리였던 민족체(民族体)를 활용하면서 창출해냈다. 이를 근거로 하여 역설적이게도 고대 민족론을 성립시킬 수 있었고 근대사가 조출(造出)될 수 있었다. 다시 말해서 고대와 근대가 쌍으로 연결되면서 일본 역사학이 성립되었다는 것이다.[5]

그리고 둘째로 일본 고대사나 역사학적 시대구분의 근거가 된 마르크스주의적 발단단계론이라는 '고정된' 이론을 통해 아시아를 재인식했고, 조선과 중국을 다시 열등 민족으로 재구성해내는 작업으로 이어졌다. 그런데 그것은 전전의 마르크스주의 역사학자들의 제자 또는 인맥으로 얽힌 전후 마르크스주의자들의 '역사·민족론'으로 거듭나는 '계통'의 연속선상에서 이루어졌다. 일본에서 형성된 전전과 전후의 민족적 역사학 혹은 역사학적 민족론은 일본인이라는 국민화의 길을 열었고, 민족이 국민으로 일원화되면서 전전을 소거해 버렸다.

그렇기 때문에 일본은 내셔널리티를 국민성이라고 번역하는 것에 위화감을 느끼지 않는 전후를 현재에도 끌어안은 채 살고 있다. 바로 그 인식의 기점을 더듬어보는 작업이 본 저서의 출발점이다. 그와 동시에 이를 밝혀냄으로써 일본이 1950년대를 지나면서 잃게 된 '국민국가적 전후'의 출발에 '결여된 아시아적 주체'가 내재되어 있다는 '주체적 아시아'를 재고하는 기회가 되었으면 한다.

본 저서는 전체적으로 서장을 비롯해 제5장으로 구성했다. 제1장에서는 전후 일본에서 스탈린의 민족 이론이 유행하게 되는데, 그것은 스탈린의 민족 개념을 일본에 대입하는 방식으로 진행되었다.

---

5) 安丸良夫,『戰後歷史学という経験』, 岩波書店, 2016年. 歴史学研究会 篇,『戰後歷史学再考』, 青木書店, 2000년 참조.

사실 스탈린의 민족 이론은 동유럽에서 진행된 시대적 상황 속에서 만들어졌고 민족 개념을 형성하는 과정에서 카우츠키, 레너, 바우어가 커다란 역할을 담당했다. 본 논고에서는 바로 이들의 연관성을 파악하여 민족 이론에 내장된 내셔널리즘을 규명해보고자 했다.

본론에서는 마르크스주의자 중 최초로 민족 이론을 제시한 카우츠키의 민족 개념의 형성과정을 검토했다. 카우츠키는 해머의 논문을 통해 민족이 근대 부르주아 이데올로기와 연결되어 있음을 학습했다. 그러나 해머와 반대로 카우츠키는 민족 개념은 '부르주아 민족'이 아니라 '프롤레타리아 민족'을 중시했다. 또한 언어가 민족을 구분하게 했으며 언어가 민족을 형성할 수 있는 매개물이 된다는 점을 중요시했다.

이를 근거로 카우츠키는 민족=언어공동체라는 이론을 만들어냈다. 카우츠키 이후 레너와 바우어 역시 민족은 자본주의 발달과정의 역사 속에서 형성된 것이라고 보았다. 그리고 볼크(volk)에서 나치온(nation)으로 변용되는 과정에서 민족 이론이 구축되었다고 보았다. 그러나 레너는 민족공동체에 대해서는 거리를 두었다.

바우어는 볼크와 나치온을 구분하면서도 민족을 성격공동체와 운명공동체로 간주했다. 바우어는 심리적 문화공동체론을 제시했고 이 공동체의 중추적 역할로서 언어를 강조했다. 바우어는 카우츠키와 마찬가지로 민족의 중심을 시민에게 두고, 노동자 계급이 포함되는 공동체론을 주장했다.

그러나 국제화를 중시한 카우츠키와 민족문화를 중시하는 레너와 바우어의 입장은 대립적이었다. 이러한 시기에 스탈린은 카우츠키의 언어공동체를 수용하면서 언어가 지배자와 피지배자, 상부구조와 하부구조를 통합하는 '세계를 아우르는 매체'로 보고 언어가 민족 개념에 중요한 부분을 차지한다고 설명했다.

스탈린은 레너와 바우어를 비판하면서 카우츠키를 계승하여 총체적으로 언어, 지역, 경제, 생활문화의 심리를 민족 개념으로 정의했다. 동유럽에서 발생하고 출현한 '민족 개념'이 확산되어 스탈린의 민족 이론이 정형화되었고 다언어가 탈배제성을 담아낼 수 있다는 논리로 재구성되었음이 드러났다.

제2장에서는 '마르크스'와 '마르크스주의' 사이에서 발생하는 '신(新)마르크스주의'의 논리와 일본에서 번역된 '스탈린 민족' 개념의 서사구조의 특징을 규명했다. 역사적 발전단계를 활용하는 카우츠키, 레너, 바우어의 '민족' 이론은 정통과 이단의 경계에서 세계적 민족론을 구성하고 있었다는 점을 재고했다.

특히 종족에서 민족으로 발전하는 프로세스 속에서 '중간체'를 거치게 되는데, 여기에는 '민족 되기'에서 탈락되는 '민족'이 생기는 논리를 구조화하게 되는 역설이 존재한다. 기존 자본주의사회의 발전과정에서 중심이 된 부르주아 민족론의 한계를 지적한 카우츠키의 논리에는 프롤레타리아가 주도하는 새로운 '민' 개념의 형성과, 이 과정에서 언어=민족공동체 개념이 활용되었다.

이를 추종하면서도 비판적 입장에 있는 레너와 바우어는 언어=민족공동체의 한계성을 극복하고자 문화공동체로서의 민족 개념을 재구성했다. 그러나 그들은 카우츠키와 마찬가지로 종족에서 민족으로 발전한다는 발전단계를 설정하고 그 역사적 프로세스를 설명하지만 유대인을 민족으로 간주하지 않게 된다.

민족 개념에 언어와 지역 개념을 중시했기 때문이다. 이러한 상황 속에서 스탈린은 언어가 지배와 피지배, 영토와 지역의 문제를 메파타로 설정하고, 부르주아 민족이 중심이 된 민족 개념에서 벗어나 프롤레타리아도 민족으로 등극해야만 한다는 것과, 그 프롤레타리아 민족들이 인터내셔널하게 연대하는 동시에 세계어의 공통화를 만들어낼 것을 주창한다.

그러나 그것은 카우츠키가 제시한 소수민족의 민족 개념이나 지역적 주변에 있는 민족들이 통합되는 민족주의까지도 내셔널리즘으로 연결될 수 있다는 '양가성'을 망각하면서 구축한 논리였다.

본 글을 통해 프롤레타리아 중에서 선진 민족이 후진 프롤레타리아 민족을 계몽시키거나 수준 높은 문화로 원조해야 한다는 스탈린의 논리를 발전단계론 이데올로기의 자장 속에서 스탈린의 내셔널리즘 조정(措定)에 있었음이 규명되었다.

제3장에서는 스탈린의 민족 이론을 이시모다 쇼가 어떻게 수용했는가를 규명하고자 했다. 스탈린이 제시한 마르크스주의적 민족 이론은 일본 전후 사상의 분기점이 되었고 민족주의 이론을 재구성하는 구조적 틀을 제공해주었다.

당시 일본은 전전의 파시즘을 반성함과 동시에 GHQ의 종속에서 벗어나고자 하는 이중의 문제를 해결해야만 하는 시대적 과제와 조우했다. 이를 타개하기 위해 이시모다 쇼는 스탈린의 역사 발전단계론 중 민족체(民族体)가 갖는 의미, 그리고 민족을 이해할 때 객관적 매개물로 활용된 언어를 중첩시켜 민족을 재해석했다.

즉 역사를 볼 때 단순하게 자본주의사회나 사회주의사회를 논하는 것이 아니라, 민족체라는 개념을 통해 재구성되는 역사과정 자체의 모순과 대립을 중시하는 역사 연구의 세계성을 발견하게 된다. 바로 민족체=나로도노스치와 민족=나쓰야를 이시모다 쇼는 민족=나로도노스치, 나쓰야=국민으로 치환시켰다. 이를 통해 스탈린을 거치면서 다시 마르크스가 제시한 역사 발전의 연속성을 재소환하고, 세계적 시각이라는 이름 아래 일본 민중의 국민적 내셔널 아이덴티티를 만들어냈음을 밝혀냈다.

제4장에서는 패전 후 일본은 전전의 파시즘으로 회귀하지 않으면서 동시에 미국 민주주의의 극복이라는 과제를 내걸고 있었다. 이 상황을 극복하기 위해 이시모다 쇼는 『역사와 민족의 발견』을 간행했다. 특히 필자는 이 저서를 분석하여 이시모다가 ① 스탈린의 이론을 어떻게 활용했는가, ② 실증주의 역사관의 한계성과 쓰다 소키치를 등장시킨 이유는 무엇인가, ③ 세계성의 의미를 재구성하고 민중 내셔널리즘을 각성하는 국민사 만들기가 어떻게 이루어졌는가를 밝히고자 한다. 먼저 ①을 규명하기 위해 제2장에서는 세계사를 보는 시각을 어떻게 설정했는가를 제시했다.

즉 자본주의와 사회주의 체제 중 어느 한쪽에 종속하는 것이 아니라 그 이론들이 어떤 역사적 경위에 의해 잉태되었는지를 아는 것이 세계사였다. 역사적 산물로서 '세계사'를 보는 입장이었다.

이를 근거로 세계는 서양과 동양이 아니라 부르주아 민족주의와 프롤레타리아 민족주의로 나누어진 것인데, 이 상황에서 일본은 부르주아 민족주의를 갖게 되었고 그 역사적 경위를 설명해냈다. 일본 파시즘이 형성된 이유로서 피억압 민족의 민족주의를 부르주아의 논리로 흡수한 점을 비판하고, 그 원인을 '서구 이론의 무비판적' 추종론에 두었다. 이 연장선상에서 ② 역시 실증주의 사관에 대한 일본적 수용 방식에 내재된 한계를 지적했다. 그러면서도 이를 극복하고자 한 역사가로서 쓰다 소키치를 소환했다.

쓰다 소키치는 관학 아카데미즘적인 실증주의 입장과 거리를 두고 근대 역사학을 만든 랑케의 방법론을 활용한 점에서 크게 평가받았다. 랑케가 역사학을 정의할 때 사용한 개별사와 보편사를 함께 보는 세계사의 창출 방법을 활용했다. 즉 쓰다 소키치는 일본이 고대부터 연속적으로 이어온 천황에 초점을 맞춰 천황이야말로 개별적이면서 보편적인 민중 심성으로 이어져 왔고, 전후 미국 민주주의와도 합치되는 민중 심리의 발현이라고 설명한다. 그것은 다시 세계사와 만나게 된다고 논한다. 이에 대해 이시모다는 고대로부터 민족이 존재했다는 점에 대해서는 비판적이었지만, 천황이 역사적으로 현현한 것은 일본의 자연성과 연결된다는 측면에서 동의했다.

이러한 논의는 결국 ③으로 귀결되는데, 그것은 세계성과 일본의 '자연성'의 결합이었다. 이시모다는 세계적 사상은 '인과관계'의 틈새를 각성하는 것이었고, 바로 이 세계적 사상을 통해 반미주의와 아시아 피억압 민족의 민족주의를 접속시켰다. 울트라 내셔널리즘 속에 존재하는 민중의 혁명적 내셔널리즘을 도출하는 민중 민족주의를 강조했다. 이는 세계사를 동원하면서 이분법과 에피고넨을 탈피하는 문법이기도 했지만, 일본의 전후 내셔널리즘의 기점을 만들었는데 그것은 투명하면서도 혼미적 일본성의 강조였다.

즉 전후 일본의 민족 내셔널리즘을 무색(無色)으로 되돌려 놓았고 새로운 대중 내셔널리즘을 호명하는 혼성 내셔널리즘을 출발시켜 언제든지 '자연적 천황주의'로 회귀하는 길을 열게 된 것이다.

제5장에서는 일본의 역사학 흐름에서 '실증주의 역사학'과 '마르

크스주의 역사학'은 역사관을 총체화하는 데 중요한 역할을 했다. 그 기본 골격은 '일본의 고대국가 형성'에 관한 증명이었다. 바로 이 지점이 실증주의 사학과 마르크스주의 역사학의 접점이었고, 이는 전전과 전후를 관통하는 일본의 국가론과 역사학에서 대구분을 정형화하는 중추적 역할을 담당했다. 그렇기 때문에 실증주의 사학과 마르크스주의 역사학자의 고대사 해석이 갖는 논리를 분석하는 것은 일본의 국가론과 고대사 해석 그리고 대외관을 들여다보기 위해 필요 불가결한 작업이다.

따라서 제5장에서는 전전과 전후의 역사학자들의 국가 기원론과 고대사 해석의 문제를 연속성의 문제로 다루고, 총체적 역사를 구축하면서 동시에 역사를 대상화하는 방법론 속에 내장된 특징들을 설명하고자 한다. 이를 위해 세 단계로 나누어 분석하고자 한다. 첫째, 메이지기 일본 역사학자들 중 실증주의 역사학자인 나가 미치요, 시라토리 구라키치, 미우라 슈코, 구메 구니타케, 쓰다 소키치의 '신화 해석'과 주변국에 대한 인식을 논한다. 즉 일본의 『고사기』와 『일본서기』를 기준으로 역사를 정당화하기 위해 주변국인 조선과 중국의 저서를 활용하지만, 결국 일본 중심주의를 강화하는 논리였다. 기년 연구의 허구성을 극복하고 고대국가의 형성을 설명한다는 점에서 진보주의적 역사학으로 간주되었다.

둘째, 이러한 전전의 고대사 해석에 대해 마르크스주의 역사학자들이 관여하는 논리와 그 논리에 작용하는 요소가 무엇인지를 규명하고자 한다.

대표적으로 전전의 실증주의 역사학자인 구로이타 가쓰미, 시라토리 구라키치, 쓰다 소키치의 영향을 받은 사카모토 타로를 중심으로, 이 사카모토 타로의 영향을 받은 이노우에 미쓰사다 그리고 나가 미치요의 입장을 계승한 사헤키 아리키요의 고대사관을 규명한다. 그리고 교정 그룹으로 불리면서 마르크스주의 역사학의 '아시아적 생산론', 즉 아시아 정체론과 고대사 발전단계론에 관여한 이시모다 다다시, 와타나베 요시미치, 도마 세이타의 일본 특수성론을 통해 고대사 및 중세, 근세의 시대구분법 탄생을 설명한다.

셋째, 마르크스주의 수용 문제는 유물(唯物)사관이냐 유인(唯人)사관이냐로 나누게 되는데, 전자에 해당되는 인물은 가와이 데이치였고 후자에 해당되는 인물은 다카다 야스마였다. 이것은 서구에서 이미 마르크스주의를 인간 철학으로 해석한 아담 샤프와 유물사관으로 해석한 루이 알튀세르의 논리를 답습한 것이었다.

일본에서 반복적으로 나타나는 유물사관과 유인사관은 결국 안토니오 그람시의 '인간학과 과학성'의 양면성을 결합시킨 것으로 수렴된다. 즉 역사학은 자신이 각성함으로써 역사 인식을 깨닫는 방법이며 그것은 현재적 의미로서 역사학이 강조된다.

즉 역사 인식은 전후 일본 내에서 부딪친 미국 제국주의에 대한 종속 탈피 논리를 전전에 일본이 감행한 식민지 지배가 가진 종속화 논리의 반성으로 연결하는 동시에 서구로부터 수용한 세계사적 학문을 다시 일본 내에서 특수성으로 재구성하려는 탈식민성의 문제로 전개된 점을 규명해낸다.

바로 이러한 프로세스를 통해 서구의 민족 개념이 형성되는 기원과 일본에서 전후 민족 개념을 재구성하는 데 있어 서구적 개념을 일본어의 국민 개념으로 재해석하는 논리를 밝혀낸다. 그런 의미에서 '스탈린적 모멘트'가 이시모다적 현실화로 연결된 문맥과,

일본에서의 전전과 전후의 승계가 어떻게 나타났는지를 생각해볼 수 있는 기회가 되었으면 한다.

저자 전성곤

# 목차

**제5장**

**일본 '마르크스주의 역사학'의 전후**

# 제1장

## '민족 개념'의 정형화와 탈구성적 표출

### -카우츠키, 레너, 바우어, 스탈린-

# '민족 개념'의 세계로


전후 일본에서는 스탈린이 제시한 '민족' 개념이 바이블이 되었다. 스탈린은 민족을 '언어의 공통성, 지역의 공통성, 경제생활의 공통성, 문화의 공통성 속에 나타나는 심리 상태의 공통성'[1]이라고 논했다.

이를 두고 다카시마 젠야(高島善哉)는 전후 일본에서 스탈린의 민족 이론이 정형화(定型化)를 이룬 프로세스나 배경을 고려하지 않고 스탈린의 민족 이론을 그대로 추종하는 것에 대해 비판했다.[2] 바로 이 지점이 본 논고의 출발점이다. 사실 민족문제의 원류는 19세기 '오스트리아헝가리제국' 내 다민족 구성 속에서 그 뿌리를 찾을 수 있다.

이 시기 민족 원리의 기저에 '영토와 민족, 언어와 민족'을 연결하는 시도가 이루어졌다. 즉 이 시기에는 민족, 민족주의의 독립이냐 연방제 다문화의 상호 공존이냐를 해결하기 위해 동원되는 '상상의 공동체'와 '국가 창조론'이 등장하고 있었다.

그런데 전후 일본에서는 이 두 문제를 고려하지 않은 상태에서

---

1) スターリン 著, 全集刊行会 訳 (1953),『マルクス主義と民族問題』, 大月書店, p.50.
2) 高島善哉 (1970),『民族と階級』, 現代評論社, p.146.

동유럽 민족주의를 '보편적 공동체 논리'로서 국민적 개념화해갔다. 그렇지만 스탈린의 민족 이론은 '조합주의적 작품 이론'이었고, 근대주의의 파생물임을 간과하면서 내면화되었다. 그렇기 때문에 전후 일본에서는 민족주의를 형성하면서 동시에 그러한 민족주의에 갇히게 된 것이다.

스탈린의 민족 이론은 19세기 동유럽의 시대적 상황 속에서 파생된 개념들을 수용·비판하면서 형성되었다. 그 영향관계의 중심인물은 카를 카우츠키(Karl Kautsky),[3] 카를 레너(Karl Renner),[4] 오토 바우어(Otto Bauer)[5]였다. 민족 이론은 마르크스주의 이론가인 카를 카우츠키가 만든 민족 개념 구도 속에서 파생된 것으로 레닌의 민족 이론으로 계승되었고 이것은 다시 스탈린으로 계승되었는데, 스탈린의 민족 이론은 이들의 영향관계 속에서 창출되었다.[6]

이처럼 민족 이론의 기원은 동유럽이라는 '세계'의 정치적·문화적 배경 속에 머무르면서 거기서 형성된 이론이 확대되어 러시아와 동아시아로 이어진 것임을 알 수 있다.[7] 그리고 이 논의들은 어니스트 겔너(Ernest Gellner)의 민족과 민족주의론[8]이나 베네딕트 앤더슨(Benedict Anderson)의 상상의 공동체론 그리고 에릭 홉스봄(Eric Hobsbawm)의 민족·민족주의론[9]의 토대가 되었다.[10]

3) 相田慎一 (1997), 「カウツキー」, 『民族問題』, ナカニシヤ出版, p.5.

4) 倉田稔 (1997), 「レンナー」, 『民族問題』, ナカニシヤ出版, p.127.

5) 上条勇 (1997), 「バウアー」, 『民族問題』, ナカニシヤ出版, p.153.

6) E. J. 홉스봄 저, 강명세 역 (2019), 『1780년 이후의 민족과 민족주의』, 창비, pp.136-137.

7) 田中克彦 (2000), 「ソビエト・エトノス科学論-その動機と展開」, 『一橋大学博士論文』, 大学院社会学研究科・社会学部, pp.7-8.

8) 장문석 (2019), 『민족주의』, 책세상, pp.49-51.

9) 박찬승 (2019), 『민족·민족주의』, 소화, pp.36-37. Ernest Gellner, Nations and Nationalism, Cornell Univ Pr, 2008, 1-150.

그 후 지금도 '민족'이라는 용어는 '에스니시티, 국민국가, 네이션, 내셔널리즘' 사이의 경계가 애매하고 공통된 이해가 부재인 상태에서 사용되고 있다.

이 용어들은 상호 관련성이 강한 단어이기는 하지만 내용 면에서 다른 뜻을 내포하는 경우도 있다. 즉 정의나 의미를 일괄적으로 사용할 수 없는 측면이 존재한다.[11]

영어의 종족, 민족, 민족 됨(nation-ness), 민족주의, 내셔널리즘의 정의가 매우 혼재적이라는 것을 번역서만 보아도 쉽게 알 수 있다.[12] 이러한 문제점에 착안하여 본 글에서는 민족 개념이 등장하게 된 배경과 카우츠키, 레너, 바우어의 논쟁 그리고 스탈린이 정의한 민족 이론이 어떤 요소들에 의해 구성되었는지를 밝혀내고자 한다. 그리고 이 요소들 사이의 관련성이 무엇이고 민족 이론이 전체적으로 어떻게 창출되어가는지를 논하고자 한다.

스탈린은 잘 알려진 것처럼 독재자적 정치가이며 레닌 이론의 변형자로서 후대에 비판을 받게 되지만,[13] 스탈린의 민족문제는 '마르크스주의자의 민족문제'를 고찰할 때 매우 중요한 역할을 했다는 점을 상기하여 스탈린이 정의한 민족 이론이 과연 어떠한 것이었는지를 고찰해보고자 한다. 이를 위해 먼저 이론의 역사적 흐름과 내셔널리즘이나 민족주의로 번역되는 이 용어들의 상상과 창조의 내용들을 검토하기로 한다.

---

10) アーネスト・ゲルナー, 加藤節監 訳 (2020), 『民族とナショナリズム』, 岩波書店, p.250.

11) 시오카와 노부아키(塩川伸明), 송석원 역 (2015), 『민족과 네이션』, 이담북스, pp.8-9. 塩川伸明 (2008), 『民族とネイション―ナショナリズムという難問』, 岩波新書, pp. i - ii.

12) ベネディクト・アンダーソン 著, 白石さや・白石隆 訳 (1999), 『増補想像の共同体―ナショナリティの起源と流行』, NTT出版, pp.19-22.

13) 高杉一郎 (1990), 『スターリン体験』, 岩波書店, pp.267-282.

# 2

## 일본에 수용된 민족 이론의 위상

일본에서 민족 개념이 형성되면서 국민 개념과 만나게 되는 논리는 메이지기(明治期)에 초점을 맞춰 분석되기도 한다.[14] 그러나 메이지기와는 또 다른 차원에서 전후 마르크스주의 역사학자들이 민족 개념을 재해석하고 새로운 민족주의를 고안해내고 있었다.

그런데 그것은 동유럽의 마르크스주의자로부터 발신된 민족 이론이었다. 전후 일본의 마르크스주의자들은 이에 주목했다. 마루야마 게이치(丸山敬一)는 오토 바우어를 마르크스주의자 중 민족을 정의한 최초의 인물[15]이라고 평가하며 오토 바우어로부터 민족 이론이 형성되었다고 논했다.

반면 아이다 신이치(相田愼一)는 바우어 이전에 이미 카우츠키가 1887년 「근대의 민족성」이라는 논고에서 민족에 대해 논했으며 카우츠키가 마르크스주의자 중에서 최초로 민족을 정의한 인물[16]이라고 주장했다. 또한 다나카 가쓰히코(田中克彦)도 마르크스주의 입장에서 민족 이론을 구축한 최초의 인물로서 카우츠키를 지명했다.[17]

---

14) 박양신 (2008), 「근대 일본에서의 '국민' '민족' 개념의 형성과 전개-nation 개념의 수용사」, 『동양사학연구』 104, 동양사학회, pp.235-265.

15) 丸山敬一 (1990), 『マルクス主義と民族自決権』, 信山社, p.204. 丸山敬一 (2003), 『民族自決権の意義と限界』, 有信堂高文社, p.3.

16) 相田愼一 (1993), 『カウツキー研究』, 昭和堂, p.408.

이들을 정리해보면 역시 카우츠키가 민족 이론을 제시하고 레너와 바우어가 이를 수용·비판하면서 민족 이론이 개념화되었다고 볼 수 있다. 그러나 민족 이론을 최초로 제시했다고 일컬어지는 카우츠키도 구이드 해머(guido hammer)와의 논쟁 속에서 민족 이론을 형성했기 때문에 이 부분도 함께 고려되어야 한다.[18]

그렇다면 해머, 카우츠키, 레너, 바우어의 민족 이론은 실질적으로 어떤 연결성이 존재했을까. 바우어의 저서『민족문제와 사회민주주의』가 민족 개념을 연구한 '마르크스주의 대저(大著)'[19]로 평가받으면서 마치 바우어가 최초의 민족 연구자인 것처럼 알려지기도 했다. 그러나 바우어는 레너의 민족 이론을 계승한 것이다.[20]

그리고 바우어의 저서는 레너와 브르노(Brno) 강령의 절충으로 볼 수 있는데, 이 브르노 강령에 영향을 준 것은 바로 카우츠키의 민족론이었다.

앞서 기술한 것처럼 민족문제에 관한 선구자로서 카우츠키가 있었고 레너와 오토 바우어의 등장이 있었다.[21] 그런데 민족문제에 대한 바우어의 입장은 카우츠키의 입장과 크게 다르지 않았다. 그렇지만 민족의 본질을 둘러싼 논점, 특히 민족의 개념과 민족의 장래, 즉 민족문화의 주장인가, 아니면 국제문화의 주장인가라는 문제

---

17) 田中克彦 (2001),「カール・カウツキーの国家語」,『言語からみた民族と国家』, 岩波書店, p.117.

18) 相田慎一 (2002),『言語としての民族』, 御茶の水書房, p.47.

19) カール・カウツキー 著, 丸山敬一 訳 (1999),「民族性と国際性」,『中京法学』34(1・2), 中京大学法学会, p.92.

20) カール・レンナー 著, 太田仁樹 訳 (2000),「国家と民族」,『岡山大学経済学会雑誌』32巻 2号, 岡山大学経済学会, pp.357-380. 上条勇 (2003),「オットー・バウアーと民族問題―O・バウアー『民族問題と社会民主主義』にかんする一研究」,『金沢大学経済学部論集』23巻 2号, 金沢大学経済学部, p.174.

21) 上条勇 (1994),『民族と民族問題の社会思想史』, 梓出版社, p.21.

에 대해 바우어와 카우츠키가 대립했다.[22]

  그리고 레너가 민족정책 중에서도 법률상 민족문제에 초점을 맞추고 있는 것에 비해 바우어는 민족이란 무엇인가라는 물음을 통해 '민족의 과거·현재·미래' 혹은 '민족정책의 모습'을 논한다는 점에서 차이점을 갖고 있었다. 그런데 바우어 쪽이 마르크스의 유물사관 입장을 견지하면서 더 넓고 포괄적으로 다루었다고 평가받았다.[23]

  이러한 상황 속에서 스탈린의 민족 이론이 출현하여 카우츠키, 레너, 바우어와 연동되고 있었다. 스탈린은 1912년부터 이듬해 1913년까지 빈(Vienna)에 체재하며 카우츠키와 바우어의 민족문제에 관한 논쟁을 학습하면서 『마르크스주의와 민족』을 집필한다.[24]

  이를 두고 마루야마 게이치는 "스탈린의 민족 개념은 결코 독창적인 것이 아니라 바우어와 카우츠키의 기계적인 절충을 넘는 것에 불과"[25]하다며 혹평했다. 그리고 스탈린이 레닌의 영향을 받았다고 논하기도 하는데, 레닌이 카우츠키를 '배교자'로 비판하는 것과는 반대로 레닌은 카우츠키로부터 많은 이론적 영향을 받고 있었다.

---

22) 相田愼一 (2002), 『言語としての民族』, 御茶の水書房, 69-70. 上条勇 (1994), 전게서, p.65. 물론 카우츠키가 제기한 민족연방제의 기본이념은 1899년 9월에 채택된 브르노 강령에서 실현되었다. 그러나 그것은 카우츠키가 의도한 것과는 다른 형태의 민족연방제로 제시되었다. 즉 카우츠키는 입법의 중앙집권화를 기본으로 하고 행정의 지방분권화만을 담당하는 의미로서 '지방자치=민족자치'를 주장했다. 그러나 브르노 민족강령은 민족적으로 구획된 자치적 지역을 설치하고 입법과 행정도 '보통, 평등, 직접선거'로 선출되는 민족의회에 의해 시행한다는 요구를 내걸었다. 즉 브르노 강령은 행정과 입법의 민족자치를 주장하는 것이었고 카우츠키의 구상에 비해 훨씬 독립적인 권한을 가진 민족지역의 연방을 채택했다.

23) 太田仁樹 (2019), 「カール・レンナーの属人的民族的自治論と二元的連邦国家構想」, 『岡山大学経済学会雑誌』 50巻 3号, 岡山大学経済学会, p.32. 太田仁樹 (2003), 「オット・バウア-『民族問題と社会民主主義』の論理」, 『岡山大学経済学会雑誌』 35巻 3号, 岡山大学経済学会, p.31.

24) カール・カウツキー 著, 丸山敬一 訳 (1999), 「民族性と国際性」, 『中京法学』 第34巻 第1・2号, 中京大学法学会, p.92.

25) 丸山敬一 (1989), 『マルクス主義と民族自決権』, 信山社, p.203.

레닌에서 스탈린으로 이어진 영향관계도 존재하지만 스탈린은 카우
츠키로부터도 직접적인 영향을 받은 것26)이다.

이상과 같이 정리하면 흐름상 혁신적인 내용이 드러난다. 카우츠
키, 레너, 바우어, 레닌, 스탈린의 논리에서 민족의 강조는 마르크스
나 엥겔스의 입장과는 대립하는 것으로 평가된다. 더욱 극단적인
것은 민족주의자의 입장이었다.27)

그러나 필자가 보기에 그것은 마르크스주의의 정통과 이단이라는
이분법을 넘어 마르크스주의의 연장선상에서 새롭게 생겨난 '마르
크스주의'라고 생각된다. 카우츠키 이후 레너, 바우어 등의 마르크
스주의 내부에서 민족을 둘러싼 논쟁이 그것을 말해주는데28) 이는
민족주의를 형성하는 프로세스 그 자체였다.

그런데 마르크스주의자의 민족주의 이론은 두 가지이다. 첫째는
민족이란 무엇인가라는 '민족본질론(민족의 정의)'을 전개한 부분이
고, 둘째는 마르크스주의 입장에서 당대에 당면한 민족문제를 어떻
게 해결할 것인가라는 '민족정책론'이다.29) 간단하게 말하면 민족정
책론이냐 민족 개념의 정식화냐라는 양방향이었다.

이러한 두 갈래의 민족문제는 마르크스주의자의 민족문제를 고찰
할 때 매우 중요한 단서가 된다. 민족 개념의 정립과 내셔널리즘으
로 이어지는 민족주의를 제시하는 역할을 했기 때문이다.30) 마루야

---

26) ミシェル・レヴィ(Lowy Michael) 著, 丸山敬一 訳 (1985), 「マルクス主義者と民族問題」, 『中京
   法学』 第20巻 第2号, 中京大学法学会, pp.28-53.
27) 太田仁樹 (2003), 전게서, p.32.
28) 相田慎一 (1997), 전게서, p.81.
29) 丸山敬一 (2003), 전게서, pp.3-5.
30) スターリン 著, 平沢三郎等 訳 (1953), 『マルクス主義と民族問題:他十篇国民文庫;第203』, 国民
   文庫社, pp.1-220.

마 게이치는 후자 쪽, 즉 민족정책론을 비교 검토하는 것에 충실했는데, 필자는 정책론을 세우기 위해서는 먼저 민족 개념의 정립이 어떻게 이루어지는지를 살펴보는 것이 중요하다고 여겨지기 때문에 민족 개념 형성의 프로세스를 검토하고자 한다.

# 민족 개념의 경위(境位)와 전회

## 1) 카우츠키의 민족 개념의 변전과 편재성의 경합

카우츠키는 '민족(nation)이란 무엇인가'의 질문에 답하는 형식으로 민족 개념의 정립을 위해 노력했다. 초기 카우츠키는 '민족'과 '인종'이라는 용어가 동일한 의미 내용을 갖는 것으로서 상호 호환 가능한 용어라고 보았다. 초기 카우츠키에 의하면 '통례적으로 국민(nation), 민족(nationalität), 인민(volk)이라는 세 개의 용어는 이 중 어느 하나로 대체할 수 있다'며 국민, 민족, 인민이라는 용어는 호환 가능하다고 주장했다.

그러나 1918년의 논문에서는 이를 구분해야 한다고 주장하게 된다. 말하자면 카우츠키에게서 국민, 민족, 인민이라는 용어에 대한 의식의 전환이 일어난 것인데, 결정적으로 카우츠키는 언어로서의 민족론을 '민족=언어공동체'로 정식화하고, 1904년 「오스트리아의 위기」라는 논문에서 그 논점을 명확하게 제시했다.

그 첫 기점이 된 '언어공동체로서의 민족론'은 1887년의 「근대의 민족」에서였다. 그 과정에서 카우츠키가 영향을 받은 것은 구이드 해머의 논문 「근대 민족의 해체(近代民族の解体)」였다.[31]

아이다 신이치(相田慎一)는 독일어 원문을 해독하며 해머의 논리를 잘 제시했다. 아이다의 분석에 따르면 해머는 '민족 니힐리즘'이 성행하던 시기의 인물이었는데, 해머 역시 '전제된 민족'에 의문을 품고 상투적인 틀에 박힌 내용에 대해 비판적인 입장에서 민족 개념을 논했다. 그런 의미에서 민족이라는 개념이 어떻게 형성되었는지 그 자체에 관심을 가졌고, 민족성이라는 것은 본래 미개의 종족에게서 나타나는 '종족적 동일성'에서 출발했다고 보았다.[32]

해머는 종족적 동속성(同屬性)이 민족적으로 변용된 것으로 보고, 근대적 민족 이데올로기는 과거 종족적인 세계에서 동속성으로 존재하던 민족성과는 다른 것으로 간주했다. 그리하여 민족 개념은 '인위적인 이데올로기', 즉 '인위적으로 과장된 부르주아의 민족 이데올로기'라고 보았다.

해머는 종족적 민족론이 변형되어 근대적 민족론이 형성되었고 이는 부르주아의 민족 이데올로기라며 비판했다. 부르주아의 민족 이데올로기는 실체적이지 않은 '민족 용어'라고 보았다. 따라서 해머는 민족에 구애받지 않는 '민족의 해체'를 주장했는데 그것을 국제화에서 찾았다. 민족은 과거 종족적 개념으로서의 민족이 아니라, 근대 부르주아에 의해 인위적으로 만들어진 이데올로기였기 때문에 그것은 국제적 교류를 통해 해체시켜야만 한다는 입장이었다.

또한 해머는 국제적인 새로운 민족을 주장하기 위해 '민족의 형

---

31) 相田慎一 (2002), 『言語としての民族』, 御茶の水書房, p.110.

32) 相田慎一 (2002), 전게서, p.47. 우리들이 미개의 민족 단계에 있는 유목민 내지 종족을 고찰한다면 우리들은 이러한 종족 내의 인간들 사이에 하나의 강력한 민족적 연대가 연결되어 있음을 엿볼 수 있다. 그것은 종족적 동속성과 연결된 종족적 동일성이라는 전형성(典型性)이다. 체격, 신장 그리고 용모는 모두 공통적이다. (중략) 언어도 공통이고 일(work, 仕事)도 공통이다. 낮은 교양 수준은 원래부터 정신적 소질, 견해 그리고 민족적 성격(volkskarakter)도 공통이다. 그 결과 종교, 생활 습관 그리고 윤리도 모든 종족 동포가 공유하고 있다. 간단하게 말하면 종족의 모든 개인에게 전형적인 것, 즉 민족적(national)인 것이다.

성과 언어'를 가져왔다. 즉 해머는 유일하게 언어만이 민족(volk)을 결합시키기도 하고 구별하기도 하는 요소라며 언어의 역할을 강조했다. 즉 언어가 어느 한 민족을 연대시키거나 반대로 타민족과 구별하는 '요소'로 작용하기 때문에 언어는 부정적 의미에서 연대와 구별을 담당하는 것이었다. 즉 해머는 부르주아의 민족 이론을 해체하기 위해 언어가 만들어낸 연대나 구별을 부정적으로 제시했다.

이 논고를 참조하면서 카우츠키는「근대의 민족」을 집필한다. 이 논고를 시작으로 카우츠키는 민족 이론을 형성해간다. 카우츠키는 '민족적이라는 말도 많은 기만(欺瞞)을 숨기고 있는 것'이라고 논한 해머의 말에는 동의했지만, 민족이 '인위적으로 만들어진 것'이라는 논의에는 동의하지 않았다.

카우츠키는 해머의 주장처럼 모든 민족이 경제발전, 즉 자본주의적 상품교역과 자본주의적 상품생산의 시대라는 세계사적 흐름의 등장과 궤를 같이한다고 논했다. 그러나 카우츠키는 해머가 주장한 근대적 민족 이데올로기가 부르주아적인 것이 아니라 그 반대의 시민적 이데올로기에 의한 것이었다고 보았다. 민족은 근대 시민층과 근대 민족이 동일한 기반에서 생겨났다고 보았다. 근대적 민족 이데올로기를 담당하는 역할은 소수의 부르주아였다고 보는 해머와, 민족을 시민이 담당했다고 보는 카우츠키는 대립적이었다.[33]

해머의 입장에서는 '민족=부르주아 이데올로기'라는 입장이고, 카우츠키는 물론 많은 부분을 부르주아가 담당하기는 했지만 '민족=시민 이데올로기'라는 시각으로 각각 대립적으로 나타났다. 그럼에

---

33) 相田慎一 (2002), 전게서, p.50.

도 불구하고 시대의 발전에 의해 민족 개념이 역사화된다는 시점은 공통적이었다. 이 공통적인 부분을 적극 활용하여 카우츠키는 '근대 시민층과 근대 민족'이란 동일한 기반에서 생겨났고 발전해 온 것이라고 보았다.

이는 다시 카우츠키의 민족 이론으로 치환되는데, 카우츠키는 민족이나 근대의 민족 이데올로기가 미개 단계에 존재하는 종족적 동일성에 근거하는 것도 아니고 인위적으로 만들어진 환영도 아니며 자본주의 발전에 근거를 둔 근대의 '역사적 소산'으로 수렴시켜간다.

그리하여 결국 카우츠키는 프롤레타리아도 민족적이지 않으면 안된다고 주장하게 된다. 즉 '프롤레타리아는 민족적'이라고 주장한다. 다시 말해서 카우츠키는 프롤레타리아가 민족적이어야만 한다고 보았다. 카우츠키는 해머의 '민족=부르주아의 소유물=민족의 대표'라는 정식을 거꾸로 뒤집은 것이다.

이는 프롤레타리아도 민족으로서 '가입'되어야 한다는 의미이고 근대 민족의 논리가 부르주아로 대표되는 민족과는 달라야 한다고 본 것이다. 그래서 카우츠키가 주장한 것은 '국제주의'였고 민족문제를 새로운 틀로 바라보기 위한 대응으로 자각하게 되었다. 물론 카우츠키는 민족의 존재를 전면적으로 부정하는 국제주의가 아니라, 민족의 존재를 전제로 하는 자유롭고 우호적인 협동을 의미하는 입장이었다.[34]

여기서 특히 중요한 것은 카우츠키가 '프롤레타리아도 민족'이 되어야만 한다고 주장한 부분으로, 프롤레타리아의 민족화와 함께 민

---

34) 相田愼一 (2002), 전게서, p.37.

족 자치와 국제주의의 양립론을 전개하게 된다. 프롤레타리아가 민족이 되어야 한다는 점은 마르크스가 공산당선언에서 '노동자는 조국을 갖지 못한다'고 지적하며 '프롤레타리아가 국민적 계급으로서 상승하고, 자신을 국민으로 구성해야 한다'고 주장한 것과 연결되는 부분이다.

즉 '국민=부르주아'의 논리가 '국민=부르주아'로 집중시켜 모든 지방까지 동원하여 '하나의 국민'으로 삼고 중앙정부의 법률 속에서 국민적 계급을 통일하는 논리가 될 위험성이 있었던 것처럼, 이 카우츠키의 논리도 민족의 정치적 이해에 휘말려 민족 국민이 되어야 한다는 주장으로 보일 위험성이 존재했다.

우에무라 구니히코(植村邦彦)가 논하듯이 마르크스가 주장한 것은 이러한 국민이 아니라 부르주아와 투쟁하면서 어쩔 수 없이 형식적으로 사용하게 되는 국민으로, 프롤레타리아가 국민적 이해를 대리하는 표상의 의미에서 자신들을 국민으로 삼아야 한다는 점이었다. 즉 정치적 이데올로기의 하나로서 국민이 되어야 한다는 표상적 의미였지 국민이라는 고유의 언어, 문화, 역사, 전통을 공유하는 민족공동체를 지시하는 내용은 포함되어 있지 않았다. 그리고 여기서 사용된 국민적이라는 형용사는 민족적(volkstümlich)인 것[35]으로 사용되었다.

카우츠키가 프롤레타리아도 민족이 되어야 한다는 의미는 마르크스가 논한 것처럼 프롤레타리아가 국민이 되어야 한다는 두 가지 의미 중 후자 쪽일 것이다. 카우츠키는 민족을 근대적 소산이라고

---

35) 植村邦彦 (2001), 『マルクスを読む』, 青土社, pp.127-133.

보면서 프롤레타리아가 민족이 되어야 한다는 의미의 국제적 민족화였다. 카우츠키는 민족을 근대의 소산으로 간주하는 입장에서 사회적 차이성을 만든 민족 개념을 다시 새로운 '민족' 개념으로서 국제적으로 형성해야만 한다고 보았다.

그리고 카우츠키의 민족 이론을 근본적으로 강화시킨 것은 엥겔스의『반듀링론』의 영향으로 카우츠키가 '마르크스주의자'로 전환하게 된 점이다. 카우츠키는『에어푸르트 강령 해설』을 집필했는데 이 저서에 나타난 자본주의에 대한 인식이『반듀링론』과 유사했다.

엥겔스는『반듀링론』에서 프롤레타리아가 혁명의 주체라는 표현을 사용하며 노동자 계급이 마르크스주의를 수용하지만 영국의 사례에서는 마르크스주의가 침투하지 않았다. 그런데 그 이유는 '비(非)프롤레타리아적, 즉 부르주아적'인 노동자 귀족이 존재하기 때문이라고 보았다. 카우츠키는 이 논리, 즉 노동자 계급이 혁명의 주체라는 규범을 계승하면서 이를 더욱 확장시키고 있었다. 카우츠키는 수공업에 일하는 노동자와 대공업의 노동자도 프롤레타리아로서 감정적으로 일체화될 수 있다고 보았다.

농업노동자와 농민도 노동자 계급이라고 지적하며 프롤레타리아 개념을 확장시켰다.[36]『반듀링론』을 읽어보면 듀링이 현실세계에서는 '모순=불합리'가 존재할 수 없다고 한다거나 모든 것이 '객관적으로 존재하고, 그것이 형태로 나타나는 것'에 불과하다는 본질적 차이의 출발을 강조하는 입장이었다. 그것은 곧 사물들을 정지나 분리 상태로 간주하는 논리로서 운동, 변화, 생존, 상호작용을 소거

---

36) 太田仁樹 (2019), 「変革主体論から見たマルクスの革命論とマルクス主義の革命論─発展それとも歪曲」, 『岡山大学経済学会雑誌』 51巻 1号, 岡山大学経済学会, pp.1-2.

시켜 버렸다. 이 두 세계를 왕복하는 다리를 설정하지 않은 것은 듀링이었다.[37] 카우츠키가 본질주의적인 듀링에 대해 안티적인 엥겔스의 논리를 추종했음을 알 수 있다.

카우츠키는 1918년 「민족(民族, Nationalitat), 국민(国民, Nation), 인민(人民, Volk)」이라는 논문에서 민족, 국민, 인민 개념을 다르게 사용해야 한다고 주장한다. 이러한 주장은 그의 저서 중 1927년『유물사관』에서 민족을 '운명공동체에서 잉태된 형질공동체'라고 주장한 바우어의 민족 이론과의 비판·반비판을 통해 정리해간다.[38]

카우츠키는 '국민'과 '민족'이라는 용어를 구별하지 않고 사용하던 시대임에도 불구하고, 바우어가『민족문제와 사회민주주의』에서 국민과 민족에 대해 상세하게 구별하는 논리를 제시한 것에 대한 평가였지 그 내용에 대해 인정한 것은 아니었다. 카우츠키는 언어공동체의 중요성을 강조하면서 언어공동체 쪽보다 형질공동체에 주안점을 둔 바우어를 비판했다.

바우어는 민족을 운명공동체에서 성장하는 성격공동체로 정의했다. 바우어는 공동체가 형성되는 과정에서 민족을 인식하는 데 기축을 이루는 것은 운명공동체라는 개념이라고 보았다.

이에 대해 치밀하게 분석한 오타 요시키(太田仁樹)는 바우어가 '민족은 자연공동체, 문화공동체, 교통공동체, 언어공동체라는 형태의 성격공동체로 나타난 것', 특히 이 성격공동체는 운명공동체를 통해 형성되는 문화공동체로서의 민족이었다고 정리했다.[39]

---

37) エンゲルス 著, 栗田賢三 訳 (1952),『反デューリング論』(上巻), 岩波書店, pp.196-197, p.202. 프리드리히 엥겔스 저, 김민석 역 (2010),『반듀링론』, 중원문화, pp.128-129, p.132.

38) 相田慎一 (2002), 전게서, p.33.

39) 太田仁樹 (2003), 전게서, pp.25-26. 바우어에 의하면 민족은 인류사의 발전을 통해 여러 가지

여기서 주목해야 하는 것은 바우어가 민족 규정을 이어갈 때 언어에 의한 민족 규정론을 비판하게 되는데, 그것은 언어를 중심에 두고 자본주의 발전과 민족 관계에 대해 역사적·사회적으로 고찰하는 카우츠키를 비판한 점이다. 즉 바우어는 언어공동체 하나만으로는 민족 개념 전체를 아우를 수 없다고 피력했다. 카우츠키는 언어공동체만으로 민족을 설명하는 것에는 문제가 있다는 바우어의 비판을 수용한다. 카우츠키는 언어를 민족의 유일한 규정 요인이 아니라고 말하면서 민족을 사회공동체로 만드는 요소에 대해 논한다.

우선 혈연을 예로 들었다. 혈연은 "인종(rasse)적인 것으로 이것이 바로 민족과의 동일시였다. 그러나 근대적 민족의 형성은 이 관점에서 벗어난 것으로 인구의 증가나 이주, 정주, 다른 종족과의 교류 속에서 사회공동체 공통의 혈연의 힘을 잃게 된다. 그것을 대신하여 인간사회를 뭉치게 하는 새로운 연대가 등장한다. 인간이 정주함에 따라 공통의 지역성이 중요해지는 원인이 된 것"[40]이라고 보았다.

카우츠키는 근대적 민족 형성에 지역 개념 또한 중요한 개념으로 상정했다. 이처럼 카우츠키는 혈연이라는 개념으로 규정된 인종과 민족의 연결성·분리성을 논하고 다시 지역공동체의 문제도

---

형태의 성격공동체로 나타난다. 자연공동체와 문화공동체와의 구별은 시계열적인 성격 변화를 의미하는 것이 아니라, 민족을 자연적 측면에서 보면 자연공동체로서 모습을 나타내고 문화적 측면에서 보면 문화공동체로서의 모습을 보임을 의미한다. 민족은 언어공동체로 나타나는 경우도 있고 그렇지 않은 경우도 있다. 성격공동체로서의 민족은 여러 가지 측면에서 규정되는 것이기도 하지만 중요한 것은 역시 역사적 프로세스이다. 민족적 성격은 역사의 침전물 이외에 아무것도 아니기 때문에 모든 순간에 민족이 체험하는 모든 새로운 사건과 함께 변화한다. 민족적 성격은 그것이 반영하고 있는 사건처럼 변하기 쉽다. 세계의 사건들의 정중앙에 놓여 민족적 성격은 이미 불변의 존재가 아니라 끊임없는 생성과 소멸 속에 있다고 논했다.

40) 上条勇 (1994), 전게서, p.68.

상정한다.

바우어는 카우츠키에게 답하듯이 1924년 개정판 서문에 언어공동체에 대해서도 논의를 전개했다. 바우어 역시 언어를 민족 해석에서 제외시키거나 경시하는 것은 안 된다고 논하며 이 둘을 절충하는 방식을 취했다. 카우츠키 역시 근대의 민족 형성은 역사 속에서 어떠한 형질을 만들어내고 또한 그것은 국민이나 민족의 정치, 경제와 어떠한 관련성을 갖는가라는 점을 파악하기 위해 언어공동체론에 '형질공동체'를 추가했다. 이후 카우츠키는 『유물사관』에서도 기본적으로는 'Nationalität'를 민족으로, 'nation'을 국민으로 그리고 'volk'를 인민으로 표기하며 그 표기법 및 의미와 내용에 차이를 두었다. 즉 카우츠키는 인민이 민족이 되고 민족이 국가를 이루는 '민족=언어공동체'의 입장을 바우어의 형질공동체와 접목시켜 설명해냈다. 카우츠키의 인식에서 민족을 형성하는 본질적인 메르크말은 언어의 공통성과 함께 개인 간의 이해와 역사적 공통성까지 고려하게 되었다.

이 점에서 카우츠키의 민족 이론 형성과정에서 나타난 개인 상호 간의 이해와 역사의 공통성을 중시한 바우어의 '민족=운명공동체론'과도 접속하게 되었다.[41] 또한 카우츠키는 언어로 매개되는 민족의 전통이 민족적 결합을 강화한다는 점을 강조했다. 즉 카우츠키는 언어란 민족 간에 교통수단으로서 의사소통의 수단으로 언어에 의한 민족 규정을 시행하는 것이 아니라, 언어에 의해 매개된 문화의 교류와 발생에 주목하게 된다.

---

41) 相田愼一 (2002), 전게서, p.40.

언어는 민족성을 결정하는 데 기본적인 조건이라고 재차 강조했다.[42] 다시 말해서 바우어가 주장하는 '민족=운명공동체론'과도 접속시킨 카우츠키이지만, 민족적 형질이나 민족문화 등의 공통성을 중시하는 바우어의 민족 개념은 민족을 사회적 조직 일반에 매몰시킨 것이라는 점에서 카우츠키 자신의 입장과는 다르다고 보았다. 즉 카우츠키가 인정한 것은 공통의 운명, 공통의 문화, 공통의 형질이라는 지표가 다종다양한 여러 요인의 작용에 의한 역사적 소산이며 이런 것들이 민족에 부착되는 것은 인정하지만, 이들 지표는 민족을 인간집단으로부터 엄밀하게 구별하는 단계에는 이르지 못했기 때문에 민족을 규정하는 결정적인 지표가 될 수는 없었다.

카우츠키는 레너나 바우어의 민족-문화공동체 내지 형질공동체설과 거리를 두었다.[43] 그러나 레너와 바우어 사이에서도 차이성이 존재했다. 레너는 민족문화의 존재를 인정하지만 민족이 문화공동체라는 것에는 반대했다.

카우츠키는 민족 규정을 위해 민족문화는 '하나의 요인'으로 인정했지만 그것은 절대적인 것이 아니라며 낮게 평가했다. 카우츠키는 하나의 민족문화에 그치는 논리가 아니라, 역사의 진전에 따라 민족문화가 서로 섞이고 혼종하는 것이라는 의미에서 민족문화만 고집하는 것은 의미가 없기 때문에 국제문화로 치환된다고 이해했다. 즉 민족문화는 특수한 것으로 보편적인 국제문화에 자리를 양보할 것이라고 이해했다.[44]

---

42) 上条勇 (1994), 전게서, p.68.

43) 相田愼一 (1993), 『カウツキー研究』, 昭和堂, p.363.

44) 上条勇 (1997), 상게서, p.170.

그리고 카우츠키는 하나의 민족을 다른 사회적 집단으로부터 구별하고 민족을 민족답게 하는 특유한 것에 대해 논한다. 그것은 사회적 입장이나 계급의 상위(相違)를 넘는 민족적 일체감으로서 표출된 공속(共屬) 감정인데, 카우츠키는 그것을 민족 감정이라고 보았다. 이 민족 감정이야말로 민족을 민족답게 하는 특유한 것으로, 카우츠키에 의하면 민족 감정을 낳는 것은 인간의 사회적 교통에서 불가결한 수단인 언어의 공통성, 즉 민족어의 공유에서 생겨난다는 것이다. 그는 이러한 언어의 공통성에서 생기는 민족 감정을 다음과 같이 논한다.

> 언어는 인간의 사회적 협동을 위한 첫 번째 전제조건이 된다. 우리들의 언어를 말하지 못하고 우리들의 의사소통을 시행하지 않는 사람들은 우리들 사회적 교통의 외부에 서게 된다. 그러한 사람들과는 반대로 우리들은 형질이나 사회적 입장이 어떠하든 우리들의 언어를 말하는 모든 사람들과 사회적으로 일체감을 느낀다. (중략) 이처럼 사회생활에서 담당하는 언어의 커다란 역할을 인식하는 것이야말로 우리들은 민족 감정이 갖는 힘의 핵심을 이해할 수가 있다.45)

카우츠키는 언어를 의사소통이라는 사회적 교통에서 불가결한 도구로서 생겨난 것, 언어는 도구 이상의 것으로 간주했다. 언어의 공통성은 형질적 입장을 초월한 사회적 일체감을 낳기 때문이다. 민족이 공통의 언어, 즉 민족어에 의해 사회적 교통을 이루는 한, 필연적으로 민족적 일체감으로서 민족 감정이 각성된다고 논했다.

즉 사회적 입장이나 계급의 상위를 초월한 민족적 일체감으로서

---

45) 相田愼一 (1993), 전게서, p.363.

민족 감정이 민족을 다른 사회적 조직으로부터 구별하고 민족을 민족답게 하는 것이라고 한다면, 민족의 가장 중요한 그리고 가장 결정적인 지표가 될 수 있는 것은 이 민족 감정을 형성하는 기초적인 요인인 민족어라는 언어의 공통성이다. 그리고 카우츠키는 자본주의의 발전, 근대적 민족에서 공통된 지역의 역할에 주목했다. 공통된 지역과 언어의 통일 문제를 논하고 더 나아가 근대국가로서 민족국가의 형성을 설명한다.[46]

카우츠키는 프롤레타리아가 민족이 되어야 한다는 논리와 민족 개념이 자본주의의 발전과 맞물리면서 형성된 것이며 언어와 지역의 문제를 연결해서 국가에 일원이 되는 민족국가의 논리를 통합하고 있었다.

카우츠키는 민족어와 국가어를 구분했다. '민족어'는 공존적이고 경합적이며 '국가어'는 배타적이고 독점적인 지위를 요구하는 의미에서 다르다고 보았다. 즉 다민족 혹은 복수의 민족으로 구성된 국가에서 어느 민족어가 국가어의 지위를 획득하는가라는 문제는 계급의 구별을 따지지 않고 민족의 초점이 된다는 점을 고찰한다. 카우츠키는 '모든 계급'을 통해 '공통의 이해'를 느낄 수 있음을 논한다. 즉 언어는 프롤레타리아에게도 자본가에게도 자신의 모어의 통용 범위가 크면 클수록 좋은 것이라고 생각했다.

그렇지만 국가어는 확대된 통일시장을 찾는 근대 자본주의의 부르주아적인 요구로 보았다. 언어가 갖는 전체성과 부분성에 대해 조정(措定)하고자 했다. 카우츠키는 민족을 규정하는 고유의 언어,

---

46) 上条勇 (1994), 전게서, p.68.

즉 모어 강조나 민족적 특질을 주장하는 논리에는 본래 부르주아적인 것이 내포되어 있음[47]을 지적하며 프롤레타리아가 시민이고, 카우츠키가 말하고자 하는 언어공동체는 부르주아의 방언으로서 배제의 타자적 집단이 아니라고 보았다.

물론 민족의 이익을 계급적 이익에 우선시해서는 안 된다는 레닌의 논리와는 다르게 활용되지만, 카우츠키의 민족과 언어의 문제에 대한 고찰은 레닌과 스탈린에게 토대를 제공하게 된다. 그 이전에 그 토대는 카우츠키가 해머, 바우어와의 비판과 조정 속에서 창출해낸 민족 개념이 보완되고 특화되는 형태로 재편된 것이었다.

그러나 이러한 논의, 즉 언어공동체를 민족이라고 본 것도 실은 문화 형성의 기초에 언어가 작동했다는 점, 언어를 중심에 두고 민족을 고려하는 사상이나 언어관은 독일의 시대적 사상적 계보와 깊은 관련이 있었다.[48] 민족성을 언어에 의해 설명하는 카우츠키가 이러한 시대적 사상의 '전통' 속에서 잉태된 것이라고 말할 수 있다.

## 2) 카를 레너와 오토 바우어의 민족 이론과 '언어'

레너는 민족(nation) 개념이 확정적인 것이 아니라고 보면서 민족(nation)을 정치학 개념의 분야에서 고찰해야만 하는 '국가론'이라고 보았다. 물론 레너는 민족 개념을 불확실한 것이라고 보고, 이를 이해하기 위해서는 발전사적인 측면에서 그 변천과정을 통해 국가론

---

47) 田中克彦 (2001), 「カール・カウツキーの国家語」, 『言語からみた民族と国家』, 岩波書店, p.123.

48) 田中克彦 (2001), 상게서, pp.138-139. 카우츠키의 언어공동체가 현대의 독일언어학에서 기초 개념의 하나일 뿐만 아니라 페르디낭 드 소쉬르(Ferdinand de Saussure)의 언어이론의 형성자 (形成子)도 되었다. 가벨렌츠(G. v. Gabelentz)에게도 언어와 민족의 관계에 대해 카우츠키가 생각한 것과 동일한 테마가 이 용어 아래에서 다루어지고 있다.

을 논해야 한다고 보았다.

우선 자기 자신이 무의식적이며 공통 이해의 감정이나 공동 행동의 결정까지 나아가지 않는 '언어-문화공동체'가 민족(volk)이고 정치적 의미에서의 민족(nation)은 아니라고 보았다. 제1차 혁명까지는 러시아 민족과 우크라이나 민족(volk)이 존재했는데, 처음으로 민족의식이 러시아의 많은 민족(volker)에게 나타났으며 제2차 혁명에서 우크라이나 민족(volk)도 자결권을 갖는 유럽 제 민족의 대열에 가담하고자 했다. 그러나 이 '중간단계' 이후에 근대 민족(nation)으로 어떻게 연결되는지는 사실상 부정확함이 존재한다.[49]

레너는 민족에 대한 의식이 자결권이라는 정치적 의미를 통해 인식된다고 보고 볼크가 민족으로 전환되는 지점에 대한 불확실성을 논한다. 이 불확실성을 설명하는 데 있어 민족이 들어오게 되는데 레너는 민족문제를 '공법에서 언어 통용의 문제'로 환원시켰다. 즉 모든 '언어의 동권(同權)'이라는 시각에서 민족원리, 통일국가의 이념, 동권과 자치의 요구가 기초에 있는 물질적 이익을 통합시킴과 동시에 은폐되는 표치(標幟)[50]라고 보았다. 즉 레너의 입장에서는 언어가 민족들 간에 '동일한 권리'를 갖는 평등한 것이라고 보았으며 민족원리나 통일국가의 이념들에 대해 설명하는 것이 아니라, 이러한 논리들이 무엇을 은폐하는가, 즉 차이의 통합을 위해 은폐하는 표식들로 간주하고 그 원리들을 파악하고자 하는 데 주안점이 있었다.

---

49) 太田仁樹 (2002), 「カール・レンナー『諸民族の自決権』(1)」, 『岡山大学経済学会雑誌』 34巻 2号, 岡山大学経済学会, p.68.

50) カール・レンナー 著, 太田仁樹 (2000), 「国家と民族(上)」, 『岡山大学経済学会雑誌』 32巻 2号, 岡山大学経済学会, p.177.

레너는 '언어'를 모든 민족에게 평등한 권리를 갖는 '동권'이라는 논리라고 보면서 이 언어의 동권이 갖는 의미가 민족의 원리나 국가의 이념들을 보여주기도 하지만, 차이를 소거시키는 은폐의 표식이라고 보았다. 즉 레너는 언어의 동권 속에 감춰진 통합성과 은폐성을 보여주고자 했다.

레너는 민족을 '사상생활과 감정생활의 공동체, 그렇기 때문에 순수하게 내적인 것'이라고 보았고 사상과 감정은 표현의 전달, 즉 민족어에 의해서만 공통의 것이 될 수 있다고 보았다. 그런데 그 민족은 생활공동체로서 사상과 감정의 전달이 핵심인데, 그것을 담당하는 것은 민족어라는 '공통의 언어'였다. 따라서 언어가 내적 감정을 전달하게 하는 중대한 역할을 하는 의미에서 언어·민족어·공통어의 의미를 확인해주었다. 언어의 중요성을 중시한 것, 즉 개인의 의지 중요, 영토와 관계없음을 논하면서 민족은 생활공동체이고 공통어가 사상과 감정의 전달 핵심을 차지한다고 보았다. 레너에 의하면 민족은 개인적인 것이며 지역에 의해 규정되는 것이 아니라는 '속인주의'에 중점을 두었다.

바우어 역시 민족(nation)은 근대적 개념으로 민족(volk)과는 다르다고 보았다. 일본어와 한국어로는 민족이라는 동일한 말로 표기되지만 민족을 'nation'과 'volk'로 구분했다. 즉 '제 민족(volk) 위에 보편적인 지배권을 유지하면서 내세우려는 교회와 로마 황제에 저항하며 중세적인 보편적 이념에 반대하고, 그 다음 단계로서 서구 전체에 퍼지고 민족 전체의 기체(肢体)가 다수의 중소 여러 국가로 분열하여 무수한 소국가의 지배권력에 대항했다. 교회적 일황제적 보편국가와 군주의 분립국에 대한 투쟁에서 비로소 근대적 민족 감정이 성숙하고 근대적 민족(nation)이 생성된 것'[51]이라고 논했다.

바우어 역시 민족 논리는 볼크(volk)에서 시작해서 그 볼크(volk)에 내재된 중세적 세계관의 모순과 투쟁하며 보편적 국가로 등장하는 과정에서 근대적 민족 감정이 형성되면서 민족(nation)이 개념화된다고 보는 입장이었다.

오타 요시키는 이 운명공동체에서 성장하는 성격공동체로서의 민족을 설명하는 바우어의 방식에 민족 형성의 역사적 프로세스를 유물사관에 빗대어 읽어낼 수 있다고 보았다. 즉 바우어가 민족을 역사적으로 고찰하고 각 시기 민족의 모습을 특징짓기 위해 가장 중시한 것은 문화공동체로서의 민족이었다. 바우어에 의하면 민족은 통일에서 분열을 거쳐 다시 통일로 나아가고 문화의 유지에서 상실(喪失)을 거쳐 재획득으로 향한다고 보았다. 이 재구성에 의해 근대의 민족문제를 읽어낼 수 있다고 보는 시각이 탄생하는 것으로[52] 민족, 즉 근대 시민국가가 균질하게 완성된 국가로서 민족국가를 연결시켰다.

바우어는 속인주의적 문화, 즉 민족문화를 존중하는 것을 중시했다. 그러나 카우츠키는 민족문화를 부정하지는 않지만 국제화의 입장을 주장했기 때문에 바우어와는 대립적이었다. 바우어는 국제문화도 민족문화의 공통항을 이루는 것에 불과하고 특수 민족문화 아래에서만 그것이 존재한다고 보았다.

바우어는 자본주의의 발전이 문화의 국제화를 강화하기도 하지만 민족문화의 부정은 아니라는 논리였다. 민족은 타문화를 자신의 입

---

51) 太田仁樹 (2002), 전게서, p.63.
52) 太田仁樹 (2003), 전게서, pp.25-26.

장에서 변형하여 받아들이는데 그것은 민족문화의 소멸이 아니라 변화를 의미하는 것으로, 그것을 국제문화라고 보았다. 바우어의 입장에서 '민족문화의 요구'는 '노동자 계급의 요구'라는 입장에서 부르주아의 민족 이론과는 다른 것이라고 보았다.

그런데 이것은 어떤 의미에서는 카우츠키가 주장하는 프롤레타리아의 시민운동으로서 민족의 개념화라는 것과 동일선상에 있는 논리로서 바우어가 민족문화를 매개로 인류 전체의 문화적 유산을 향유하자는 논리와 일맥상통하는 것이었다. 바우어에 의하면 노동자 계급의 생활수준의 향상은 그 문화적 요구를 만족시키는 전제가 되었고, 민족적 문화요구를 만족하는 것이야말로 노동자 계급의 진화적 민족정책이라고 본 것이다.[53]

이런 까닭으로 바우어는 민족국가를 근대국가의 전형적 형태라고 간주하는 것에 반대했고 노동자 계급의 문화 요구에 중점을 두었다. 노동자 계급의 민족국가 형성이 커다란 역할을 한 것은 간과하지 않았다. 즉 부르주아지가 공동체로서 민족을 발견했다고 보고 하나의 민족에 하나의 국가를 요구하는 민족성 원리를 내걸었는데 이것이 역사의 커다란 규정 요인이 되었다고 바우어는 보았다.

즉 "자본주의사회에서 노동자 계급은 민족적인 문화공동체로부터 배제되고 지배적 소유자 계급만이 민족의 문화적 유산을 횡령하고 있다. 사회민주당은 인민의 노동의 소산인 민족문화를 전 인민의 소유물로 하고, 그것에 의해 모든 동포를 민족적인 문화공동체와 연결시킴으로써 비로소 문화공동체로서의 민족을 실현할 수 있

---

53) 上条勇 (1997), 전게서, p.171.

도록 노력하는 것"54)이기도 했다.

바우어도 레너와 마찬가지로 민족문제를 문화적·개인적 측면에서 받아들이려고 했다. 바우어는 민족이란 본래 역사적인 개념으로 공통의 전통에 근거한 여러 가지 행동을 자유롭게 행할 수 있음을 요구한다. 그때 언어의 공통이라는 것은 민족성을 형성하는 데 중요한 요소이긴 하지만 민족을 식별하는 충분한 기준은 될 수 없다고 보았다. 민족의 중요한 특색은 고유의 문화와 생활양식이다.

따라서 오스트리아의 민족문제는 주로 문화적 자치의 문제였다. 즉 각각 민족의 거주지에서 모든 문제 특히 교육, 예술, 종교, 사회적 관습, 의례 등 민족적 생활양식과 관계있는 문제를 그 민족 자신의 언어와 습관에 따라 자치적으로 처리하는 권리를 인정하는 것이 필요하다는 내용이었다. 바우어는 레너처럼 문화와 정치, 경제를 극단적으로 구별하는 것에는 반대였는데, 레너의 구상을 계승하면서도 그것을 사회주의 사상 전체 속에 한층 더 깊게 고정시키려고 했다.55)

이처럼 레너나 바우어의 민족 개념은 '공통의 언어·역사·생활'을 문화라고 보고 그 틀 속에서 유전되는 특성들이라는 것과 반대로, 종족과 민족의 진화과정에서 어떤 특성들이 소거되었는가를 다루지 않으면서 그것을 결정하고 규정했다. 민족 개념을 성립시키는데 공통의 역사, 공통의 법률, 공통의 습성들이 언어에 의해 전달되는 동시에 언어에 의해 만들어진다는 민족 개념의 문화적 전통을

---

54) 矢田俊隆 (1963), 「オーストリア社会民主党と民族問題」, 『スラヴ研究』 7号, 北海道大学スラブ研究センター, p.36.
55) 矢田俊隆 (1963), 전게서, pp.35-36.

낳는 점을 보여준 것이다. 그렇지만 그러한 혈통이나 문화는 '공통의 역사'라는 프로세스를 거치면서 민족적 중핵의 형질을 형성하는 도구들이었다는 점이 여실히 드러났다.

**4**

# 스탈린의 반란-언어와
# 민족 그리고 국제성

## 1) 언어의 특수성과 보편성=단일성·일체성의 강조

본 논고의 서문에서 언급한 것처럼 스탈린의 민족 이론은 카우츠
키, 레너, 바우어와의 논쟁을 거치면서 만들어낸 것이라고 논했다.[56]
그러나 여기서 제시된 민족 개념은 카우츠키→레닌→바우어→스탈
린이라는 계승 관계에 내재된 일면성을 극복하는 시점이 필요하다
는 점을 잊어서는 안 된다.

즉 민족 이론에 관해 구체적인 예를 하나만 들어보면 레닌과 스
탈린이 카우츠키로부터 계승한 것은 '민족=언어공동체설'에 근거하
는 '민족국가의 형성=민족자결권론'일 뿐, 카우츠키의 '민족자치론'
에 대해서는 전혀 계승하지 않는다는 의미에서 일면적 수용 측면이
존재한다는 점이다.[57] 이러한 일면적 수용은 결국 스탈린의 민족
이론 내부 속에서 '총체화된 것'으로 카우츠키로부터 받아들인 것과
거부한 것, 그리고 카우츠키의 논리들을 다시 레너와 바우어가 어
떻게 계승하고 다시 상호 보완하면서도 분리되는지를 종합적으로

---

56) 丸山敬一 (1989), 전게서, p.203.
57) 相田愼一 (1993), 전게서, p.410.

고찰하면서 스탈린의 민족 이론이 어떻게 총계(總計)화되는지를 분석해야만 할 것이다.

스탈린은 민족문제에 관한 이론을 전개하면서 레너와 바우어를 거론했다. 스탈린은 레너의 『민족문제』에서 민족을 정의한 부분, 즉 '민족이란 동일하게 생각하고 동일한 언어를 사용하는 사람들의 결합체'라는 부분과, '민족이란 서로 동떨어져 살고 있어도 동일한 언어를 사용하는 사람들의 집합체'[58]라고 주장한 것을 인용한다. 그리고 스탈린은 바우어의 『민족문제와 사회민주당』 속의 '민족이란 무엇인가'를 인용하는 방식을 취했다.

바우어는 앞서 언급한 것처럼 민족을 근본적으로 규정하는 것으로 함께 생활하고 함께 역사를 각인하는 사람들의 사회집단을 운명 공동체라 불렀다. 공통의 지역은 이 사회집단의 범위를 결정하는 것으로서 민족 규정과 관련된다고 보는 입장이었다. 그리고 공통의 언어란 사회집단의 커뮤니케이션과 문화를 매개로 하는 수단을 이루는 한도 내에서 민족 규정에 관계한다고 보고, 이 둘은 사회집단을 유지하는 수단으로서 민족 규정과 관련된다고 논했다.[59] 스탈린이 활용한 것은 이러한 바우어의 '운명공동체' 논리였다.

바우어가 주장하는 운명공동체는 사람들의 끊임없는 교류에서 이루어지고 이 교류에 주목해서 살펴보면 운명공동체는 교통공동체라는 것이다. 교통공동체란 매스미디어, 교육, 거래, 교제 등을 통해 끊임없이 일상적으로 상호 간에 교류하고 있는 사람들의 집단을 의미한다. 이 교류의 중요 수단이 바로 언어였다. 언어는 교통공동체 더 나아가 운명공동체를 유지하고 매개하는 수단이다. 교

---

58) スターリン 著, 全集刊行会 訳 (1953), 전게서, p.52.
59) 上条勇 (1994), 전게서, p.81.

통공동체는 공통의 언어를 필요로 함과 동시에 그 통용되는 범위를 규정한다. 그리고 언어의 발생과 발전을 기초 짓는 것이다.[60]

바우어는 운명공동체가 형성되는 수단으로서 '교통' 중 하나로서 언어가 그 교통공동체를 위한 매개 수단이라는 점을 피력한다. 교통공동체로서 언어가 운명공동체를 유지하고 규정한다고 본 것이다. 사실 스탈린이 주목한 것은 운명공동체라기보다는 이 교통공동체로서 언어의 역할에 초점을 맞추고 있었다. 스탈린은 언어가 계급을 넘어 어느 민족을 하나로 묶어주는 역할을 한다고 보고, 언어의 비계급성을 내걸고 언어의 본질이 갖는 특징이 착취자에게도 피착취자에게도 동일하게 작용한다며 언어는 이 점에서 상부구조와는 다르다는 측면을 발견하게 된다.[61]

그리고 스탈린은 민족 이론을 정의하기 위해 기존의 민족 이론들을 통합해간다. 스탈린 자신의 표현을 빌리자면 민족이란 이들 모든 특징이 함께 통합된 것[62]이라고 인식했다. 스탈린이 보기에 공통의 지역과 언어는 민족을 생각할 때 토대를 구축하는데 이것만으로는 민족의 본질에 다가갈 수 없다고 보고 카우츠키와 바우어의 언어공동체 논쟁의 내용을 학습한다.

앞서 살펴본 것처럼 카우츠키는 바우어가 언어를 빼고 민족 이론을 개념화한 것에 대해 비판적이었고 바우어는 이에 대응하기 위해 언어의 중요성을 강조했다. 스탈린은 카우츠키와 마찬가지로 바우어에 대한 비판을 통해 자신들의 민족론을 구축한다. 스탈린은 바

---

60) 上条勇 (1997), 전게서, p.164.

61) 田中克彦 (2001), 전게서, p.120.

62) スターリン 著, 全集刊行会 訳 (1953), 전게서, p.56.

우어의 민족 이론의 종합적인 체계를 무시하고 민족 '성격' 부분만을 떼어내어 바우어를 논파해간다.

카우츠키가 언어를 민족의 유일한 해석 개념이라고 주장한 것은 '편향적인 성격'을 가진 입장이었음에도 불구하고, 이를 근거로 바우어의 성격공동체, 운명공동체론을 비판했던 것처럼 바우어가 민족의 유일한 본질적인 특징으로서 민족 성격을 정의한 것을 스탈린이 비판한 것이다.

바우어가 민족을 정의하기 위해 활용한 '공통의 운동, 공통의 문화, 공통의 형질'의 요소들은 하늘에서 떨어진 것이 아니라, 그러한 지표를 표면화하는 뒷배경들의 작용 요인이 존재하는 것으로서 그것이 역사이며 '역사의 소산'으로 민족 개념들에 그것들이 부착된 것이라고 보았다. 그와 동시에 역사적 발전 속에서 민족 개념의 형성은 반대로 다른 민족들과의 구별을 낳게 된다. 바로 이러한 의미에서 민족 개념에 부착된 역사적 요인들이 '혈통, 지역, 언어, 풍속, 법, 종교'였고 레너가 논한 정치로서 국가도 마찬가지였다.[63]

그런데 스탈린은 바우어가 단순하게 민족 성격에 의해서만 민족을 규정하는 부분에 대해 비판했다. 즉 스탈린은 바우어의 민족 규정이 지역, 언어 및 경제생활의 공통성을 치밀하게 연결시키지 못하고 있다고 비판했다. 그리하여 스탈린은 반대로 언어, 지역, 경제생활, 문화의 공통성 속에 나타나는 심리 상태의 공통성이라는 네 개의 요인들 전체에 나타나는 '생활의 역사'들의 연결고리를 통해 민족을 규정하고자 했다.

---

63) 上条勇 (1994), 전게서, p.82.

스탈린은 바우어의 민족 성격을 심리 상태의 공통성으로 바꾸어 표현하면서 민족 개념의 규정에 추가했다. 즉 스탈린은 바우어가 말하는 민족 성격의 의의를 한정적 편향에 가두고 이를 극복하는 방식을 취하는 입장에서 심리 상태라는 내용을 추가한다. 그러면서 스탈린은 다시 자신의 정의 속에 존재하는 한정적 편향 개념으로서 바우어적인 것을 제거한다. 즉 스탈린은 바우어가 민족의 특징=민족 성격과 그 생활 조건을 서로 떼어내는 것에 대해 반론을 제기했다. 그리고 민족과 민족 성격을 동일시하는 바우어의 견지는 생활 조건의 분석을 설명하지 않았기 때문에 민족을 성격 자체로 분리해낸 것에 대해 거리를 두는 방식이었다.

스탈린은 바우어가 언어, 지역, 경제생활의 공통성을 생활 제 조건 자체와 연결하는 것이 결여된 상태에서 민족 성격을 규정한 것에 대해 마르크스주의 유심론자의 신비적인 자기만족적 민족정신에 지나지 않는다고 보았다. 그리하여 스탈린은 바우어의 관념론적인 민족 성격과 자신이 논하는 심리 상태의 공통성과는 다른 것이라고 강조하며 바우어와의 결별을 확정했다. 동시에 스탈린은 바우어의 '민족이란 무엇인가'라는 개념 정의의 문제에 대해 오스트리아의 기회주의적 민족 규정이며 결론은 문화적 민족자치제라고 해석했다.

스탈린은 다시 그 부분만을 러시아에 이식하려는 '러시아의 기회주의자'와 싸우기 위해서라고 주장했다. 그리고 스탈린은 민족운동의 역사적 회고를 기술하고 민족과 프롤레타리아의 관계를 설명하고 민족자결권의 내용이 국가와 민족에 따라 다르다고 논한다. 이 구성은 레닌의『민족자결권』과 동일하다.[64] 즉 스탈린은 독일의 사회주의 논리, 오스트리아의 레너와 바우어의 사회민주주의 논리를 러시아의 사회주의 논리로 변형·재창조하는 방식을 취했다.

스탈린의 눈에는 문화 공동체적 민족자치제 또한 하나의 민족 개념에 치우친 '편향적 특징'을 강조하는 논리이며 이 이론을 통해 문화적-민족공동체를 결집하는 것이라고 보았다. 따라서 스탈린은 이를 비판한 것이다. 즉 스탈린은 문화공동체라는 민족 개념을 동원하여 민족을 독립화하여 배타 정신을 강요하며 타민족 프롤레타리아와의 통일을 방해하는 것이라고 보았기 때문이다. 결국 스탈린은 민족을 개개인 인간의 의지와는 관계없이 객관적인 역사 발전과정의 산물로서 인간이 이데올로기적으로 만든 것이 아니라고 보았다.

그렇기 때문에 민족의 존재를 부정하거나 자본주의 발전 논리만으로 민족의 의의를 설명하는 것은 불가능하다고 보았다. 스탈린의 입장은 이 둘을 통합하는 방식이었고, 민족 개념이 부르주아의 산물도 아니고 개인 원리에 의해 선택되는 것도 아님을 절충하는 방식이었다.

스탈린은 '민족이란 무엇인가'를 물으면서 새롭게 자신의 민족 개념에 내재한 세계성을 창출해가기 위해 '노차이아'를 고안해냈다. 노차이아라는 말은 'nation'의 다른 발음으로 민족을 가리키는 용어로서 이 '노차이아=민족'이란 "무엇보다도 하나의 공동체, 즉 사람들의 공동체로 이 공동체는 인종적인 공동체도 아니고 종족적인 공동체도 아니다. 즉 민족=노차이아는 인간의 보편적 역사로 구성된 공동체"[65]라며 세계적 시각을 제시한다. 인종의 진화로서 민족이 되고 민족의 공동체로서 국가를 이루는 근대 자본주의 발달 단계상

---

64) スターリン 著, 全集刊行会 訳 (1953), 전게서, p.215.

65) スターリン 著, 全集刊行会 訳 (1953), 상게서, pp.46-47.

의 논리를 인간의 보편 공동체라는 커다란 동심원으로 그려냈다.

스탈린은 민족과 국가의 차이점을 설명하고 언어가 민족 공동체를 이루는 데 중요하다고 보는 반면, 국가는 공통의 언어가 존재하지 않아도 된다고 논한다. 스탈린은 국가의 내부에는 여러 언어가 존재하는 것도 이상하지 않다고 보며 다언어의 공존을 논하는 듯했지만 일상어와 공용어라는 것으로 국민들이 사용하는 것과 구분했다.

스탈린은 민족 공동체가 단일민족을 구성하는 것이 아니어도 된다는 것과, 통일을 방해하지 않는 이상 다언어가 공존해도 문제가 되지 않는다는 입장에서 공용어를 통한 국민의 일상어를 존중해야만 한다고 보았다. 여기에 모순점이 없는 것은 아니지만, 하나의 국가어로 구성되는 국가는 배제하면서 그것이 마치 계급의 전체를 아우르는 언어가 존재할 수 있다는 의미에서 국민을 외부적 존재로 간주하지 않으려는 논리가 동시에 작동하고 있었다.

이는 바우어가 민족문화의 중시를 주장한 것과 카우츠키가 국제문화의 중요성을 강조한 논리들을 절충하는 형태였다. 스탈린은 1899년의 브르노 민족강령에서 제시된 내용, 즉 '우리들은 어떤 민족적인 특권을 인정하지 않는다. 국가어의 요구는 방기한다. 매개어가 필요하다면 그것은 제국의회가 결정하는 것'이라고 논한 카우츠키의 민족과 국제성의 의의를 민족문제의 핵심으로 받아들인 스탈린이 모방한 논리였다.

다나카 가쓰히코에 의하면 이러한 스탈린의 이론들은 '소비에트 건설 과정에서 엄하게 존재하는 민족과 계급 원칙의 모순의 틈에 낀 스탈린이 낳은 사회주의 다민족국가를 말하고, 제 민족의 문화생활의 원칙의 하나로 교묘하게 슬로건'을 창출한 것으로, 카우츠키의 국제성이라는 용어를 사회주의라는 말로 대체했다고 보았다.[66] 스탈린은 국제적 문화 프롤레타리아 민족 이론의 획득을 위해 민족적 의상과 국가를 활용했다.

스탈린의 민족 이론은 언어를 단순한 수단, 형식을 초월한 개인의 내면세계 형성과 연결·해석하여 독일과 오스트리아에서 내면화된 민족 언어를 비유럽어를 모어로 삼는 스탈린이 이를 치환하면서 새롭게 구축한 것이었다. 카우츠키가 브르노 강령에서 주장한 것과, 그것과 연동하여 나타난 레너와 바우어가 만든 민족의 이론들이 경합했다.

카우츠키는 국가어를 인정하지 않는 방침을 브르노 강령 속에 넣으면서도 실은 카우츠키가 독일어의 절대적 우위의 '틀'에서 빠져나오지 못했던 문제를 레너와 바우어가 답습했던 것이다. 그것은 마찬가지로 이 반대편 입장, 즉 비유럽어의 모어자가 아닌 입장에서 비유럽어의 우위성을 강조하는 인식론적 틀 속에서 문화적 상대화라는 사상과는 다른 차원에서 언어의 국제주의가 잉태되었고, 스탈린의 민족 이론이 형성되었던 것이다.

---

66) 田中克彦 (2001), 전게서, p.129.

# 민족 이론의 개념화와
# 프롤레타리아 주권론

이상으로 본 글에서는 마르크스주의자의 민족 정의론자로서 명성을 지닌 스탈린의 민족 이론이 갖는 '객관성'에 대한 문제를 검토해보았다. 이를 통해 현재에도 민족, 종족, 내셔널리즘 개념의 경계가 애매하고 용어의 의미도 공유 없이 남발되는 이유로서 카우츠키, 레너, 바우어 그리고 스탈린이 내린 민족 개념에서 유래된 것임을 상기시키는 계기가 되었다.

특히 본 글에서는 카우츠키의 민족 이론이 해머와의 논쟁 속에서 잉태된 것임을 밝혀내는 동시에 '민족=언어공동체' 개념이 발현되는 프로세스를 밝혀냈다. 해머는 당대의 민족 개념에 대해 니힐리즘적 시각이 존재하던 시대적 흐름으로 보고 그것에 몰입되는 시각에서 벗어나 민족 개념이 갖는 이중성에 대해 논했다.

중요한 것은 민족 개념이 부르주아적 근대 개념과 맞물려 있다고 보고 민족 개념을 만든 언어에 대해 부정적 견해를 제시한 점이다. 해머는 국제적 연대를 위해 민족 개념의 강화가 낳은 비연대를 극복하려는 입장에 있었다. 이에 대해 카우츠키는 민족을 오히려 프롤레타리아가 만들어온 근대 개념으로서 시민적 근대주의라고 보고 언어에 의해 만들어진 민족=언어공동체라고 논했다. 그리하여 카우츠키는 프롤레타리아의 국제화 및 민족 개념의 재생에 초점을 두었다.

이러한 카우츠키의 입장은 브르노 강령에 반영되었는데 오스트리아의 레너와 바우어가 이 논리들에 비판적이거나 동조하면서 속지주의와 속인주의 논리를 만들어냈다. 그 과정에서 민족 개념이 근대 자본주의의 발전과 상관관계를 갖는다는 것, 영토와 언어의 관련성 등을 추가하면서 운명공동체로서 민족 개념을 성립시켰다. 그러나 속인주의에 중점을 두고 민족문화의 중시에 초점을 맞추면서 국제화에 대해 한계성을 갖는 문제들에 상호 비판적인 견해를 갖게 되었다.

그것은 근대 자본주의사회로 발전하면서 종족이 민족으로 그리고 국가로 변용되어가는 프로세스 속에서 민족으로 발전하거나 발전하지 못하는 중간성을 검토하면서 민족이 부르주아적 개념으로 연결되는지, 프롤레타리아의 입장인지 관념에 의해 결정되었다. 그것은 민족 개념을 통해 프롤레타리아도 민족으로 성장해야 한다는 의미에서 국민화로 이어지는 길이기도 했으며 국제화라는 프롤레타리아 연대의 세계주의가 정당성을 형성하는 과정이었다.

이러한 시기에 스탈린은 카우츠키와 레너, 바우어의 논쟁을 참고하면서 민족 개념을 총합할 수 있었다는 것을 밝혀냈다. 그러한 의미에서 민족 개념은 여전히 상상의 개념 또는 창조된 개념이라는 논쟁이 이어지고 있고, 게르너나 앤더슨의 논리들 속에서 재생산되고 있는 것을 통해 민족 개념의 상상과 창조성이 갖는 의미를 재고해야만 할 것이다.

# 제2장

## '역사와 민족'의 발견과 국민 내셔널리즘

# 마르크스주의의
# 의사(疑似)와 조정(措定)

　일본의 사회사상가 이마무라 히토시(今村仁司)는 "'마르크스주의'
가 마르크스 사상을 정당하게 계승하든 그렇지 않든 마르크스주의
는 마르크스 사상을 포섭하여 그것을 새롭게 만들고 마르크스 사상
을 대리한다"[1]며 마르크스주의의 변주를 지적했다.

　즉 마르크스와 마르크스주의 사이의 문제를 극명하게 짚어주었
다. 그런데 여기서는 두 가지의 경우가 생겨난다. 즉 첫째는 마르크
스 사상을 그대로 따르며 마르크스 이론에 충실하다는 의미에서 마
르크스 사상이 물질화된 경우이다. 둘째는 마르크스 사상을 수용하
면서 다시 재구성해내는 복수적 증식과 마르크스 사상의 차이화의
틈새를 발견한 경우이다.

　본 글에서는 이 두 가지 논점 이외에도 마르크스주의를 단순하게
이데올로기로 치부하거나 마치 마르크스주의의 논리가 투명한 것처
럼 다루어지는 기존 논리에 대한 반성적 태도도 함께 추가할 것을
제안하고자 한다. 즉 본 논고에서 마르크스와 마르크스주의 사이의
문제를 다루는 것은 '정신적 각성'을 호소하는 방법론을 내재하고

---

1) 今村仁司 (1999), 「マルクス-神話的幻想を超えて」, 『現代思想の冒険者たち』, 講談社, pp.22-23.

있는데, 그것은 마르크스가 사용한 '비판'2)이라는 용어가 어떻게 다시 비판적으로 활용되면서 내적 의미가 재구성되고, 주체의 변화를 시도하는 데 유용한 것이었는지를 재음미하는 일이기도 하다.

일본에서는 마르크스주의의 정통 흐름이 '마르크스→엥겔스→레닌→스탈린'으로 계승된 것으로 해석되는데, 이와 같은 일면적 계보화는3) 마르크스주의가 국가 논리, 계급 이론을 다루고 있다는 견지에서 국가의 사멸과 민족의 융합을 전망하고자 하는 인식에 서 있었기 때문이다.

이것을 근거로 '현존하는 국가는 지배계급의 도구로 인식되고 혁명 이후 프롤레타리아의 잠정적인 도구로서 국가는 해체된다'는 관념이 정식화된다. 마르크스주의 입장에서 보면, 계급보다 국가나 민족의 논리를 강조하는 것은 마르크스주의의 입장과 대립되는 것으로 간주되어 이단시되었다. 마르크스주의의 대척점에 있는 대극적인 것은 민족주의였다.4)

그러나 문제는 마르크스주의가 계급 개념을 최우선시하면서 국가와 민족 개념을 소홀히 한 것은 전복되어 국가와 민족의 논리가 중시되는 '마르크스주의'가 동일하게 '마르크스주의'의 대리 역할을 하게 된 점이다. 역법(逆法)적으로 보이는 '마르크스주의'의 대리 역할을 한 것은 바로 스탈린의 '민족 개념'이었다.

전후 일본에서는 스탈린의 민족 개념을 정설로 활용하는 한편,

---

2) 루이 알튀세르 외, 서관모 엮음 (2012), 『역사적 맑스주의』, 중원문화, p.46.

3) 太田仁樹 (1995),「マルクス主義理論史研究の課題(Ⅳ)―松岡・丸山・田中氏の近著によせて」,『岡山大学経済学会雑誌』第24巻 1号, pp.123-125.

4) 太田仁樹 (2003),「オット・バウア-『民族問題と社会民主主義』の論理」, 『岡山大学経済学会雑誌』 35巻 3号, 岡山大学経済学会, p.32.

스탈린의 민족 개념 중 민족자결권은 마르크스, 엥겔스, 레닌의 민족자결권의 관련성 속에서 만들어진 것5)이라는 점을 찾아내어 스탈린의 민족 이론의 하나인 민족자결권에 대한 영향 부분을 논하는 연구들이 출현했다. 나카자와 세이지로(中沢精次郎)는 "스탈린이 민족 개념을 구축하기 위해 레닌의 민족 이론을 계승한 부분이 있다고 볼 수도 있지만, 그것은 전체적인 것이 아니라 '일면적 해석'으로 그 문제점을 해결해야만 한다"6)고 지적했다.

따라서 본 글에서는 마르크스주의에 대한 해석의 일환으로서 스탈린의 민족 개념이 '일본적 특징'으로 어떻게 번역되는지 그 학술사를 고찰한다. 즉 일본에서 스탈린의 내셔널리즘은 국제주의를 표방하면서 민족자결을 의사(疑似)하여 조정(措定)하는 실험 속에서 형성되는 논리로 해석·원용되기도 하지만,7) 스탈린이 내세운 사회주의에 종속된 내셔널리즘은 내용적으로는 사회주의, 형식은 민족주의로 이 논리를 구조적으로 이해해야만 할 것이다.8)

스탈린이 주장하는 민족 이론은 러시아를 '대러시아 민족주의'로 확대시키고, 프랑스와 독일의 국민국가적·제국주의적 논리로부터 벗어나 새로운 세계주의에 종속시키려는 구조를 만들어낸 것이었다.

---

5) 村井淳 (1994), 「スターリンの民族問題についての思想と政策」, 『ロシア・東欧学会報』 第23号, ロシア・東欧学会, pp.76-84.

6) 中沢精次郎 (1962), 「スターリンによるレーニン主義的民族理論の継承について」, 『法学研究』 35巻 11号, 慶應義塾大学法学研究会, pp.64-65. 레닌의 민족문제 해결 논리는 '동권과 자유의지의 결합'에 있었고 자결(自決)과 분리가 아니라 결합에 있었다. 그리고 레닌의 분리와 결합은 자결과 불가분의 관계에 있어 양면을 함께 보아야 한다고 보고, 자결을 피억압 민족에게는 분리의 자유를, 그리고 피억압 민족의 프롤레타리아에게는 결합의 자유를 의미하고 있었다. 그러나 스탈린은 일면적으로 분리의 자유에만 중점을 두게 되었다.

7) 塩川伸明 (2020), 『民族とネイション』, 岩波新書, pp.108-118.

8) 차기벽 (1991), 『民族主義原論』, 한길사, pp.38-39.

따라서 본 글에서는 바로 이러한 사정을 염두에 두고 스탈린의 민족 이론을 카우츠키[9])와 레너,[10]) 바우어[11]) 등과의 논쟁 구조를 서사적으로 기술해보고자 한다.

---

9) 相田慎一 (1997), 「カウツキー」, 『民族問題』, ナカニシヤ出版, p.5. 카우츠키(Karl Johann Kautsky)는 오스트리아=헝가리제국의 프라하에서 1954년에 태어났다. 8살 때에 가족을 따라 프라하에서 오스트리아 빈으로 이주했고 빈 대학에 입학한 후 오스트리아의 사회주의정당에 입당하고, 엥겔스(Friedrich Engels)의 영향을 받아 마르크스주의자가 된다. 독일 사회민주당이나 제2인터내셔널 논쟁에서 카우츠키는 마르크스주의의 옹호를 위해 투쟁함과 동시에 민족문제, 제국주의문제 등의 이론적·사상적 영역에서 본격적인 해명에 진력했다. 이후 레닌 등의 볼셰비키와 대립했고 마르크스주의의 법왕(法王)으로 칭송되던 카우츠키의 권위는 실추되고 수정주의자로 불리게 되었다.

10) 倉田稔 (1997), 「レンナー」, 『民族問題』, ナカニシヤ出版, p.127. 카를 레너(Karl Renner)는 1870년 체코에서 태어난 독일인이다. 김나지움(Gymnasium)을 수료한 후 1년 병역을 마치고 1890년에 빈 대학 법학부에 입학한다. 학생 시절에 사회주의 동맹에서 활동하면서 법률학과 민족문제를 연구했다. 오스트리아 사회민주당에 소속되어 『국가와 민족(国家と民族)』을 간행한다. 레너는 바우어와 함께 민족이론가로 알려져 있다.

11) 上条勇 (1997), 「バウアー」, 『民族問題』, ナカニシヤ出版, p.153. 오토 바우어(Otto Bauer)는 1881년 빈에서 태어났다. 빈 대학에서 재학 중에 사회주의 사상가 서클에 들어가 활동했고 마르크스주의 창시자들과 교류하면서 오스트리아 마르크스주의자로 불리게 되었다. 사회민주당의 지도자인 빅토어 아들러(Victor Adler)로부터 주목을 받았다. 1907년에 『다민족문제와 사회민주주의』를 출판한다. 마르크스주의에서 처음으로 민족문제의 이론체계를 구축한 저서로 알려졌다. 전간기에는 사실상 오스트리아 사회민주당의 최고지도자가 되었다. 1934년 오스트로파시즘에 지고 망명생활을 하게 된다. 체코슬로바키아에서 반파시즘 저항운동을 전개했는데, 1938년에 나치가 오스트리아를 합병한 이후 파리로 이주하여 파리에서 생을 마감한다.

**2**

# 정서(整序)인가, 단선(鍛銑)인가-
# 치환과 중층성

## 1) '계급'·'민족'·'문화공동체'의 트리아데(Triade)

카우츠키는 잘 알려진 것처럼 민족 이론의 집대성자로 간주되는
데[12] 마르크스주의자가 민족의 논리를 인정한다는 의미에서 이단
자로 치부되었다. 카우츠키를 둘러싸고 수정주의나 이단자의 논리
가 생겨났는데[13] 그 이유는 '마르크스주의의 정통'이 기준이 되었기
때문이다.

여기서 카우츠키가 정통인지 이단인지에 대한 평가는 차치해 두
더라도, 카우츠키에 의해 마르크스주의 내부에서 민족을 둘러싼 논
쟁이 벌어지게 되었다는 점, 카우츠키의 뒤를 이어 카를 레너와 오
토 바우어가 마르크스주의로서 민족 이론을 접목시켰다는 점은 괄
목할 만하다. 즉 카우츠키는 민족 이론의 마르크스주의적 어프로치
의 정통을 담당하게 되었고 초기 제2 인터내셔널 시기 민족, 식민지
문제에 가장 영향력을 과시하게 되었다.[14]

---

12) 相田慎一 (2002), 『言語としての民族』, 御茶の水書房, p.76.

13) 마르크스주의의 이단으로 평가를 받은 것에 대한 재평가가 이루어진다. Ronald G. Suny, The
revenge of the Past, Nationalism, Revolution and the Collapse of the soviet union, stanford
university press, 1993, p.59.

그럼에도 불구하고 카우츠키에게는 민족 개념을 언어공동체로 해석하는 언어=민족공동체 논리의 쇼비니스트적 입장이 존재했다. 그렇기 때문에 바우어로부터 비판을 받기도 하는데, 그것 또한 결과적으로 민족 개념을 둘러싼 개념들의 차이로 나타나 다시 봉합하는 과정이 진행되었다. 결과적으로 마르크스주의의 민족문제에 대한 접근 방식이나 태도의 차이를 보여주는 것이기도 했다.

그런데 여기서 카우츠키는 난관에 봉착한다. 즉 카우츠키는 민족의 논리를 다루면서 언어공동체로서 민족을 강조하게 되어 ① 언어=민족공동체라는 논리가 갖는 문제, ② 그렇게 정의된 민족 개념을 바탕으로 제시된 민족=언어공동체가 국제적 인터내셔널 이론으로 연결된 점이다.

이 두 가지는 결과적으로 장래 민족의 융합과 소멸의 전망 논리와 밀접한 연관을 갖게 된다. 카우츠키는 세계어의 형성과 국제문화의 발전에 민족의 소멸을 전망했다. 즉 카우츠키의 입장은 민족문화의 강조보다는 국제문화의 의의를 강조하는 쪽이었는데 바로 이 점을 강하게 받아들인 것은 레닌이었다.

그러나 아이러니컬하게도 '민족의 상호 접근→융합→소멸'로 전망되는 전진 단계론은 마침내 마르크스주의의 정통적인 견해가 되었다. 그런데 이 발전단계론적 전망은 민족의 전통이나 민족문화라는 민족주의를 찾아내려는 욕구를 각성시켜 오히려 역사를 거꾸로 향하게 했다.

---

14) 鈴木是生 (2006), 「帝国の解体と民族自決論-バウアー, ウィルソン・レーニン(1)」, 『名古屋外国語大学外国語学部紀要』 30, 名古屋外国語大学, p.174. Ephraim Nimni, Marxism and Nationalism; Theoretical Origins of a Political Crisis, Pluto Press, 1994, pp.47-49. 加藤一夫 (1993), 「中・東欧諸国におけるナショナリズム・ルネサンス—O.バウアー民族理論の再評価をめぐって」, 『現代思想』 21-5, 青土社, pp.114-123.

후술하겠지만 카우츠키의 민족 이론에서 출발하여 레닌이나 바우어의 이에 대한 상호 보완적 비판을 실천하는 과정에서 민족자치론이 대두되어 민족자치의 문제가 민족 개념과 연결되었다. 카우츠키의 국제적 입장에서 민족자치를 주장하는 레너나 바우어의 구상은 기회주의적인 것으로 간주되었다.

그리고 민족자치를 주장하는 레너나 바우어는 민족문화에 대한 요구가 정당화되고 민족적 결속을 강화하기 위한 민족 이론을 제시하는 것으로 나타났다. 이는 동일하게 피억압, 피지배 민족의 민족적 자치 요구와 운동을 지지하면서도 민족주의적 요구와 국제주의의 요구를 어떻게 조절 가능한가라는 양자 사이에서 요동치게 되었고, 때로는 모순에 빠지게 되는 마르크스주의 '민족관'이 잉태되는 계기가 되었다.[15]

잘 알려진 것처럼 마르크스주의는 부르주아사회의 총괄로서 국가, 즉 자본주의사회에 대응되는 근대국가의 전형적인 형태가 민족국가로 간주되었다. 이와 반대의 입장, 즉 프롤레타리아가 만든 국가를 의미하는 민족국가의 논리를 형성하는 데 기여한 인물이 바로 카우츠키인데, 이것이 레닌에 의해 계승된 민족국가론이다. 레닌은 카우츠키의 민족국가=근대국가의 전형적 형태론을 답습하면서 민주주의적 권리로서 민족자결권을 주장했다.[16]

그렇다면 카우츠키의 민족 이론은 과연 어떤 것이었을까. 카우츠키는 민족을 운명공동체로부터 생겨나는 문화공동체 내지는 형질공

---

15) 上条勇 (1997), 「バウアー」, 전게서, p.170.

16) 上条勇 (1997), 「バウアー」, 상게서, p.173, 丸山敬一 (1991), 「民族自決論の意義と限界」, 『中京法学』 第26巻 第1号, pp.11-13.

동체라고 규정하는 바우어의 민족 개념을 비판한다.[17] 카우츠키에 의하면 민족적 형질이나 민족문화 등의 주장을 지표로 삼은 바우어의 민족에 대한 정의는 매우 막연한 것이어서 민족을 사회조직 일반에 매몰시킬 뿐이라고 보았다.

카우츠키는 겐스(gens, 씨족), 공동체, 춘프트(Zunft), 정당, 주식회사 그리고 국가를 포함해 이를 모두 사회적 조직이라고 보았다. 이들 사회적 조직은 모두 운명공동체임과 동시에 그 구성원의 공통문화를 기초로 형성되고 다시 그 구성원에 공통문화를 전달하는 문화공동체인데, 그 이유는 공통의 형질을 동시에 발전시키기 때문이다.

이를 전제로 하여 바우어는 민족을 공통의 운동, 공통의 문화, 공통의 형질이라는 지표로 설명했다. 거기에는 많은 요인들이 작용하게 되는데, 카우츠키는 그 작용에 근거하는 역사의 소산으로서 민족에 부착된 것이라고 해도 민족을 다른 집단과 엄밀하게 구별하여 민족을 규정하는 결정적 지표로 사용하는 것에 대해 비판적이었다.[18]

즉 카우츠키는 언어=민족공동체를 주장하는 입장에 있었기 때문에 민족을 운명, 문화, 형질 등으로 개념화하는 것과 다른 위치에 서게 된다. 물론 카우츠키도 언어가 민족 전체를 아우르는 개념으로 설명하는 것에 대한 한계점을 잘 알고 있었다. 그렇지만 카우츠키는 '언어'가 민족공동체를 만드는 데 중요한 역할을 하는 것이라고 주장했다. 아이다 신이치(相田愼一)는 카우츠키의 언어=민족 이론에 대해 다음과 같이 정리한다.

---

17) 相田愼一 (2002), 『言語としての民族』, 御茶の水書房, p.78.
18) 相田愼一 (2002), 상게서, p.78.

언어는 민족성의 가장 중요한 기본적 조건 중 하나이다. 그렇지만 언어가 민족성의 유일한 기본적 조건은 아니다. 기타 기본적 여러 조건이 부가된다. (중략) 조상으로부터 상속된 공통의 지역이 점점 더 중요하게 된다. (중략) 시민사회와 함께 사회적 교통이 발전함에 따라 동일 지역에 거주하는 인간집단이 동일한 언어를 말하는 경향은 그만큼 한층 더 강력해진다. 자본주의적 생산양식의 등장은 그러한 경향에 민족적 지역을 하나의 민족국가로 정리·통합하는 경향을 부가한다. 이러한 인용에서도 알 수 있듯이 카우츠키는 이러한 지역원리(속지주의)를 오토 바우어와의 논쟁 이전에 이미 획득하고 있었다. 민족-언어공동체설이 카우츠키의 일관된 입장이었던 것과 마찬가지로 불가분의 관계에 있던 지역원리 속지주의도 또한 그의 일관된 입장이었다.[19)]

카우츠키도 민족을 설명할 때 언어 하나만 가지고 정의를 내릴 수 없다는 한계점을 인지하고 있었다. 하지만 언어가 민족성을 만들어내는 조건으로서 중요한 위치를 차지한다는 점과, 인간사회의 유대를 만들어내고 그것이 조상으로부터 이어지는 지역, 즉 영토와 불가분의 관계에 있다는 점을 제시한다. 물론 그것이 레너나 바우어의 이론들과 절충이 있었다고 해도 카우츠키의 언어=민족공동체론은 강렬한 것이었다.

이에 대해 레너는 민족이라는 개념이 명확한 것은 아니기 때문에 그 발전사적인 측면에서 모든 변천과정을 구별해야만 그 정의가 가능하다고 보았다. 레너는 '언어-문화공동체'로 상정하면서 언어=민족공동체의 한계를 포괄하는 방식을 전개함과 동시에 그 변천과정에 주목해야만 한다고 주장한다.

즉 '언어-문화공동체'는 볼크(volk)를 번역한 용어로서 민족이고 그것은 네이션(nation)의 민족과는 구별되는 것이었다. 물론 레너는

---

19) 相田愼一 (1993), 『カウツキー硏究』, 昭和堂, pp.409-410.

민족을 정치학적 견지에서 설명하는 입장이었기 때문에 민족이 정치적인 것을 부착한 개념으로 해석하게 만드는 역할도 했다. 레너는 자기 자신이 무의식적으로 공통 이해의 감정이나 공동 행동의 결정까지 나아가지 않는 '언어-문화공동체'의 단계가 볼크(민족, volk)이고, 정치적 의미에서 네이션(민족, nation)은 아니라고 보았다. 제1차 혁명까지는 러시아 민족(volk)과 우크라이나 민족(volk)이 존재했는데, 혁명을 통해 비로소 처음으로 러시아의 많은 볼커(민족, volker)들에게서 민족의식이 생겨났다고 보았다.

그리고 레너는 제2차 혁명에서 우크라이나 볼크(민족, volk)도 자결권을 갖는 유럽 여러 민족들의 대열에 들어가고자 했지만, 그 중간단계에서는 근대 민족(nation)과 어떻게 연결되는지 확실하게 보이지 않는 점을 제시했다.

볼크에서 민족으로 나아가는 과정에서 민족이 되는 볼크와, 볼크로 잔존하는 민족으로 나누어지기 때문이다. 그것은 어느 민족이 특수하게 확정되어 발전하는 것이 아니라 볼크의 상황에 따라 불확정적으로 움직이는 것으로 동방의 민족(volker)들이 그러했다. 그뿐만 아니라 벨기에의 프랑스어를 구사하는 사람들과 독일어를 말하는 아일랜드인, 그리고 스위스 내의 볼커(민족, volker)도 이에 해당된다고 논했다.[20]

레너는 볼커가 민족이 되기도 하지만, 그렇지 못한 상태가 이어지는 볼커에 대해서도 그 문제해결을 위해 고민한다. 레너는 이러한 볼커에서 민족으로의 변천과정을 극복하는 방법을 '동화' 속에서

---

20) Renner Karl 著, 太田仁樹 訳 (2002), 「カール・レンナー『諸民族の自決権』(1)」, 『岡山大学経済学会雑誌』 34巻 2号, 岡山大学経済学会, p.68.

찾으려 했다.

> 중세 원시적인 국가는 거의 임무가 없고 국민 전체에 직접적으로
> 관계하지 않으며 국민의 극소수 부분인 봉건영주가 관계하고 있
> 다. 대부분의 인간은 상호 간에 의사소통을 하지 않았다. (중략)
> 어떤 민족문화에 의해서만 달성할 수 있는 높은 정신적·문화적
> 수준을 요구한다. 그것은 고도적 민족생활을 전제로 한다. 그러나
> 반대로 그 자신은 이 문화수단에 의해 개인에게 영향을 주게 된
> 다. 국가 내에서 살아가기 위해 미개의 사투리를 사용하는 민족
> (Volksstamm)은 발전된 민족문화를 가진 민족(nation)이 되거나
> 혹은 그러한 민족에 동화되지 않으면 안 된다. 그러나 국가가 민
> 족에게 영향을 주기 위해서는 민족적 문화수단을 이용하지 않으
> 면 안 된다. 가장 단순한 결론은 국가와 민족이 일치하지 않으면
> 안 되고 그렇게 하지 않으면 국가는 극복해야 할 마찰이나 저항이
> 존재하게 된다.[21]

여기서는 두 가지 문제를 내포하면서 전개되고 있었다. 즉 동화
의 문제로서 국외자의 볼커가 더 큰 민족에 동화되지 않으면 안 된
다는 입장과, 국가 내부 계층 간의 볼커와 민족의 레토릭적 경계를
설명하는 '경계 허물기' 방식이 갖는 논리였다. 앞의 인용문은 미개
의 볼커가 민족에 동화되는 것을 통해 국가의 역할을 긍정하게 되
는데, 문제는 국가가 실은 일부 계층만의 특혜를 통해 만들어지는
것을 지적한 점이다.

따라서 모든 계층에서 소통이 이루어지지 않은 채 국가가 형성되
는 것으로 이를 극복하는 논리를 찾아야만 한다고 보았다. 그리고
민족이라는 용어에 'Volksstamm'과 'nation'을 명확하게 구분하여

---

21) カール・レンナー 著, 太田仁樹 訳 (2000), 「国家と民族」(上), 『岡山大学経済学会雑誌』32巻 2
　　号, 岡山大学経済学会, pp.189-190.

사용하면서 민족이라는 개념은 미개의 단계로서 'Volksstamm'이 존재하고 그것이 발전한 것이 민족(nation)인데, 이 후자 쪽의 민족은 민족 생활을 위해 높은 수준이 필요하다고 보았다.

즉 국가가 처음부터 존재한 것이 아니라 국가는 일부 계층만 관계하고 대부분의 계층은 국가와 거리를 두고 있었다는 것이다. 그리고 민족이라는 것은 미개의 단계인 민족(Volksstamm)이 있는데 이것이 더욱 발전하여 민족(nation)이 되는 것이다.

레너는 카우츠키의 언어=민족공동체의 논리를 더 포괄적인 원인인 '언어-문화공동체'로 흡수하고, 다시 민족을 설명하기 위해 볼크와 민족의 구별 속에서 동화를 주창하게 된다. 그리고 국가를 긍정하고 국가가 문제가 되는 것은 일부 계급만이 국가를 향유했다는 점으로, 민족의 논리를 통해 민족 구성원들이 일부 계층과 동일하게 민족적으로 국가에 관여하는 것을 상정하게 되었고, 그것은 고도의 수준을 가진 생활의 공유로 이어졌다. 이는 후술하겠지만 스탈린의 민족의 발전을 생활양식, 습관, 경제, 문화적 발전수준에서 오는 것이라는 점을 설명하는 데 활용되었다.[22]

민족의 중요성을 부각시키면서도 국가에서 민족의 역할이 결합되고 있었다. 그러면서 레너는 민족 개념, 즉 "민족 형성의 요소는 역사적-정치적인 것이지 민족학적인 것은 아니다. 지금도 마찬가지"라고 주장하고 인종이 다른 인종과 융합하여 새로운 인종, 즉 민족이 된 것이라고 설명한다. 레너는 민족의 특징이 정치학의 대상인 '근대 시민적 국가'에 대한 민족의 존재로서 소명되고 해명된다고 보

---

22) ア・カ・アジジャン (1950), 「スターリン『民族問題とレーニン主義』の解説」, 『スターリン民族問題とレーニン主義 附解説アジジャン』, 世界経済研究所, p.55.

았다. 민족(nation)은 그렇기 때문에 '정치적 개념'인 것이라고 주장한다.[23]

그 대표적인 것으로 1789년의 프랑스 혁명을 예로 들었다. 레너는 "프랑스 혁명에서 주권의 담당자는 민족(국민, nation)이라고 선언했다. 민족(nation)의 국가에 대한 우위는 19세기에 역사적으로 관철된다. 이에 굴복하지 않는 국가는 무력으로 정복당한다. 민족국가에 병합된다. 이탈리아와 독일 제국, 이 체제 속에 장소를 발견하지 못하는 가톨릭교회는 지도에서 사라진다. 민족(nation)은 부정확한 것이지만 존대함을 선언한다"[24]며 민족이 국민을 선언하는 것이며 민족국가로의 병합을 긍정했다.

문제는 프랑스에서 민족을 '나시온(nation)'이라는 말로 표현하고 있었는데 이것은 매우 혼란스러움을 동반한다고 보았다. 그것은 프랑스와 식민지가 일치하지 않는 문제이다. 레너는 독일과 프랑스에서 달라진 호칭, 즉 독일인이 국가 주민 또는 국민이라고 부르는 것을 프랑스에서는 나시온이라 부르고, 공민(staatsbugerschaft) 혹은 이와 동일한 것을 나시오나리테(nationalitat)라 부르고 있다며 그 공통성을 찾고자 했다. '국가와 민족(volk)'이 일치해야만 하는 것은 국가제도인데 그 내부에서 통일된 주민층의 총체를 어떻게 부를 것인가에 있었다.

레너는 국가와 민족의 일체성을 중시하며 오스트리아에서는 "단하나의 나시온, 오스트리아의 나시온이 있을 뿐"이라며 독인인, 체코인, 폴란드인, 남슬라브인은 나시오나리테로서 오스트리아인 이

23) Renner Karl 著, 太田仁樹 (2002), 「カール・レンナー『諸民族の自決権』(1)」, 앞의 잡지, p.63.
24) Renner Karl 著, 太田仁樹 (2002), 「カール・レンナー『諸民族の自決権』(1)」, 위의 잡지, p.65.

외에는 없다고 논한다.[25]

레너는 '국가 속에서 지배적인 민족(volk)을 나치온(nation)이라 부르고, 민족(volk)에 대한 소수민족(volkchen)처럼 마치 나치오나나리티(nationalitat)를 나치온이라는 말로 표현하며 지배와 피지배를 논하면서도 국가 제도하에서는 민족이 하나가 되어야 함을 역설했다. 레너는 "국가적 조직의 연대에 의해 민족(volk)은 몇 개의 종족 집단으로부터 어떻게 생기는가, 노예제라는 법제도에 의해 민족(volk)은 타 종족이나 인종의 일족을 어떻게 흡수하는가, 해방이라는 법제도에 의해 민족(volk)이 그들을 어떻게 동화했는가"[26]에서 역사적 민족 개념을 찾고자 했다.

레너의 경우 개인 원리에 중점을 두고 민족자치론은 지역을 중시하기보다는 개인에 중점을 두었다. 국가의 발전과 함께 민족의 고도화가 병행되고 이 둘이 일체화하여 형성됨으로써 개인이 민족화되는 것이 키워드였기 때문이다. 그리하여 "민족은 사상생활과 감정생활의 공동체, 그렇기 때문에 순수하게 내적인 것이다. 그러나 사상과 감정은 표현의 전달로, 즉 민족어에 의해서만 공통의 것"[27]이 된다고 보았다.

그런데 민족은 생활공동체로서 사상과 감정의 전달이 상호 간에 이루어져야만 하는데, 그것을 담당하는 것은 '민족어'라는 공통의 언어라고 보았다. 따라서 언어가 내적 감정을 전달하게 되는 중대한 역할을 하는 의미에서 '언어·민족어·공통어'의 중요성에 초점

---

25) Renner Karl 著, 太田仁樹 (2002), 「カール·レンナー『諸民族の自決権』(1)」, 앞의 잡지, p.67.
26) Renner Karl 著, 太田仁樹 (2002), 「カール·レンナー『諸民族の自決権』(1)」, 위의 잡지, p.62.
27) カール·レンナー 著, 太田仁樹 (2000), 「国家と民族(上)」, 앞의 잡지, p.190.

을 두었다. 레너에 의하면 민족은 언어=문화공동체로 성장하게 되는데, 그 과정에서 민족 가요, 시(詩) 등을 통해 공속(共屬) 감정이 생겨난다는 것이다. 이를 통해 이탈리아인, 스페인인, 프랑스인, 영국인, 독일인 등 '인(人)'이 부착되는 것이다. 이러한 과정은 역사적 프로세스, 즉 '중세적 세계'에서 해방되고 신분적으로는 지방분립을 극복하면서 근대적 민족국가(nationalstaat)가 완성된다[28]고 보았다.

민족국가가 완성되는 프로세스에서 민족 가요, 시 등에서 만들어지는 공속 감정은 자신이 '무슨 무슨인(예를 들면 프랑스인, 독일인)'이라는 민족이 행동으로 나타나는 것이라고 보았다. 그 핵심이 바로 언어였고 언어는 민족어이며 공통어였다.

> 자본주의의 근대적 민족 아래에서는 민족 대부분이 민족의식, 자민족에의 귀속의식을 갖는다. 민족의식, 민족의 귀속의식 중 민족의 구성적 메르크말을 도출하는 잘못된 견해(민족의 심리학적 이론)가 생겨난다. 그러나 민족의식은 민족의 성격공동체라는 민족의 객관적 존재에 의해 규정된다. 민족의식은 타민족과의 접촉 결과 생긴 민족 성격이 상이하다는 인식과 자민족의 귀속성에 대한 자각을 의미하고, 민족 존재가 민족의식의 전제를 이루고 그 반대는 아니다. 민족의식의 보급은 교통의 발전, 신문이나 서책의 발전에 의한 것이며 자본주의 시대의 한 산물이다.[29]

레너는 언어의 중요성을 중시하면서 개인의 의지가 가장 중요하다고 보았고, 그것은 영토와 관계없음을 논하면서 민족은 생활공동체이며 공통어가 사상과 감정의 전달 핵심을 차지한다고 보았다.

---

28) Renner Karl 著, 太田仁樹 (2002), 「カール・レンナー『諸民族の自決権』(1)」, 앞의 잡지, pp.63-64.
29) 上条勇 (1997), 「バウアー」, 전게서, p.167.

레너에게 민족은 개인적인 것이며 지역에 의해 규정되는 것은 아니라는 속인주의에 중점을 둔 것이다. 이것은 바로 바우어의 논리로 이어진다.

바우어 역시 시간의 흐름이라는 역사적 발전 경위에 의해 민족 개념이 형성되는 과정을 설명한다. 바우어는 "우리들에게 민족이란 고정된 것이 아니라, 생성과정에 있는 것이며 그 본질은 인류가 생활의 유지와 종의 보존을 위해 투쟁하는 조건에 의해 규정된다. (중략) 각각의 민족의 개성은 사람들의 노동양식에 의해, 그들이 사용하는 노동수단에 의해, 그들이 의도한 대로 얻을 수 있는 생산력에 의해, 그들이 생산 속에서 상호 간에 연결되는 관계에 의해 조건이 형성되는 것이다. 개개의 민족의 생성을 인류와 자연과의 투쟁의 산물로 이해하는 것이야말로 주요한 과제이며 그 해결을 위해 우리들에게 도움이 되는 것은 마르크스의 역사적 방법"[30]이라며 바우어는 민족이라는 현상을 마르크스의 역사적 방법, 유물사관으로 해명하는 동시에 유물사관을 발전시켰다.

레너는 "중세에는 서구의 커다란 언어-문화공동체가 서서히 성장했다. 역사를 만든 것은 그 자신이 아니라 교황과 황제, 영주들, 각각의 신분, 도시들이었다. 십자군은 일민족(nation)의 일이 아니라 민족을 넘어 인터내셔널한 모든 신분의 사람들이 참여했다. 이 공동체는 주체도 아니고 객체도 아니며 아직 역사를 만들지 못했고 역사가 우선 공동체를 만드는 것이다. 이 시대에 행동하는 공동체는 교회이고 그 다음으로 로마제국, 신성로마제국이라는 형태의 국

---

30) 太田仁樹 (2003), 「オットー・バウアー─『民族問題と社会民主主義』の論理」, 『岡山大学経済学会雑誌』 35巻 3号, 岡山大学経済学会, p.23.

가적 공동체가 그렇게 불리고 있는데, 왕권과 국가이며 정통신앙의 기독교도 이외에 이단자와 이교도의 영역이 존재했고 최후에 보편적 신분공동체가 있다. 왕권과 국가는 민족(volker)의 정주 영역을 찢어 교회와 제국은 전체 민족을 하나로 융합했고 신분은 승려, 수도사, 기사와 같은 민족을 초월한 인터내셔널한 연결성을 만들었다"[31]며 역사적 발전 경위에 의해 민족과 국가가 민족을 구성하는 방법을 논했다. 그러나 바우어의 입장에서 보면, 레너보다 한발 더 나아가 국경을 넘어 결합되고 하나로 통합된다고 해도 '십자군'에 의한 정벌은 '민족'을 만드는 것이 아니라, 단순히 '신분적 결합 단계'에 머무는 것이었다.

이처럼 민족(nation)이 역사적 발전단계에 의해 융합하기도 하지만 민족이 되지 못하는 경우도 생겨나고, 동시에 국가로 발전해가지 못하기 때문에 단순히 인터내셔널한 연대만으로는 민족적 연대가 불가능한 것이라고 보는 논리가 나타났다. 바우어가 민족을 역사적으로 고찰하고 각 시기마다 민족의 모습을 특징짓기 위해 가장 중시한 것은 문화공동체로서 '민족'이었다. 바우어는 민족을 통일에서 분열을 거쳐 다시 통일로 나아가고 문화의 유지에서 상실을 거쳐 재획득되는 방향의 반복이라고 보았다.

이러한 바우어의 민족 이해에 대해 오타 요시키(太田仁樹)는 "민족이라는 현상을 짜깁기하여 만든 바우어의 유물사관"[32]이라고 표현했는데, 오히려 이러한 바우어의 민족 재구성에 의해 근대의 민족문제가 드러난다. 바우어가 민족 개념을 설명하기 위해 제시한

31) Renner Karl 著, 太田仁樹 (2002),「カール・レンナー『諸民族の自決権』(1)」, 앞의 잡지, p.63.
32) 太田仁樹 (2003),「オット・バウア-『民族問題と社会民主主義』の論理」, 앞의 잡지, p.26.

논리, 즉 민족은 통일에서 분열을 거쳐 다시 통일로 나아가고 문화의 유지에서 상실을 거쳐 재획득되는 '단선적 발전단계론'과 '복합적 발전단계론'을 혼합하여 설명한 것이다.

그럼에도 불구하고 종족에서 민족으로의 발전단계 속에는 결과적으로 민족의 소외를 형성하게 되었다. 즉 일종의 소외론적 역사 파악이라는 문제점을 내포하고 있다. 바우어는 '민족의 본원적 모습'=제2단계인데, 이 소외 상태로서 민족 지배의 제2단계를 지나 소외의 극복을 의미하는 사회주의를 제3단계로 설정한다.

이러한 역사 파악법은 정→반→합의 논리를 활용하고 있었고 마르크스 유물론의 내용, 즉 '무계급사회→계급사회→무계급사회'라는 트리아데(Triade)가 바우어에 의해 '상실과 탈환'의 발전단계로 짜여간 것이다. 바우어가 민족이라는 현상을 마르크스적 역사 인식의 방법으로 설명하며 '유물사관을 재구성=개변한 것'[33]이라고 오타는 논한다. 그리하여 오타는 바우어의 이러한 유물사관이 생산력의 발전과 인간으로 연결되는 관계성을 통해 인류사의 발전을 해독한다는 점에서 마르크스를 계승하고 있다고 보았다. 이는 '민족이라는 현상'을 그 틀 안에서 고찰한 것이었음을 알 수 있는 대목이다.

바우어는 마르크스의 '무계급사회→계급사회→무계급사회'라는 구도를 '혈통공동체로서의 민족→지배민족과 민족의 예속민의 대립→통일적 사회주의 민족'이라는 동일한 구도선상에서 다른 어구로 대체하여 그대로 적용한 셈이다. 오타 요시키는 아래와 같이 지적한다.

이러한 대체 적용은 문화공동체로서 민족이라는 관점에서 시행되

---

33) 太田仁樹 (2003), 「オット・バウア-『民族問題と社会民主主義』の論理」, 앞의 잡지, p.27.

었다. 피억압 민족은 출발점에서 원시적이기는 하지만 문화의 향수자였는데, 계급사회의 성립과 함께 민족의 예속민의 지위로 조락하여 문화로부터 배제되고 역사 없는 민족이 된다. 그러나 자본주의의 침투는 역사 없는 민족 중에서도 시민층을 낳아 민족주의 운동이 발전한다. 민족주의가 가능한 곳에서는 네이션 스테이트를 형성하는데 다민족국가에서는 민족 자치를 실현한다. 민족주의는 빼앗긴 문화의 탈환운동이며 사회주의 민족공동체의 기반을 형성하는 것이다. 바우어가 강조하는 것은 제2단계에서 제3단계로의 과도기에 모든 민족이 각각 하나의 국가를 형성하고, 모든 국가는 하나의 민족으로만 이루어진다는 내용의 민족성 원리가 근대 자본주의 발전에 따른다는 점이다.34)

이처럼 바우어에 의하면 민족을 역사 발전의 동력으로 보는 '민족적 유물론'은 '민족적 유심론'이라고 비판했지만 민족운동이 계급투쟁을 선도하는 것임을 인정했다. 바우어는 근대 민주주의 및 사회주의를 민중에 대한(계급 지배 및 민족 지배라는) 타자 지배로부터 민중의 자기 지배에의 전환을 상정하고 있었다. 그런데 바우어는 민중이 타자의 권력을 타도하고 자신의 운명을 되찾을 때 계급적 타자(지배계급)의 지배를 꿰뚫어보기보다도 민족적 타자(지배계급)의 지배를 꿰뚫어보는 쪽이 용이하다고 지적한다.

이러한 관점, 즉 계급 지배도 민족 지배도 타자 지배(fremdherrschaft)이며 민중은 착취되고 억압받는다는 시각을 제시하고 있었다는 점이다. 이는 매우 어려운 시각이긴 하지만, 바우어가 제시하는

---

34) 太田仁樹 (2003),「オット・バウアー―『民族問題と社会民主主義』の論理」, 위의 잡지, pp.26-27. 바우어의 민족성 원리는 독자적으로 확장된 내용을 갖고 있다. 본래 그것은 19세기 민족주의자가 내건 일민족, 일국가의 슬로건인데 타민족 지배를 꿈꾸는 제국주의적 민족성 원리 및 일종의 세계연방에서의 사회주의적 민족성 원리를 인정함으로써 바우어에 있어서의 민족성 원리는 그 내용이 공소(空疎)한 것이 된다. 엥겔스가 민족성 원리에 조소를 보냈을 때 그 내용은 명확해졌는데, 바우어는 민족성 원리 속에 민족에 의한 문화의 탈환적 내용을 집어넣으려고 하여 발목을 잡혔다고 볼 수 있다. 카우츠키와 레너는 민족성 원리라는 용어의 이러한 확장은 실시하지 않았다.

논리 속에는 동일한 민족 내에서도 지배계급의 경우에는 공공 이익의 대표자의 가면을 쓰고 타자 지배라는 본질을 은폐하고 있다.

그러나 민족적 타자인 지배민족은 비지배라는 가면이 드러나 착취와 억압을 노골적으로 드러내기 때문에 쉽게 인지되는 것으로 보았다.35) 이 지적은 피지배계급과 피억압 민족 두 개의 운동에는 타자 지배의 폐기라는 점에서 공통점이 있으며 민족운동이 계급적인 운동에 선행하는 경우가 있는 것을 인정한다.

그렇지만 바우어의 민족운동에 대한 평가는 마르크스나 엥겔스의 민족운동에 관한 태도로부터 거리를 둔 것이었다. 바우어는 앞서 카우츠키가 '역사 없는 민족'에 대한 무관심을 비판한 논의를 계승하면서 바우어 자신의 '역사 없는 민족의 각성'을 주장하는 의미에서 민족의 각성이라는 논리로서 민족을 불러일으킨 점은 매우 큰 의미가 있었다. 물론 이는 카우츠키에 이어 레너의 '역사 없는 민족의 각성'을 평가하면서 계승된 것이었다. 로스도르스키(Rosdolsky)는 바우어의 '역사 없는 민족'의 재생 프로세스 분석이 카우츠키를 계승하여 발전시킨 것이었다36)고 논한다.

---

35) 太田仁樹 (2003), 「オット・バウアー―『民族問題と社会民主主義』の論理」, 앞의 잡지, p.28. 오타에 의하면 타자는 일본어 번역으로 이민족이라는 말로 사용한다. 그렇기 때문에 계급적 타자 지배와 민족적 타자 지배의 동질성을 전제로, 민중에 있어서 민족적 타자 지배의 경우 쪽이 타자 지배로서의 본질을 꿰뚫어보는 것이 용이하다는 바우어의 주장을 어렵게 만들고 있고 이 단락의 취지를 이해하는 것을 곤란하게 만들고 있다고 논했다.

36) 太田仁樹 (2003), 「オット・バウアー―『民族問題と社会民主主義』の論理」, 앞의 잡지, p.28. 바우어의 민족 논리는 '노동자 계급의 이데올로기'로 작동하게 되는데, 이 민족주의의 원리가 자본주의적 팽창정책에 반대하는 수단이 되어 버린다. 즉 민족을 우선시하는 입장에서 부르주아 민족주의가 아닌 차원의 노동자 계급의 민족주의를 강조하는 것은 네이션 스테이트를 노동자의 민족으로 만들어야 한다는 논리로서 사상화되고 활용된 것이다. 이것은 레닌의 슬로건, 즉 만국의 프롤레타리아와 피억압 민족은 단결하라는 논리를 취한 것이었다. 민족문제를 기축으로 한 바우어의 역사 파악은 민족투쟁의 의의를 유물사관의 전면적인 치환을 시도한 사미르 아민의 시도와 일맥상통한다.

# '역사 없는 유대인 민족론'의 탄생

　카우츠키가 언급한 것처럼 언어=민족공동체의 근간을 이루는 이론은 언어가 민족을 구성하는 데 어떤 역할을 담당했는가에서 공통언어의 문제로 이행되었다. 카우츠키는 '언어', 즉 공통 언어가 민족공동체를 만드는 논리에서 공통 언어 자체를 가지고 있는가, 그렇지 않은가의 문제와 연동시켜 해석했다. 그것은 종족에서 민족을 형성하는 데 필수조건이 되었다.

　카우츠키는 1881년 「보헤미아(Böhmen)의 '민족'운동」이라는 글에서 프라하에서 체코인의 독일인 폭행사건을 제시했는데, 이것은 단순현상이 아니라 '역사적 발전과정'과 깊은 관련이 있다고 보았다. 즉 사건의 배경에는 사회적 대립으로서 민족적 대립이 존재한다고 논하고 민족 논리는 민족문제를 극복하기 어렵다고 보았다. 따라서 이를 해결하는 방법은 국제주의밖에 없다는 입장을 취하게 된다.[37]

　그와 동시에 카우츠키는 1885년 「안티세미티즘(anti-Semitism)」을 통해 오스트리아에서 유대인의 배척을 요구하는 안티세미티즘의 고양을 배경으로 유대인 문제를 본격적으로 논한다. 카우츠키는 반

---

37) 相田慎一 (2002), 『言語としての民族』, 御茶の水書房, p.43.

유대인 문제의 근본적인 원인이 자본주의의 발달상 전체적 흐름 속에서 나타난 것이 아니라 '농민이나 수공업자, 소시민 등 쇠퇴 계급이 생기는 원인은 직접 거래를 하는 유대인 고리대금업자, 상인, 중간매매업자 등의 횡포에서 찾는 그들의 근시안적 견해에서 잉태된 것'[38]이라고 보았다.

카우츠키가 제시하듯이 민족문제의 원류는 오스트리아 헝가리에서 제시한 구도가 기본을 이루게 되면서 거의 그대로 레닌의 민족이론을 차용한 것이다. 민족자결권을 보장하는 것을 주장하는 한편, 민족의 이익은 오로지 계급적 이익에 종속되어야 한다고 주장한 레닌의 사상은 카우츠키의 국제주의 원칙을 수용하면서 형성된 것이었다.

또한 '유대인은 하나의 독립된 민족이다'라고 논한 분트(Wundt)의 논리와 맞서기 위해 민족의 자격을 둘러싼 기준을 제시해야 했다. 레닌에 의하면 민족은 그것이 발전해온 지역을 갖지 않으면 안 된다고 보는 시점을 갖고 있었다. 그리고 그 연장선상에서 나로도(민족)가 되기 위해서는 공통 언어를 갖는 것이 중요하다고 보았다. 그렇지만 유대인은 지역(영토)도 또한 공통 언어도 갖고 있지 않기 때문에 이를 민족이라 부를 수 없다고 보았다.[39]

민족의 규정으로서 지역(영토)의 공유와 언어의 공유를 예로 들고 있었다. 그러나 레닌은 이 두 개 항목의 열거 순서에 의미를 두지 않았다. 특이 유대인이 민족임을 부정하는 논리로서 레닌이 지

---

38) 相田慎一 (2002), 전게서, p.44.
39) 田中克彦 (2001), 「カール・カウツキーの国家語」, 『言語からみた民族と国家』, 岩波書店, 2001, p.114.

적한 것은 지역(영토)을 갖고 있지 않다는 점이다. 레닌에 앞서 이 두 항목의 결여를 이유로 유대인을 민족이라고 인정하지 않은 것은 바로 카우츠키였다.[40]

카우츠키에 의하면 유대인 민족은 공통 언어를 갖고 있지 않은데 이 유대인 민족을 민족으로 보아야만 하는가라는 문제를 제기했다. 카우츠키는 유대인을 일반적으로 말하는 민족으로 간주하는 것에 대해 의문을 표명했다.

> 독일어를 말하는 유대인은 독일 민족에 소속된 자이고 프랑스어를 말하는 유대인은 프랑스 민족에 소속된 자이다. 유대인이 스스로 특수한 민족이라고 간주하는 것은 동유럽뿐이라고 말한다. 유대인은 공통 언어, 즉 이디시어(Yiddish)를 공유하고 있기 때문이다. 그러나 이는 독일어로 민족 고유의 문화를 발전시킬 가능성이 있는 본래의 민족어가 아니다. 유대인은 언어의 공통성보다 유대교라는 종교의 공통성에 근거하는 직업적 존재이다. 종교적 공동체에 의존하는 특별한 직업적 존재인 한, 그들의 존재는 민족이라는 명칭보다는 카스트라는 명칭이 적당할 것이라고 논한다.[41]

카우츠키는 민족으로서 유대인의 존재를 부정했다. '유대인=비민족=공통 언어의 부재'를 입증하면서 민족-언어공동체의 입장을 강화시켰다. 민족=언어공동체라는 논리를 근거에 두고 유대인은 민족이 아니라는 논리를 만들어냈는데, 이 유대인은 타민족에 동화되어야 할 사회적 신분의 차별적 문제인 카스트에 불과하다고 말했다.

따라서 유대인은 민족이 아니기 때문에 민족자치제를 요구할 수 없다며 유대인은 타민족에 동화되어야만 한다고 논한다. 이러한 논

---

40) 田中克彦 (2001), 「カール・カウツキーの国家語」, 전게서, p.115.
41) 相田愼一 (1993), 『カウツキー研究』, 昭和堂, p.365.

의는 마르크스가 이미 1840년대 독일의 유대인을 염두에 두면서 이와 동일한 견해를 내놓았다고 보고, 카우츠키는 러시아의 유대인을 상정하면서 1903년에 이 견해를 반복한다. 후술하겠지만 바우어에게 계승되어 오스트리아의 유대인과 관련하여 그 견해는 계속해서 반복된다. 다만 이들 사이에 차이가 있다면 유대인 민족의 현재만 부정되는 것이 아니라 그 장래 또한 부정된다는 것이 추가된 점이다.[42]

카우츠키는 유대인 문제를 제기했는데 실은 유대인은 그 기원을 보면 공통 언어를 가진 하나의 민족이었다. 그 후 종교공동체가 되었고 여러 민족의 성원들을 받아들이는 동시에 여러 민족 사이에서도 받아들여졌다. 민족의 본질을 인식하기 위해 유대인을 언급해보아도 아무것도 나오지 않는다. 그러나 민족공동체는 언어공동체라는 견해에 반대하며 바우어가 제출한 유일한 사례로 등장했다.[43] 카우츠키는 바우어가 민족의 결정적인 메르크말로서 언어에 대해 무관심하다는 점을 비판하며 역설적으로 민족문제를 오로지 언어문제에만 대입시켜 등장했던 것이다.[44]

바우어의 민족 이론은 역사적 시점에서 중요한 팀이었다. 바우어가 주장하려는 문화공동체는 역사적으로 변화하는 것이었기 때문이다. 역사를 되돌아보면 계급사회에서 문화의 발전을 규정하는 것은 지배계급이었는데, 생산력의 발전에 따라 생산관계가 변화하고 그

---

42) スターリン 著, 全集刊行会 訳 (1953),「マルクス主義と民族問題」,『マルクス主義と民族問題』, 大月書店, p.94. 즉「マルクス『ユダヤ人問題』によせて」(1906),『カウツキー『キシニョーフの虐殺とユダヤ人問題』(1903) 등이다.

43) カール・カウツキー 著, 丸山敬一 訳 (1999),「民族性と国際性」,『中京法学』34巻 1・2号, 中京大学法学会, p.100.

44) カール・カウツキー 著, 丸山敬一 訳 (1999),「民族性と国際性」, 위의 잡지, p.101.

변화에 의해 지배계급, 그리고 문화의 변천이 일어나는 것으로 설명한다.

이것은 구조적으로 보면 봉건사회에서는 기사문화가, 자본주의사회에서는 부르주아문화가 대응되는 것으로, 문화의 변천은 문화공동체의 변화를 의미하고 민족의 역사적 변화를 가져오는 것이라고 제시한다. 그리하여 봉건 시대에는 전근대적 민족, 자본주의 시대에는 근대적 민족 부르주아적 민족공동체가 생겨난다는 구조를 설명해냈다.[45]

바우어는 민족이란 자연공동체와 문화공동체를 동일한 존재라고 보았다. 즉 민족이란 생존투쟁을 실행하는 데 공통의 역사를 각인시키게 되고 그 과정에서 공통의 신체적 특징을 갖게 되고 공통의 생활습관, 종교, 예술, 경제생활 등 넓은 의미에서 문화에 의해 정신적으로 개성화되어간 사람들의 사회집단이라고 보았다.[46]

바우어는 민족이란 운명공동체에 의해 하나의 성격공동체로 묶어낸 사람들의 총체라고 정의했다. 바우어에 의하면 이러한 '민족'은 마르크스주의 유물사관이 말하는 계급과 개인 사이의 '중간항'으로서 존재하는 사회집단으로 간주했다. 그리고 19세기 이후 국가 형성과 정치권력 문제에서 보편사를 역으로 규정하는 중요한 역사적 팩터를 이루었다고 해석한다.[47]

바우어는 민족과 개인의 관계를 설명하기 위해 민족 성격 개념을

---

45) 上条勇 (1997), 「バウアー」, 전게서, p.165.

46) 矢田俊隆 (1977), 『ハプスブルク帝国史研究』, 岩波書店, p.317.

47) 上条勇 (1997), 「バウアー」, 전게서, p.166. 바우어에 의하면 민족이란 고대의 노예제, 봉건제, 자본주의라는 단계적으로 발전하는 인류의 보편사에 포괄되는 동시에 지역의 기후, 풍토, 전통 등을 조건으로 규정하여 보편사와 구별되는 개개의 개성적 역사를 각인시키는 집단이라고 파악했다.

제기한다. 행동양식까지 다르게 나타나고 심리현상의 차이를 낳는다고 보았다. 심리적 현상을 공유하게 됨으로써 개개인은 민족 전체로 통합되고, 이민족과의 접촉이나 자타의 차이를 인식하면서 민족의식이 생겨나고 자민족에의 귀속의식을 갖게 된다고 본 것이다.[48]

바우어는 민족 개념을 설명할 때 역사를 통해 지역이 운명공동체를 분할하는 역할을 했음을 보여준다. 그 대표적인 것으로 독일인의 역사를 예로 들면서 게르만 민족의 분해와 새로운 독일 민족 부족의 통일화 역사를 제시한다. 봉건제사회에서는 특수 계급인 기사만이 민족(nation)을 형성했고 농민은 예속민으로만 존재했는데, 농민들이 지역적인 경계를 깨고 내셔널적으로 참여하게 된 것은 자본주의사회가 도래하면서부터라고 보았다.[49]

바우어는 자본주의에서 경제적 통합지역의 형성이 개개의 특수한 소(小)운명공동체를 깨고 새로운 대(大)운명공동체를 형성함으로써 통합적 민족, 즉 근대적 민족을 형성한다는 사실에 주목했다. 그러나 지역이 아니더라도 다른 연대성이 있으면 민족은 존속할 수 있다고 보았다.

> 유대인이 중세에는 상업에 종사하면서 공통의 직업을 통해 운명공동체의 연대를 유지하고 민족으로서 존속했다. 그러나 유대인에게 지역의 문제는 중요한 의미를 갖는다. 자본주의의 발달이 유대

---

48) 上条勇 (1997),「バウアー」, 상게서, p.167.
49) 上条勇 (1997),「バウアー」, 상게서, p.162. 바우어는 "자본주의는 그 교육제도, 정치제도, 매스미디어에 의해 농민에게 내셔널한 의식을 심어주고, 다른 한편으로는 국내 통일시장을 형성하게 되면서 농민을 비즈니스 세계로 끌어들였다. 이렇게 하여 자본주의는 민족 통합화의 경향을 관통했다"고 논했다.

인의 상업 독점을 깨게 만든다. 국내시장, 지역시장에서 유대인이 주위 환경에 동화될 필요성에 몰리면서 공통지역을 갖지 못하는 유대인은 독자의 운명공동체를 잃고 민족으로 존속하지 못하게 된다. 지역적으로 분산되고 타민족과 혼재하는 민족에 대해 말하 자면 그들이 만약 자민족이 뭉쳐서 사는 홈랜드 고향을 갖고 교육, 미디어, 커뮤니케이션을 통해 그곳과 정신적·문화적 유대를 유지하는 한, 민족으로서 존속할 수 있다. 유대인은 이러한 홈랜드를 갖지 않고 있기 때문에 소멸하지 않을 수 없다고 말한 것은 바우어이다.[50]

앞서 언급한 것처럼 카우츠키, 레너 그리고 바우어가 공통적으로 민족이라는 개념을 형성하는 데 기초를 둔 것은 민족이라는 종족에 의해 발전되어 형성·유지되지만 소멸된다는 시각을 동시에 갖고 있었다. 여기서 중요한 것은 카우츠키가 지역, 즉 영토와 언어의 문제를 동시에 이야기하면서 유대인이 이 두 가지를 결여하고 있기 때문에 민족이 아니라고 말한 점이다.

레너와 바우어는 반대로 자본주의의 발흥과 함께 민족은 공통지역의 의미가 증대된다고 논하는 한편, 장래에는 민족의 논리를 내세울 때 공통지역이 가진 의의가 쇠퇴한다며 공통지역을 민족 존재의 절대 불가결한 전제로 삼는 것으로 민족의 분산화나 혼재화하는 민족문제는 해결되지 못한다고 논한다.

그리하여 레너와 바우어는 지역을 재고하면서 민족의 규정을 시행하게 된다. 즉 레너와 바우어가 말하는 문화적 민족자치 혹은 문화공동체를 주장하게 되는데 이는 지역과 언어를 중시하는 카우츠키의 원칙에 대항하는 것이기도 했다.[51]

---

50) 上条勇 (1997), 「バウアー」, 전게서, p.163.
51) 田中克彦 (2001), 「カール・カウツキーの国家語」, 전게서, p.115.

레닌뿐만 아니라 스탈린도 이 점에서 카우츠키를 내세우며 민족으로서 유대인을 부정하는 논리를 만들어냈다. 여기서 흥미로운 것은 민족을 성립시키는 요인으로서 지역과 언어의 순위를 스탈린의 경우 뒤집어서 진행했다는 점이다. 민족이란 '언어, 지역, 경제생활 및 문화의 공통성 속에 나타나는 심리 상태의 공통성을 기초로 하여 생긴 역사적으로 구성된 사람들의 견고한 공동체'라며 정의에 두 항목의 순서를 바꾼 것이다. 즉 스탈린은 언어를 첫머리에 두고 언어야말로 계급을 초월하는 것이며 언어는 지배자도 피지배자도 동시에 초월하는 '세계'를 갖는다고 논했다.

> 언어가 계급을 넘어 어느 민족을 하나로 묶어주는 역할에 대해 스탈린은 언어 압박, 부르주아 정도까지는 아니어도 그것 못지않게 노동자를 화나게 한다. 이러한 상태는 종속 민족의 프롤레타리아의 정신적 능력이 자유롭게 발전하는 것을 방해할 뿐이다. 집회나 연설회에서 모어를 사용하는 것이 허용되지 않고 타타르인이나 유대인 노동자의 정신적 재능을 완전한 발전이라고 할 수 없다. 레닌은 유대인이 모어를 잃는 것을 진보라고 보았다. 레닌은 유대인을 민족이라기보다는 카스트라고 강조했다.[52]

이처럼 스탈린은 언어-민족공동체 개념을 중시하고 언어l 지배와 피지배를 극복하는 세계를 만드는 것이라는 점과, 유대인이 공통 언어를 갖고 있지 못한 점을 활용하여 '카우츠키-레닌형' 민족 이론을 받아들이면서 분트, 레너나 바우어가 말하는 탈지역주의와 개인적 언어의 선택이라는 점을 제거하면서 형성한 것이다.

스탈린은 소비에트의 언어적·민족적 현실 처리의 행정관으로서

---

52) 田中克彦 (2001),「カール・カウツキーの国家語」, 전게서, pp.132-134.

당면하면서 그들의 유럽형 국제주의의 틀에서 한 발짝 나아가는 것
처럼 보이지만, 한계성을 드러냈고 유대인을 민족으로 간주하지 않
는 프로크루스테스의 궤(軌)를 갖게 된다.

# '역사 있는 민족'과
# 피억압 민족의 국민화

마르크스주의가 국가의 문제를 중심으로 다루었다면 카우츠키나 레너, 바우어는 이러한 기존 국가의 논리로부터가 아니라 민족(nationen)의 개념으로부터 세계사를 다시 쓰고자 했다. 민족(nation)은 부정되는 것도 거부되는 것도 아니며 오히려 새로운 질서의 담당자로 간주되었다.

종족이나 혈통 공동체로부터 탈피하여 민족을 형성하는 프로세스를 통해 설명되는 신질서는 국가(staatenstaat)가 아니라 민족공동체, 즉 민족 연합이라고 주장하게 되었다. 그러나 그 과정에서 민족으로 간주되지 못하는 '역사 없는 민족'이 탄생되고, 민족이라는 개념은 민족의 중시인가, 아니면 피억압 약소민족들의 인터내셔널한 연합인가라는 양의적 함축 논리가 민족주의를 깊게 만드는 동시에 인터내셔널적 존재로 확대하고자 하는 논리와 대립하게 되었다.

스탈린은 카우츠키 논리의 많은 부분을 수용하고 레너나 바우어에 대해서는 비판적 자세를 취하면서 '사회민주주의' 논리를 형성해 갔다. 스탈린은 『마르크스주의와 민족문제』에서 레너의 「국가를 둘러싼 오스트리아 제 민족의 투쟁」, 바우어의 『민족문제와 사회민주

주의』 양자를 비판했다.53)

카우츠키는 '민족이란 이미 고정된 물체가 아니라 생성과정에 있는 물체이고, 그 본질은 인류가 생활의 유지와 종의 보존을 위한 투쟁의 여러 조건에 의해 규정되는 것'54)이라며 민족이 만들어지는 역사적 과정이 중요한데, 사회주의는 최초로 '근대 노동자 계급-진화적 민족정책'을 만들어냈다고 보았다. 말하자면 이는 '인민의 민족화'였다. 카우츠키는 전 민중을 민족으로서 혹은 민족으로 발전시키려는 시각을 긍정했다. 그것을 통해 민족 개념이 성립되면 노동자 계급도 민족성을 획득한다고 보았다. 아니 획득해야만 한다고 주장했다. 이것은 국제주의로도 연결되는데 앞서 레너는 농민이야말로 민족성의 보유자라고 주장한 반면 바우어는 이를 부정했다.55)

그럼에도 불구하고 카우츠키는 민족 개념을 정립시키기 위해 민중의 참가를 호소했고 레너 역시 이를 동조했다. 물론 바우어 역시 민족 개념의 변화를 ① 민족의 분산화-재통합, ② 지배계급의 문화변화라는 두 가지 측면을 역사적으로 설명한 점에서 공통적이었다.

---

53) 太田仁樹 (2019), 「カール・レンナーの属人的民族的自治論と二元的連邦国家構想」, 『岡山大学経済学会雑誌』 50巻 3号, 岡山大学経済学会, p.26. 오타는 "스탈린은 레너의 이 저작을 엄밀하게 검토하지 않은 듯하다. 스탈린은 레너와 바우어의 민족 이론 차이에 대해 둔감했다"고 지적한다.

54) カール・カウツキー 著, 丸山敬一 訳 (1999), 「民族性と国際性」, 『中京法学』 第34巻 第1・2号, 中京大学法学会, p.94. 카우츠키는 민족이란 인류가 식료를 일해서 얻는 것이 아니라 단순히 자연 속에서 탐색하는 단계, 또한 그 생활 자료를 단순한 점유와 선점에 의해 얻는 주인이 없는 재산으로 손에 넣을 수 있는 단계에서는 아직 발생하지 않고 인류가 필요로 하는 재산을 노동에 의해 자연으로부터 획득한다는 단계가 되어 비로소 발생하기 때문에 각각의 민족의 개성은 사람들의 노동 양식에 의해, 그들이 이용하는 노동수단에 의해, 그들이 생각하는 대로 할 수 있는 생산력에 의해, 그들이 생산 속에서 상호에 연결하는 관계에 의해 조건지어지는 것이었다. 모든 개개의 민족의 생성을 인류의 자연과의 투쟁의 산물로서 이해하는 것, 이것이야말로 주요한 과제인데 그 해결을 위해 우리들에게 도움이 되는 것은 마르크스의 역사적 방법이라고 논한다.

55) カール・カウツキー 著, 丸山敬一 訳 (1999), 「民族性と国際性」, 위의 잡지, p.96.

카우츠키도 레너도 바우어도 그러했듯이 근대 민족은 경제생활의 통합화를 통해 민족통합이 진행되는 것으로 보았다.

바로 이 민족의 통합화는 사회주의적 민족에 의해 완성된다고 보았다. 바우어는 역사적으로 진행되어온 민족의 분산화와 통합화의 역사를 전근대적 민족, 근대적 민족, 사회주의적 민족이라는 단계로 이해하는 것에 동의했다.[56]

그러나 바로 이 부분, 즉 자본주의 근대 민족의 형성을 둘러싸고 해석의 틈새가 발생한다. 카우츠키는 민족운동에 프롤레타리아가 가담해야 하고 그것을 통해 민족 개념을 재정립해야 한다고 논했다. 스탈린은 반대로 "부르주아는 자신들의 문제를 전 민족적인 문제라고 주장하고 혈연의 대중에 호소하고 조국에 호소했다. (중략) 대중도 또한 반드시 호소에 무관심한 것이 아니라 부르주아의 깃발 주변에 모여든다. 위로부터의 압박은 그들에게도 미치고 그들도 불만의 감정을 불러일으킨다. 그리하여 민족운동은 시작된다"[57]고 보았다.

스탈린은 '자각한 프롤레타리아'의 입장과 부르주아의 입장을 본질적으로 구별했다. 부르주아는 민족투쟁을 선동하여 이용했는데, 이러한 역사적 사실을 자각한 프롤레타리아는 부르주아가 주장하는 민족의 깃발 아래에는 들어가지 않는다고 보았다.[58] 이는 바우어가

---

56) 上条勇 (1997), 「バウアー」, 전게서, p.168.

57) スターリン 著, 全集刊行会 訳 (1953), 「マルクス主義と民族問題」, 전게서, pp.61-63. 투쟁이 시작된 것은 전체적으로 민족끼리의 사이에서가 아니라 압박 민족의 도시 소부르주아가 지배민족의 대부르주아에게 시행하거나(체코인과 독일인) 피압박 민족의 농촌 부르주아가 지배민족의 지주에게 시행하거나(폴란드의 우크라이나인) 혹은 피압박 민족의 전 민족 부르주아가 지배민족의 지배하는 귀족계급에게 시행하거나(러시아의 폴란드, 리투아니아, 우크라이나인) 등이다. 즉 부르주아가 주역이다.

58) スターリン 著, 全集刊行会 訳 (1953), 「マルクス主義と民族問題」, 상게서, p.68.

제시한 논리이기도 한데, 바우어는 카우츠키가 말하는 진화적 민족 정책이 프롤레타리아의 정책과는 반대의 입장에서 바우어는 부르주 아적 입장의 노동자 계급투쟁을 민족 투쟁에 순응시키려는 태도를 비판했다.[59]

그리하여 민족에 의한 계급의 통합이 아니라 본질적으로 부르주 아적인 민족운동의 운명이 부르주아의 운명과 연결되는 것은 당연 한 일이었다. 민족운동의 쇠퇴는 부르주아의 몰락이 있어야만 비로 소 가능하다[60]는 논리로 나타났다.

바우어가 말하는 사회주의적 민족원리는 결국 계급투쟁이라는 사 회주의적 원리를 부르주아적 민족원리에 의해 바꿔치기한 것이었 다. 스탈린이 보기에 만약 민족자치제가 이러한 원리로 출발한다면, 그것은 노동운동에 해독을 흘리는 것이며 이러한 바우어의 민족주 의는 사회주의적인 말로 교묘하게 뒤덮여 있는 것으로 그만큼 그것 은 프롤레타리아에게 유해하기 때문에[61] 이 사회주의 원리를 재구 성해야만 했다.

이처럼 바우어의 절충적·민족적 자치 구상은 레너의 그것과는 역방향으로 향했다. 즉 민족성 원리 태도에 대해 레너의 구상을 엥 겔스에게 양보한 것에 반해, 바우어는 엥겔스와 거리를 두고 사회 주의를 내셔널리즘에 접근 가능한 형태로 기술하게 되었다.

---

59) スターリン 著, 全集刊行会 訳 (1953),「マルクス主義と民族問題」, 전게서, p.64, 68. 예를 들 면 "민족운동의 내용은 여기저기가 동일하지 않다. 여러 가지 요구의 내부에는 민족 일반을 특징짓는 여러 가지 특징(언어, 지역, 기타)이 보이는 것도 흔한 일은 아니다. 주목할만한 것은 바우어의 모든 것을 포괄하는 민족적 성격과 관계있는 요구와 결코 만나지 않는다는 점이다. 그것도 당연하다. 왜냐하면 민족적 성격은 그 자신으로서는 붙잡을 수 없는 것으로 정치가는 그것을 어떻게 할 수 없는 것이기 때문"이라는 의견이 있다.

60) スターリン 著, 全集刊行会 訳 (1953),「マルクス主義と民族問題」, 상게서, p.68.

61) スターリン 著, 全集刊行会 訳 (1953),「マルクス主義と民族問題」, 상게서, p.92.

바우어의 민족문제 인식은 러시아의 볼셰비즘에 영향을 주면서도 바우어는 레너의 동류로서 레닌과 스탈린으로부터 비방을 받게 된다. 사실 카우츠키가 주장하듯이 '민족성 원리'는 소수민족이 그들의 자립 요구로서 나타나는 경우 역사적으로 진보적인 운동의 기초가 될 수 있다고 보아 긍정했지만, 중요한 것은 거기에 문제점이 존재했다는 점이다. 이 '민족성 원리'는 소수민족의 입장에서 주장하든 다수파 민족의 입장에서 주장하든 결과적으로 '근대 내셔널리즘'의 중핵적 원리로 작동하게 된 것이다.[62]

즉 세 가지 내셔널리즘이 작동하게 되는데, 독립을 달성하고자 하든 분리 국가들의 통합을 주장하든 주변 민족을 자국의 영향권에 두려는 의식이 보여주듯이 이는 다수파 민족 혹은 소수파 민족 어느 한쪽에 한정된 것이 아니라고 보았다. 민족성 원리가 내부 통합적 혹은 확장적 원리로 나타나는데 바로 이것이 제국주의적 정책과 동조하여 발현된다고 보았다. 민족 내셔널리즘이 대국의 침략 앞잡이 역할을 한 것을 지적하기도 했다. 스탈린은 바로 이러한 소수민족의 내셔널리즘과 국제적 피지배 민족을 대표하는 노동자의 인터내셔널한 단결이 민족문제의 해결에 중대한 것임을 주장한다.

이러한 논점은 스탈린의 언어관, 즉 언어가 계급을 초월한다는

---

62) 太田仁樹 (2019),「カール・レンナーの属人的民族的自治論と二元的連邦国家構想」, 앞의 잡지, p.35. ① 다민족국가 내부에 속한 소수민족도 그곳에서 분리·독립하여 자신들의 네이션 스테이트를 건설하려는 지향, 그 대표적인 예로서 합스부르크제국이나 러시아제국의 지배를 받고 있던 소민족의 내셔널리즘이 전형적인 것, 여기서 민족성 원리는 분리적·원심적인 원리로 나타나고 소민족에게는 해방적인 의미를 갖는다. ② 동일민족이라고 보는 사회집단이지만 복수의 국가로 나뉘어 존재하는 경우, 내셔널리즘은 통일국가의 건설을 동포에게 호소하는 것으로 나타난다. 독일 및 이탈리아가 전형적이고 여기서 민족성 원리는 집약적이고 응집적인 원리로 나타난다. 이 경우 내셔널리즘은 민족적 마조리티의 지향을 의미한다. ③ 민족의 동포가 국가 외부에 존재하는 경우이다. 하나의 민족, 하나의 국가는 외부의 동포들이 거주하는 영토도 자국의 영토 내부라고 인식하여 자국의 영향권에 두려는 태도이다. 독일주의, 범슬라브주의, 이탈리아의 이레덴티즘이 그것이다.

논리, 언어 교배가 없다는 의미에서 '중간적 존재'가 없다는 것을 인식하는 논리와 연결된다. 스탈린은 두 개의 원칙을 우선 상정하고 이 원칙을 통합하는 방법을 구상한다. 이를 스탈린은 '인터내셔널한 단결 형태와 노동자와 민족별로 조직적으로 구분하는 형태'로 인식하고 이 둘의 형태를 화해시키는 방법을 시도했다. 스탈린은 '오스트리아 사회민주당의 화해주의적 규약'과 '러시아의 스톡홀름대회에서 성립한 분트의 연합주의와의 화해'에 대해 지적하며 이 양쪽 모두를 비판하는 양비론(両非論)을 주장한다. 즉 '화해의 길'이 한쪽에서는 너무 유토피아적인 것이고 다른 한쪽에서는 유해한 것으로 대치하는 현상이라고 보았다.

스탈린의 입장에서는 이러한 이분법적 논리로는 이를 풀 수 없다고 보았다. 분트의 연합주의라고 한다면 이 경우 러시아 사회민주당은 노동자를 민족별로 구분한다는 원칙에 근거하여 개조하지 않으면 안 되고, 다른 한편의 인터내셔널형 조직이라고 한다면 이 경우 지역적 자치제의 원칙에 근거하여 개조하는 방식으로 여러 민족의 노동자와 직접적으로 단결하는 길을 여는 방법을 취하지 않으면 안 된다[63]고 보았다. 스탈린의 입장에서 중간적 교배는 없다는 입장이었기 때문에 노동자의 인터내셔널한 단결과 민족문제 해결이 이어지고 있었다.

그리고 스탈린은 이러한 논리들을 모두 민족문제에 대해 옛것과 새것의 경합이라는 논리로 보았다. 이는 반복적으로 시대를 움직여온 논리인데 이 방법론의 틀로서 '분기점'들을 파악하는 것에 중점

---

[63] スターリン 著, 全集刊行会 訳 (1953), 「マルクス主義と民族問題」, 전게서, p.134.

을 두고, 이 발전과정의 프로세스 사이의 경계를 찾으면서 민족문제의 새로운 해결 방법을 찾고자 했다. 이를 위해 가장 특징적이면서 구별이 확실한 지표들을 찾아 제시한다.

그것은 네 개의 지표로 요약되는데 그 첫 번째가 식민지 해방 문제와의 융합이었다. 스탈린은 민족문제를 식민지 해방의 문제와 융합하는 것을 지적한다. 즉 기존의 문제가 '문명 민족'에게만 한정된 문제로 다루어진 것에 대한 비판이었다. 스탈린은 '아일랜드인, 체코인, 폴란드인, 핀란드인, 세르비아인, 아르메니아인, 유대인' 그리고 이 범주에 해당되는 기타 유럽인을 '민족체'라고 호칭했는데 이들은 '권리가 없는 민족=나쓰야'라고 논했다. 이보다 더욱 잔혹한 형태의 민족적 압박을 받고 있는 아시아와 아프리카의 여러 민족을 나로도(민족)라 불렀다.

권리가 없는 민족과 이보다 더 압박을 받은 아시아와 아프리카의 민족을 논하면서 이것이 사회주의자의 시야에 들어온다고 했다. 그리하여 스탈린은 '완전한 권리가 없는 민족'을 해방시키기 위해 투쟁과 식민지 해방을 함께 논하는 고상한 사회주의자로서 이는 프롤레타리아 해방 주창자에게는 어울리지 않는 것이라고 논한다.

따라서 '유럽에서의 민족적 압박 폐지 논리는 제국주의의 압박으로부터 아시아와 아프리카 식민지 여러 민족을 해방시키지 않고서는 생각할 수 없는 것으로, 전자가 유기적으로 후자와 연결된다'는 생각을 발견했다. 바로 이것이 '공산주의자'의 입장이며 민족문제와 식민지 문제를 동시에 생각하게 됨으로써 백인과 흑인, 제국주의의 문화적 노예와 비문화적 노예의 경계를 소거시켰다. 식민지 투쟁과 제국주의에 대한 프롤레타리아 투쟁을 일치시키는 데 성공했다.[64]

스탈린은 세계적 흐름, 즉 식민지 해방운동이 나타나고 완전한 권리가 없는 민족의 근로 대중이 지배민족의 프롤레타리아에게 품는 불신을 일소하기 위한 방법을 고안해낸다. 이러한 논리들을 통해 기존의 완전한 권리가 없는 민족과 식민지를 복종시키고, 자신을 제국주의 국가의 틀 속에 가두려 하는 제국주의자의 가면을 잡아떼어 민족 해방운동과 식민지 제국주의에 의한 해방투쟁을 주장하게 되었다.

이것은 결국 민족=식민지 문제와 자본의 권력, 자본주의 타도, 프롤레타리아의 독재 문제와의 유기적 관련을 밝혀낸 것이다. 도래할 혁명은 민족 및 식민지 문제를 자본의 권력으로부터의 해방문제와 불가분의 것으로 파악한다.[65]

이것을 해결하기 위한 방법론이 제기되었는데 그것은 '민족의 평균화'였다. 즉 '뒤처진 여러 민족을 선진적 민족의 문화적·경제적 수준으로 향상시키기 위한 원조와 협력'을 민족문제에서 가져왔다. 스탈린은 종족 중에서 뒤처진 민족과 선진문화 민족 사이에 있는 민족들, 즉 이들은 민족체인데 이들을 선진화하는 것이 민족 동권의 실현이라고 주장한다. 민족체 단계의 근로 대중은 문화적 혹은 경제적으로 뒤처져 있는 단계로서 이들에게 권리를 충분하게 행사할 수 있도록 선진적 수준으로 끌어올려야 한다는 내용이었다.

즉 '선진 민족으로 승리한 프롤레타리아'가 '뒤처진 민족의 근로 대중들을 위한 문화적·경제적 발전'의 원조를 실행해야만 한다는 것이다. 다시 말해서 프롤레타리아가 이들 뒤처진 대중을 도와 보

---

64) スターリン 著, 全集刊行会 訳 (1953), 「民族問題の提起によせて」, 전게서, p.198.
65) スターリン 著, 全集刊行会 訳 (1953), 「民族問題の提起によせて」, 상게서, p.202.

다 높은 발달과정으로 향상시켜 선진 민족을 따라잡게 할 필요가
있다는 것이다.

스탈린은 "이러한 원조 없이는 여러 민족 및 민족체 근로자의 평
화적 공존과, 형제와 같은 협력관계를 갖추는 것은 불가능"[66]하다
고 보았다. 바로 여기서 나타난 용어가 '민족체'라는 중간단계였고
뒤처진 민족이나 민족체의 경제 상태, 생활양식, 문화연구, 러시아
공산주의자가 고려하는 민족문제의 새로운 방향은 여기서 갈라지는
것이었다.

스탈린은 민족 개념을 언어와 마찬가지로 전체성을 고려한 결과,
프롤레타리아의 민족 연대가 선진문화에 속해 있는 민족이 뒤처진
후진국 민족들을 원조하는 동시에 선진문화 민족으로 향상시키는
것이 프롤레타리아의 혁명으로 이어짐으로써 새로운 사회민주주의
를 넘어 공산주의로 나아가는 길이라고 보았다.

이것은 스탈린이 발전단계상의 '민족되기' 논리를 활용하여 '민족
체'라는 중간지대를 새로 발명하면서 이 단계에서 프롤레타리아, 피
억압 민족, 피식민 지배민족 간의 원조를 주장하는 동시에 차별을
긍정하는 논리 속에서 만들어냈다. 이것은 앞서 나온 카우츠키의
내셔널리즘이 '양의성'의 딜레마를 단순화하면서 그려낸 러시아 내
셔널리즘이었다. 스탈린은 타민족에 지배받고 있는 피억압 민족 혹
은 완전한 권리가 없는 민족이 권리를 충분하게 행사할 수 있도록
권리를 획득하는 것이 해방이라는 내셔널 이데올로기를 창출해낸
것이다. 동시에 국내외의 타민족을 통합하고 새로운 민족 내셔널리

---

66) スターリン 著, 全集刊行会 訳 (1953),「民族問題の提起によせて」, 전게서, p.204.

즘의 내부로 끌어들이는 세계 시스템을 작동시키고 말았다. 즉 세계적 흐름 속에서 소련의 랭킹을 끌어올리려는 확장적 내셔널 이데올로기였다는 점을 스탈린은 망각해버리고 말았다.

# 5

## 세계사로 등장한 피억압
## 민족의 내셔널리티

　본 글에서는 마르크스주의가 다양한 방식으로 민족 원리(princi ple)를 생산해내는 것에 초점을 맞춰 카우츠키·레너·바우어 그리고 스탈린의 민족 구성의 구조와 한계를 규명하고자 했다. 마르크스주의의 정통적 입장에서는 민족 개념을 등한시했는데, 카우츠키에 의해 민족 이론의 구축이 중시되자 카우츠키는 마르크스주의의 이단자나 수정주의자로 간주되었다.

　그렇지만 이는 민족 개념에 의해 마르크스주의의 새로운 세계적 사상의 인식으로 등극하게 되었다. 바로 이 세계적 사상으로 등극하게 되는 과정에서 민족 개념은 정의되어 내용들이 채워져 갔고, 스탈린은 최종적으로 민족 개념을 재정립하면서 계급투쟁의 문제를 해결하고자 했다.

　먼저 카우츠키는 민족 이론을 형성하는 데 '언어'의 중요성을 제시했다. 그리고 민족 개념은 자본주의사회의 발전단계를 거치면서 구축되는 것으로 그 사이에는 '종족'이 '민족'으로 발전하지 못한다는 논리를 제시했다.

　그 대표적인 것이 유대인이었고 유대인은 '타민족'에 동화되어야만 한다고 주장했다. 그리고 민족 개념은 주로 부르주아 계층이 주도해온 것을 부정하고, 일반 노동자나 대중들도 민족 구성원이 되어야 함과 동시에 프롤레타리아로 구성된 민족들의 국제연대로서 민족을 주장했다. 여기서 민족은 언어와 영토가 중요시되었다.

이를 근거로 레너와 바우어도 오스트리아 연합국가의 분열과 통합 상황 속에서 민족 이론을 정의하게 된다. 언어가 민족 개념 전체를 아우를 수 없다는 한계점을 비판하며 영토와 풍속, 정치 등을 포함한 '문화공동체'로서 민족 개념을 정립하게 된다. 그렇지만 여기서 소수민족의 민족 독립을 우선시할 것인가, 아니면 소수민족의 통합이라는 다문화국가인가를 우선시할 것인가라는 양방향으로 의견대립이 생겨났다.

이때 스탈린은 카우츠키의 언어 이론을 통합적 역할의 매개물로 활용하면서 민족 개념을 총체화했다. 영토와 언어의 문제를 언어와 영토의 문제로 치환하고, 언어가 지배민족과 피지배민족에게 봉사했듯이 언어를 통해 '국가 부르주아와 프롤레타리아의 차이 극복', '종주국과 피식민지의 차이 극복', '국가 외부에 존재하는 주변화된 민족들의 차별 극복'을 실천하기 위해 프롤레타리아의 연대를 강조했다.

그러나 여기서 스탈린은 '선진문화의 프롤레타리아가 뒤처진 프롤레타리아 민족'을 높은 수준의 문화적 경지로 올라갈 수 있도록 원조해야 한다는 '부르주아적 관념'을 대입하는 함정에 빠지게 되었다. 스탈린의 이러한 민족, 계급투쟁 관념은 다수민족과 소수민족의 양가적 내셔널리즘을 통합하여 민족=국민을 사회화하고 국민국가의 통합을 주창하는 결과를 가져왔다.

민족 개념을 재정의하면서 피지배민족이나 피식민지, 권리를 갖지 못하는 민족, 역사 없는 민족의 해방을 위한 역사 만들기가 폐쇄적 국민국가로 치환되고 자국 민족주의를 의미하는 민족=민중=노동자 내셔널리즘 개념으로 가두면서 결합하게 되었다. 그런데 여기서 중요한 것은 민족의 국민화 개념이 피식민자, 노동자, 농민, 시민을 모두 끌어안으면서 네이션(nation)을 구성하는 마르크스주의로 변형되고 말았다는 점이다.

# 제3장

스탈린을 '번역'하는 이시모다 쇼

# 1

# 민족문제의 재구성과
# 이시모다 쇼의 등장

일본의 역사가 야스마루 요시오(安丸良夫)는 '전후 일본 내셔널리즘'의 보편성이 "의사적(疑似的)이고 기만적인 '보편성'임에도 불구하고, 이 기만적인 보편성이 '진짜인 것'처럼 통용되고 있다"[1]고 비판했다. 내셔널리즘의 기만성을 비판한 이 짧은 문장은 ① 전후, ② 보편성, ③ 기만성의 문제가 동시에 논의되어야만 전후 내셔널리즘의 윤곽이 드러나는 것임을 깨닫게 해준다. 먼저 ① 전후에 대한 재고이다.

오구마 에이지(小熊英二)에 의하면 전후 일본에는 두 개의 전후가 존재한다고 논했다. 오구마 에이지는 '더 이상 전후가 아니다'라는 선언을 기준으로 제1전후와 제2전후로 구분하며 전후 사이의 사회적 변용을 고찰했다.[2]

그리고 이소마에 준이치(磯前順一) 또한 전후라는 말이 갖는 기묘한 뒤틀림에 대해 논했다. 이소마에 준이치는 전후란 '전쟁의 영

---

1) 安丸良夫 (1997), 『日本ナショナリズムの前夜』, 朝日選書, pp.6-7.

2) 오구마 에이지 저, 조성은 역 (2019), 『민주와 애국』, 돌베개, pp.19-20. 오구마 에이지는 패전부터 1954년까지를 '전후'라고 보기도 하고, 1955년 이후 55년 체제와 1956년의 『경제백서(経済白書)』에서 '더 이상 전후가 아니다'를 선언한 이후를 '전후'로 상정하며 전자를 제1의 전후라 하고 후자를 제2의 전후라고 명명했다. 물론 오구마 에이지는 이 전후의 내적 차이를 통해 일본 전후를 논하고 있다.

향 아래에 있는가'라는 뜻에 대해 '전쟁의 영향에서 벗어난 단계'를
의미한다고 논한다. 그리하여 전후란 평화와 자유를 획득한 자립국
가의 시대를 가리키는데, 이소마에 준이치는 그것을 미국의 평화
민주주의 식민지화라고 보았다.[3]

그리고 이노 겐지(猪野謙二)는 민족문화에 대한 재평가를 둘러싼
논의를 개시하는 시점에서 새로운 전후론을 구상하기도 했다.[4] 이
처럼 전후에 대한 내용은 무엇을 매개로 다루는가에 따라 달라질
수 있는 것이다.

이 글에서 필자의 제안은 전후의 분기점을 '1951년'으로 보는 것을
추가하고자 한다. 그 이유는 이 시기에 나타난 민족 개념이 새로운
변혁을 이루었기 때문이다.[5] 즉 전전 '민족주의=악'의 개념이 전후
'혁신 민족주의'로 재탄생하는 계기는 바로 민족 재해석과 연동되었
다고 보기 때문이다. 그 계기가 된 것은 스탈린의 민족 이론의 수용
이었는데, 일본에서 스탈린의 논문이 번역되자 1951년에서 1953년
사이에 일본 역사학연구회의 중심 테마는 민족문제가 되었다.

그 내용은 스탈린의 논문을 '일본 역사에 대입'시키기 위한 논쟁
이 주류를 이루었는데, 그와는 다른 역사학과 사상 분야에서 새로
운 민족문제를 다룬 것은 이시모다 쇼(石母田正)였다.[6]

---

3) 磯前順一 (2019), 『昭和・平成精神史』, 講談社, pp.31-33.

4) 遠山茂樹 (2001), 『戦後の歴史学と歴史意識』, 岩波書店, p.129. 민족문화를 재평가하는 것을 계
기로 삼아 이노 겐지에 의하면 전후라는 시대는 49년으로 끝났고 50년부터는 반동화 표현의
시대로서 고전 세계로의 도피로서 고전에의 관심이 높아졌는데, 그것은 동시에 그 비속화에 대
한 비판과 국민대중 사이에서 자국의 역사나 고전에 매력이 있다는 것을 다시 생각하게 되었다
고 논했다.

5) 필자는 특히 1952년을 경계로 전후가 나누어진다는 새로운 논리를 제안하고자 한다. 즉 1945
년 8월 15일 이후부터를 전후, 1952년 이후를 전후, 그리고 1955년의 경제적 분기점을 전후라
는 의미에서 세 개의 전후론을 제안하고자 한다.

6) 田中克彦 (2000), 『「スターリン言語学」精読』, 岩波書店, pp.252-253.

미치바 치카노부(道場親信)가 지적하듯이 일본에서 스탈린의 논문에 대한 주요 초점은 '언어와 문화' 혹은 '언어와 민족' 그리고 '민족과 계급'을 둘러싼 문제들이었다. 그중 중요한 것은 민족 개념 그 자체를 묻는 방향으로 나타났고, 그 대표적인 논객으로서 이시모다 쇼라고 논했듯이[7] 이시모다 쇼의 역할은 매우 중요했다.

주지하다시피 스탈린은 '언어'를 통해 세계사적 위상에서 민족 개념을 제시했다. 즉 스탈린은 언어의 객관성을 주장하며 부르주아와 프롤레타리아, 종족과 민족, 서구와 동양, 중앙과 지방을 모두 포괄하는 '위치'를 설정하면서 마르크스주의의 민족 개념을 완성했다고 평가받았다.

특히 마루야마 게이이치(丸山敬一)는 스탈린의 「마르크스주의와 민족문제」를 마르크스주의 민족 이론의 최고 도달점이라며 마르크스 문헌 중 '성전(成典)'으로 추대받았음을 밝히고 있다. 즉 마루야마 게이이치는 마르크스주의 문헌 중 가장 중요하고 근본적인 민족 문제를 다룬 저작이며 스탈린 자신도 마르크스주의 민족 이론의 창시자라고 선언했다.[8]

스탈린은 '민족이라는 언어를 상부구조와 토대의 이분법을 넘는 제3의 입장으로 해석했다는 점', 그리고 그것은 일정한 발전단계의 틀이 아니라 스탈린이 새롭게 '민족체(民族体)'라는 단계를 창출하

---

7) 道場親信 (1997), 「言語」と 「民族」-スターリン言語学論文と日本における受容をめぐる諸問題」, 『現代社会理論研究』第7号, 日本社会学理論学会, pp.230-234. 단순한 소개나 찬미의 문장도 있지만 주로 세 가지 방향에서 논의가 나타났다고 지적한다. ① 언어 간략화론자에 의한 국어국자문제, ② 일본에서의 진정한 민족공동어의 창출을 위한 조건을 묻는 것, 그 일환으로서 국민(민족)적 문학 창출의 조건을 묻는 것이다. 바로 ②의 문제도 내포하면서 동시에 역사학 분야에서 스탈린 논문에 영향을 받아 이시모다의 논리를 발전시키고 있었다.

8) 丸山敬一 (1987), 「スターリン 「マルクス主義と民族問題」の理論的価値について」, 『中京法学』 21(3・4), 中京大学法学会, pp.1-2.

면서 민족 개념을 재해석했다는 점에서 '세계적 보편성'을 띠고 있었다. 즉 변증법적 유물론의 현재까지 발전의 최고 단계를 보여주는 것[9]이며 철학에서 '스탈린 단계'를 확립한 것으로 평가받았다.

이처럼 세계사적 위상으로서 스탈린의 논문은 전후 일본의 '사상적 분기점'이 되었고, 역사학에서는 민족주의에 새로운 의미를 찾게되었다. 그 대표적인 예로써 이 시기 이시모다 쇼는 스탈린의 논문을 활용하면서 '전전 민족주의'라는 기만적 민족주의를 각성하는 동시에 전후 '미국 민주주의'라는 식민주의를 극복하는 세계사적 일본 '민족주의'를 찾고자 고군분투했다.

이시모다 쇼는 스탈린의 민족 이론을 통해 새로운 일본 민족주의 개념을 구축하는 것을 하나의 '번역'이라고 상정한다. 그것은 스탈린의 저서를 번역했다는 의미도 아니고 그렇다고 해서 '하나의 언어에서 다른 언어로 치환하여 의미를 전달하는' 행위로서 단순히 전달만을 이미하는 것도 아니다.[10] 이시모다 쇼는 번역 불가능성을 포함하면서 자기완결적 주체 만들기와 자기를 상대화하는 탈중심화의 중심이 될 가능성을 모두 상정한다는 의미로 사용하고 있었다.[11]

바로 이 이시모다 쇼가 만들어낸 민족주의는 '스탈린 번역을 통해 초점의 이중화를 학습하면서 주체의 재구성'에 초점이 맞춰진 것으로, 민족주의의 혁신이라는 진짜 '민족주의'로 맞물려갔다. 바로

---

9) スス ターリン 著, 石山正三 訳 (1953), 『弁証法的唯物論と史的唯物論』, 社会主義著作刊行会, p.199.

10) ヴァルター・ベンヤミン 著, 浅井健二郎 編訳 (1996), 『ベンヤミン・コレクション. 2エッセイの思想』, ちくま学芸文庫, pp.387-411.

11) 酒井直樹 (2012), 『日本思想という問題』, 岩波書店, p.viii.

역사학계에서 전전의 기만적 파시즘을 극복하고 '전후 혁신 민족주의가 새로운 보편성'을 갖는 진짜를 구축하게 된 것이다. 그 중심인물에 이시모다 쇼가 있었고, 이시모다는 독창적인 의미에서 역사학의 새로운 민족 각성을 주체적으로 실천하는 역할을 했다.

미치바 치카노부가 지적하듯이 "1950년대 전반은 경제성장의 성과를 체감하게 되고 식민지의 종속화라는 전후 평가가 급속하게 쇠퇴해가는 전환점"[12]으로, 일본에서는 민족 개념이 정립되는 동시에 식민지 종속화의 문제를 잃어가면서 고착화가 진행되었다.

이는 세계 시민적 주체성의 획득이라는 시좌로 전환되는 틈이 되었고, 세계 시민적 시좌의 원용은 역설적으로 일본적 내셔널리즘을 보편화하는 '의사적 보편성'이 창출된 것이다.

다음 장에서는 그 중추적 역할을 담당한 것이 스탈린의 논문과 그것을 수용한 이시모다 쇼였다는 점을 상기하며 제3의 입장을 형성하는 과정과 역사 주체론을 연결시키는 논리를 고찰하고자 한다.

---

12) 道場親信 (2008), 『抵抗の同時代史』, 人文書院, pp.90-93. 대미 종속에 대한 리얼리티가 감퇴되어가고 아시아와의 관계 속에서 혁명을 생각하자는 논리로 대치되는 구도가 생겨나면서 일본에서는 '평화 경제'에 의해 현실을 대상화해가게 된다. 혁신내셔널리즘의 논리도 어느새 해체되고 경제성장만을 강조하는 논리가 헤게모니의 주류로서 현실에서의 재편이 시작되었다고 보았다. 아시아에 대해서는 일본인의 가해성 물음이 약해지고 전전 각지로 이동했던 일본인, 즉 히키아게(引き上げ)도 1950년대 전반에 종료되면서 아시아에 대한 물음을 타협해버리는 상황이 생겨나고 있었다. 그리고 그후 아시아는 비즈니스의 대상으로 전화되어간다.

2

# '스탈린의 민족론'과
# 일본의 새로운 '전후'


1950년 스탈린이 발표한 55페이지 분량의 『마르크스주의와 언어학의 제문제(諸問題)』는 일본공산당 이론잡지 『전위(前衛)』에 번역·게재되면서 일본 사회에 큰 충격을 안겨주었다.[13]

당시 일명 '스탈린 논문'이라고 형용되는 스탈린의 민족 이론은 시대적 유행이 되었다. 앞서 언급한 것처럼 1951년에서 1953년 사이 역사학연구회에서도 중심 테마가 민족문제였다. 그렇지만 스탈린의 민족 이론을 어떻게 하면 일본 역사에 대입시켜 해석할까에 중점을 두었기 때문에 스탈린의 이론을 정면에서 검토하지 못한 점은 비판의 대상이 되었다.[14]

스탈린의 논문이 소개되자 일본 내부의 역사학에 대입하고자 하는 논점들과는 달리, 이시모다 쇼는 스탈린의 논문을 통해 역사학의 새로운 시각에 눈뜨게 된다. 야나다 가쓰오(家名田克男)는 이시모다 쇼가 스탈린의 민족 논리를 통해 "민족 형성의 토대를 전제로 전(前)

---

13) 田中克彦 (2000), 전게서, pp.248-256. 이 논문은 단순하게 언어학이 아니라 『문학』과 『사상』에서 초미의 관심사로 다루고 있었다. 그리고 민주주의과학자협회 도쿄(東京)지부가 주최하는 심포지엄의 주제로서 「사적유물론의 공식의 검토」, 「언어의 본질, 계급성, 발전 방식」, 「민족문제」, 「민족어와 국제어」 등이 다루어졌다. 이후 『중앙공론』과 『사상』 잡지도 스탈린이 비판한 소비에트 언어학을 실었다.

14) 道場親信 (1997), 전게서, pp.207-214.

자본주의사회와의 관련 속에서 민족의 형성 관계를 구체적으로 연구할 필요가 있다는 것"15)을 깨닫는 계기가 되었다고 정리했다.

물론 반대로 이노우에 기요시(井上淸)는 이시모다 쇼의 민족 이론에는 스탈린의 저작에서 민족의 계기(繼起)적 발전에 대한 방식이나 종족 혹은 '민족체'의 특징과 그 성립의 계기에 관한 기술이 없이 그 이론을 수용했다며 비판적으로 보았다.16)

여기서 '민족체'는 스탈린이 민족 발전론을 세울 때 중요한 '단계' 중 하나로서 종족에서 민족으로 발전하는 '프로세스'이다. 그러한 가운데 이시모다 쇼는 스탈린의 논문을 통해 종래의 마르크스주의 역사학의 논리와 다른 점에 눈뜨게 된다.

이에 대해 도야마 시게키(遠山茂樹)는 "부르주아적 민족의 맹아가 자본주의 이전의 시기에 서서히 형성되고 있었다. 그뿐만 아니라 그 맹아나 요소의 주체로서 '나로도노스치'라는 사회집단이 존재했다는 것, 나로도노스치의 내용과 발전을 규정하는 것은 봉건제와 그 모순에 있었다는 것, 사회주의적 민족의 성립이라는 새로운 단계의 기초에 의거하여 (중략) 봉건적 민족, 부르주아적 민족, 사회주의적 민족이라는 구별만 하지 그 배후에 존재하는 연속성이나 공통의 지반을 무시하는 지금까지의 민족관으로부터 극복할 것을 요구했다. 민족·계급과 관련하면서 다시 그것과 상대적으로 독자적 존재라는 것임을 대담하게 인정하려는 한 견해가 표명"17)된 것은 이시모다 쇼의 독창성이었다.

---

15) 家名田克男 (1959), 「歷史学とマルクス主義-階級と民族」, 『香川大学経済論叢』 32巻 3-5号, 香川大学経済研究所, p.98.

16) 井上淸 (1957), 「マルクス主義による民族理論」, 『岩波講座現代思想』 第3巻, 岩波書店, pp.73-92.

17) 遠山茂樹 (2001), 전게서, pp.104-105.

이 문제는 매우 중요한 개념으로 본 글에서 이 논리가 어떤 방식으로 나타나는지 구체적으로 본문에서 다룰 예정이다.

이처럼 스탈린의 논문 자체에 대한 수용 방식의 평가와 비판이 이루어지는 한편, 스탈린의 논문이 번역되어 이시모다 쇼의 민족 이론이 새로운 방향성을 갈구한 것은 시대적 배경과 연동하고 있었다고 보는 시각이다.

일본 사회 내부의 상황이 그것인데 GHQ의 대일정책에 나타난 민주화의 모순, 1949년 중화인민공화국의 수립, 한국전쟁 그리고 샌프란시스코 강화조약의 체결을 둘러싼 논쟁 속에 나타난 입장들이다. 이러한 상황에서 1951년 일본의 역사학연구회에서 초점이 맞추어진 것은 민족이었고, 민주 개념과 1951년 세계평화회의에서 채택된 베를린의 어필과 1951년 7월에 역사가평화평의회 간담회에 나타난 평화론 등이 혼종적으로 나타나고 있었던 것을 제시하면서 민주, 민족, 독립, 평화 논의가 동시에 진행되고 있었다.[18]

즉 전전 파시즘에 대한 반성이 전제되면서 전후 일본의 민족 개념이 전후에는 전전의 식민지 지배에 대한 파시즘으로 되돌아가지 않는다는 새로운 민족주의로서 전통적 심벌과 애국심이 재등장하게 된 것이다. 문제는 바로 "전통문화와 민중의 관계, 민족적 자긍심 없이는 민족의 독립이 곤란하다"[19]는 입장이 강조되는 부분이며 일본을 미국의 식민지로 간주하는 사상적 조류가 만난다는 점이다.[20]

이러한 상황 속에서 마루야마 마사오는 「일본의 내셔널리즘」을

---

18) 成瀬治 (1977), 『世界史の意識と理論』, 岩波書店, p.108.

19) 桑原武夫 (1954), 「伝統芸術について」, 『日本史研究』 21, 日本史研究会, pp.36-38.

20) 大石嘉一郎 (1966), 「「世界史の基本法則の再検討」によせて-像川論文を中心として」, 『歷史学研究』 No.311, 青木書店, pp.1-6.

집필하고 일본 내셔널리즘에 내재된 '내셔널리즘의 혼합성'을 분석했다. 한국전쟁 이후 확립된 미소대립의 냉전구조, 그리고 미일 군사동맹이라는 국제성과 국내 민족문제의 해결로서 등장한 전통적 심벌의 활용이 혼재하면서 내셔널리즘이 정재(定在)된 형태라고 분석했다.21)

이러한 상황 속에서 전후 역사학이 '민족 내셔널리즘'과 거리 두기를 실패하게 되는 결정적 시기가 바로 이때였고 이 시기 이시모다 쇼의 역사학은 그 중심에 있었다. 이시모다에 의하면 국가와 역사의 문제에서 중요한 시점은 '국가 이론과 역사적 사실 사이의 긴장관계'라고 강조했다. 즉 이시모다는 국가이론 자체나 역사적 사실에 대한 문제를 논하는 것이 아니라 이 둘 사이의 관계에 대한 문제에 초점을 두고 있었다.

이시모다는 국가이론이나 역사적 사실 사이에 존재하는 '역사가의 이론적 사고'에 주목했고 그것을 주체의 문제라고 했다. 즉 이시모다는 역사가의 주체 확립이 부족하기 때문에 국가이론과 역사적 사실 사이에 생기는 '이질성'을 느끼지 못하게 된다고 주장한다. 바로 국가이론과 역사가 사이에 주목함으로써 역사가의 주체가 각성된다는 입장이었다.22)

이를 위해 이시모다가 사용한 것은 '대중=새로운 주체론'이었다. 이시모다는 전전의 파시즘을 극복하고 미국의 종속에 대한 거리 두기를 시도하는 개념으로서 '주체성' 논리를 중시했다. 그리고 이시모다는 이를 다시 대중과 시민이 만드는 새로운 내셔널리즘 이론의

---

21) 道場親信 (2008), 전게서, pp.85-86.
22) 石母田正 (1977), 「国家史のための前提について」, 『戦後歴史学の思想』, 法政大学出版局, p.83.

부활로서 애국심을 체현하면서 '대중의 국민화=내셔널리즘=역사적 주체'를 형성하게 된다.

그러나 마르크스주의 역사학자라는 입장의 도마 세이타(藤間生大)가 주장하는 "진정한 애국심은 조국의 역사를 잘 이해하고, 자신의 민족이 갖고 있는 우수한 전통과 문화와 풍습을 잘 알게 됨으로써 생길 수 있다"[23)는 것과는 또 다른 위상이었다.

즉 이는 단순하게 '민족 개념'에 대한 창출이 아니었다.[24) 그러나 이시모다 쇼나 도마 세이타의 공통된 입장은 전후 일본에 나타난 민족론에 대한 것으로, 일본 내에서 '새롭게 역사를 보기 위한 시각으로서 조합 요소'를 어떻게 조합할지에 대해 생각할 때 '민족'에 대한 개념이 중요함을 보여준 것이며 역으로 민족이라는 개념에 구애를 받고 있었음이 나타나는 시점이라고 보았다.

이것은 바로 전후 일본 마르크스주의 역사가들이 '미국 제국주의의 종속'으로부터 탈피하고 새로운 민족국가를 설립해야 한다는 시대적 상황 속에서 발견한 이론이었다. 즉 '세계사=보편주의'로서 스탈린의 '민족론'이 '부르주아나 제국주의'를 비판하는 데 활용되는 동시에 역사학에서 만들어내고자 하는 '독립정신'은 '전후'와 연결되는 가장 중요한 내셔널적 해석으로 활용되었던 것이다.[25)

---

23) 藤間生大 (1951), 『日本民族の形成』, 岩波書店, p.283.

24) 犬丸義一 (1984), 「戦後日本マルクス主義史学史論」, 『長崎総合科学大学紀要』 25(1), 長崎総合科学大学図書刊行委員会, p.114. 물론 전중(戰中)의 와타나베 요시미치(渡部義通)의 문하생인 이시모다 쇼, 도마 세이타와 하니 고로(羽仁五郎)의 문하생인 이노우에 기요시(井上淸), 스즈키 마사시(鈴木正四), 기타야마 시게오(北山茂夫)의 대립 논리와 그 내용 전개를 조감할 필요는 있다. 다만 '마르크스주의의 어떤 문맥의 틀 속에 있었는가'라는 문제와, 국제파인가 혹은 내부적 모순으로 다룰 것인가의 차이는 있지만 공통적으로 민족주의 문제에 대한 대응이었다. 이는 '국민적 역사학 운동'의 한 흐름이기도 하다.

25) 丸山敬一 (1980), 전게서, pp.16-42.

# 3

## 이시모다 쇼의 민족 관념:
## 주입·접속·분리적 해석

잘 알려진 것처럼 샌프란시스코 강화조약은 1951년 9월 8일에 조인되어 1952년 4월 28일에 발효되었다. 이시모다 쇼의 『역사와 민족의 발견』은 1952년 3월에 간행되었는데, 이 저서에 수록된 논문들은 1946년 7월부터 시작해서 1952년에 이르기까지 6년 동안에 발표한 논고들이다.

특히 샌프란시스코 강화조약이 조인되고 발효되는 사이에 간행된 저서였다는 점에서 의미가 남다른 것이었다. 미국에의 종속을 결정지은 샌프란시스코 강화조약 그리고 1952년의 노동절 사건, 즉 민중과 경찰예비대의 충돌 등이 이시모다 쇼의 학문에 커다란 영향을 주었고 대중-인간 사상의 깊은 모순을 보았다고 한다.[26]

이시모다 쇼의 글에 대해 이소마에 준이치는 "1950년대 초두의 사회 상황 속에서 역사학이 해야 할 실천적 의의, 민족적 자긍과 전통을 어떻게 하면 한 사람이라도 많은 일본인들에게 자각을 가져오게 할까라는 문제와, 패진 후 미합중국의 점령하에 놓인 일본이 정치적 독립을 회복해갈 수 있을까라는 민족의 위기 상황 아래 '일본

---

26) 磯前順一·磯前礼子 篇 (2019), 『石母田正と戰後マルクス主義史学』, 三元社, p.35.

에서는 제국주의의 예속에서 민족이 독립하는 것이 당면 단계'라는 전략에 근거하여 적은 논설집"[27]이라고 정리했다.

이렇게 본다면 앞서 1950년대의 시대적 상황을 설명한 것과 일 치함을 확인할 수 있다. 여기서 이시모다 쇼의 역할은 더욱 중요한 데 이시모다가 제시한 '국민적 역사학 운동'이 무엇인지를 아는 것 은 1951년 샌프란시스코 조약과 그 이후의 시기를 '전환 시대'라고 평가해도 무방함을 반증해준다.

그렇다면 이시모다 쇼는 민족의식에 대해 어떤 입장이었을까. 이 시모다에 의하면 민족의식은 자연적인 것이 아니라 주입된 것이라 고 보았다. 즉 일본인의 민족의식은 메이지기부터 교육 등을 통한 '외부로부터의 주입'에 의한 것으로, "고대 이래 민족의 역사, 특히 자본주의 발달은 민족의식의 지반을 만들었고 일본인이라는 의식을 널리 인민 속에서 키웠는데, 그렇게 성장해온 지반을 이용하여 메 이지기 이래 지배자가 외부로부터의 민족의식을 주입하고 조직적으 로 교육했다"[28]며 주입론을 강조했다.

이시모다 쇼는 민족의식이 교육에 의한 외부 주입적이었기 때문 에 '배외적 민족의식'을 갖게 되었고, 배외사상으로서의 민족의식이 었기 때문에 이 민족의식은 건전한 것이 아니라고 보았다. 그렇기 때문에 배외적이지 않은 건전한 민족의식을 주체적으로 만드는 방 법을 찾아내야만 했다. 바로 이 건전한 민족이라는 논리로 만들어 진 것이 민중 내셔널리즘으로 연결되었다.

마찬가지로 패전 직후 '교육민주화'라는 슬로건 아래 미국 주도의

---

27) 磯前順一・磯前礼子 篇 (2019), 전게서, p.36.

28) 石母田正 (1981), 『歴史と民族の発見』, 東京大学出版会, p15.

교육사상도 '주입'이라고 보았다. 즉 '미국식 민주화=종속화'였던 것이다. 이시모다에게 메이지기의 민족의식 교육과 패전 후 미국의 사상 교육은 동일한 '종속화'로 간주되었다. 그렇기 때문에 '자주화=민주화=민족 독립'을 이루어내야만 했다. 그것을 전전의 민족적 전통에서 찾거나 혹은 외국사상에서 찾는 것은 관념적이고 추상적인 것으로서 그것들은 결국 주입식이고 이데올로기의 반복이라고 보았다. 이를 극복하는 방법은 생활 체험에서 오는 구체적이고 자주적인 인식 사고에 기반한 것이 아니면 안 되었다.[29]

따라서 이시모다 쇼는 메이지기 교육에 의해 주입된 민족의식과 전후 일본이 미국 제국주의에 예속되어 있는 상황에서 갖게 된 민족의식을 어떻게 극복할 것인가에 대한 대안으로서 스탈린의 민족이론을 참고한다. 이시모다 쇼는 전후 역사에서 근본적인 변화가 요청되며 그것은 샌프란시스코 강화조약에 의해 미국 제국주의에 의한 일본 민족의 예속이 명확해지는 상황 속에서 더욱더 일본 민족의 생존과 진보는 민족의 독립에서부터 출발해야 한다고 보았다. 이 정세 변화라는 것은 바로 민족의 위기의식이었다. 이시모다는 미국에 예속된 상태에서 벗어나고, 메이지기에 주입된 배외적 민족의식으로부터 벗어난다는 의미에서 '독립적 민족해방'이 모든 일본인의 극복 과제라고 간주했다.

이러한 문제의식에서 이시모다 쇼는 두 가지의 해석 방향을 설정하게 된다. 즉 민족 개념은 ① 서구에서 완료된 역사의 해석이며 그것은 바로 민족 흥망의 역사라는 점이고, ② 기존의 부르주아적 민

---

29) 遠山茂樹 (2001), 전게서, p.125.

족국가와는 다른 '마르크스주의 입장'에서 고찰하는 사회주의적 민족 개념의 중시라는 점이다.

바로 이 점에서 이시모다 쇼는 소비에트에 주목했다. 그중 마르크스주의를 계승한 스탈린의 논리에 주목했다. 특히 스탈린이 제시하는 역사적 발전단계, 즉 봉건국가에서 근대적 민족국가로의 이행·발전과정에 주목했다. 이것은 다시 두 가지로 해석했다.

즉 앞의 ①과 연결되는 논리로서 서구에서 일단 생겨난 역사 발전과정상 봉건제가 있는데, 이 봉건제 단계에서 모든 사회가 그러하듯이 내부에서 마찰이 일어나 내부적 모순이 출현하게 되며 바로 그 내부 모순이 기반이 되어 다른 사회로의 발전이 이루어졌다는 것이다. 즉 민족과 민족국가의 형성으로 이행단계를 거쳤다. 그것을 대표하는 것은 영국, 네덜란드, 프랑스, 이탈리아, 독일이었고 이들 국가는 민족국가로서 발전단계상 성공한 국가들로 간주되었다. 이것은 서구의 역사 발전단계에서 일어난 '세계적' 현상이었다.

이것은 스탈린의 논리를 그대로 답습한 것인데 스탈린에 의하면 "민족은 역사적 범주일 뿐만 아니라 일정한 시대, 즉 발흥하고 있는 자본주의 시대의 역사적 범주이다. 봉건제도를 해체하여 자본주의가 발전해가는 과정은 동시에 사람들을 민족으로 구성해가는 과정이다. 예를 들면 서유럽의 사정은 더욱 그렇다. 영국인, 프랑스인, 독일인, 이탈리아인은 봉건제사회의 세분화 상태를 정복하는 자본주의 승리의 행진 아래 민족으로 구성되었다"[30]고 논했다.

스탈린은 1912년 『마르크스주의와 민족문제』에서 '봉건제→근대

---

30) スターリン 著, 全集刊行会 訳 (1953), 전게서, p.59.

자본주의사회'로의 전환을 생산관계와 생산력의 변화로서 전체적으로 사회형태의 변용으로 설명한다. 그 과정에서 '민족=부르주아적 민족'의 성립이 강하게 사회를 움직였다. 그러나 거기서 모순과 퇴폐의 힘이 다시 전면에 등장하면서 발전한 것이라고 보았다.

그렇지만 역시 설명 방식은 발전한 것이 아니라 힘이 발생했다고 표현하는 방식이었다. 그러니까 기존의 마르크스주의에서 주장하는 발전단계론으로서의 봉건사회→자본주의사회로의 이행이 아니라, 이 모순과 퇴폐가 부딪치면서 힘이 발생되는 순간이 역사 그 자체라고 보았다. 바로 스탈린의 1912년 논문에서 이시모다 쇼가 읽어낸 것은 민족이 자본주의와 함께 성장하는 것으로 그 이전 단계에서는 민족이 존재하지 않았다는 점이다.

물론 스탈린은 서구와 역사적 사정을 달리하는 동유럽에서 오스트리아, 러시아 등 다수의 민족국가가 형성되는 점에 주목했다. 이것이 바로 자본주의에서 제국주의로의 변형을 보여주는 역사적 시기였다. 유럽의 민족국가는 기존 민족국가의 성질을 근본적으로 변화시켜 식민지를 영유하게 되고, 피억압 민족을 내부에 포함하는 민족국가 그리고 제국주의적 다민족국가로의 전환이 이루어졌다고 해석했다.

그리하여 마침내 소비에트에서 사회주의적 민족이 형성되고, 서구 노동자 계급과 아시아의 민족해방 운동이 결합되어 제국주의와 사회주의라는 두 개의 체제가 형성되어 대립하는 시대로 접어들면서 두 개의 체제가 형성되는 역사적 변화를 설명했다.[31] 즉 세계사로서 자

---

31) 石母田正 (1981), 전게서, p.104.

본주의사회와 사회주의사회의 발전이라는 역사적 경위에 주목했다.

스탈린은 동유럽에서 대표적인 레너와 바우어의 문화공동체로서의 민족론을 참고했는데, 이는 형태 변용의 민족주의이지 새로운 사회를 구성해주는 이론적 세계사로서 인정하지 않았다.[32] 즉 스탈린은 레너와 바우어의 민족자치 이론으로서 민족주의는 자본주의와 사회주의를 극복하는 도래할 사회이론이 될 수 없다고 보았다.

그럼에도 불구하고 스탈린이 주목한 것은 문화공동체로서의 개별 자치론적 국가에서 봉건제도가 사라지지 않는 지역이 여전히 존재하고, 자본주의가 발전하지 않은 상태로 후면으로 내몰려진 민족이 새롭게 완전한 민족으로 결집하지 못한 상태가 지속되는 것을 해결하지 않으면 안 된다는 점이었다. 스탈린에 의하면 '민족=문화공동체' 하나만을 주장하는 것은 새로운 민족 이론으로서 '조건의 밖'을 구성해내지 못한다고 보았다.

그것을 시도하기 위해 스탈린은 역사적 발전단계 속에서 민족문제를 해석함으로써 '민족=문화공동체'라는 민족의 일면성을 극복하고자 했다. 말하자면 민족문제의 해석 방식 내부에 존재하는 옛 해석 방식과 새로운 해석 방식 사이에 경계선이 그어지는데, 그 경계선 자체가 무엇인지를 찾아내는 것이 민족을 새롭게 해석하는 것이라고 보았다.

그것은 민족문제가 서구식 민족국가의 형성과 동유럽에서 형성되는 민족 이론들의 공통점에서 찾아내고, 자본주의 민족과 사회주의 민족의 공통적인 민족문제가 무엇이며 동시에 세계사적 문제로서

---

32) スターリン 著, 全集刊行会 訳 (1953), 전게서, p.90.

식민지 해방과 피억압 민족의 해방과 접속하는 의미에서의 '세계적 시점'이었다.

즉 자본주의 민족 이론과 사회주의 민족 이론이 갖는 민족문제를 식민지 문제와의 연결을 통해 밝혀내고 그것을 이론화하여 혁명적으로 실천의 기초로 만들어가는 것이라고 보았다. 그것은 백인과 흑인, 제국주의의 문화적 노예와 비문화적 노예의 경계가 어떻게 설정되어 있었는가를 알게 해주는 '제기 방법'이며 식민지 투쟁과 공통의 적인 제국주의에 대해 투쟁하는 일치된 사회가 출현할 것을 기대하는 일이었다.[33]

스탈린은 이 두 세계를 동시에 보는 시점이 '세계사적 시각'이며 이 세계사적 시점은 스탈린에 의해 출현한다. 그리하여 스탈린은 부르주아 민족국가가 아니라 노동자와 피식민자의 해방이라는 입장에서 유럽과 아시아의 연대가 실천되어야 한다고 주장하게 된다. 바로 이 지점, 즉 스탈린의 민족문제에 관한 이론은 모든 민족이 자유롭게 분리하여 스스로 독립국가를 형성할 수 있는 권리의 문제를 중심으로 하는 마르크스=레닌주의 이론의 연장선상에 있었다. 이를 인지한 이시모다 쇼는 스탈린과 동일선상에서 마르크스주의의 민족 및 민족문제에 관한 이론에 접근한다.

먼저 이시모다 쇼는 민족문제를 부르주아적 민족 이론으로만 접근했던 논리와 결별하게 된다. 이시모다는 민족을 흥망과 함께하는 교체의 역사라고 보고, 근대적 민족의 성립과정이 연구되면 반대로 민족의 역사가 만들어지는 동시에 민족 이론도 형성된다고 보았다.

---

33) スターリン 著, 全集刊行会 訳 (1953), 전게서, p.198.

민족문제는 국가와 계급이 주요 카테고리로 형성되며 반대로 국가와 계급이라는 틀 속에서 보아야 한다는 개념을 부여받게 된다고 보았다.[34] 부여받은 국가와 계급의 틀을 다시 재구성하여 민족이라는 개념을 통해 역사 발전단계를 보면 새로운 시각을 도출해낼 수 있다고 보았다.

스탈린에 의하면 민족은 형성되는 것인데, 그 형성 조건에 따라 봉건제 내부에서 부르주아 민족으로 나타나고 봉건제 속에서 부르주아 민족에 속하지 못하는 민족은 소멸되거나 도태된다고 보았다. 그렇기 때문에 민족 개념이 주로 부르주아 민족으로 해석되었고 민족 개념은 부르주아 민족을 가리키게 되었다.

이시모다 쇼는 계속해서 스탈린의 1929년 논문 「민족문제와 레닌주의」를 참고하며 스탈린의 민족 이론이 지금까지의 부르주아 민족의 민족 개념과는 전혀 다른 새로운 역사적 타입을 제시하게 되었다고 논한다. 즉 사회주의적 민족의 성립은 종래 민족과의 대립인 부르주아적 민족의 규정이 아니며 부르주아적 민족의 소멸로서 사회주의적 민족으로 전화되는 법칙을 보여준다고 논했다.[35]

이시모다가 집중한 스탈린의 이러한 민족 개념의 변용 법칙에 대한 이해는 결국 자본주의사회 이전에는 민족이 존재하지 않았다는 것을 전제로 하여 전(前) 자본주의사회와 민족이 처음으로 성립되는 자본주의의 내적 차이를 구별해냈다. 이시모다 쇼는 바로 이 '구별'과 '분리'에 역점을 두었다. 이시모다 쇼는 이것을 이해하는 것이 민족 이론의 전진이고 심화라고 보았다. 이는 스탈린이 '사회주의

---

34) 石母田正 (1981), 전게서, p.103.
35) 石母田正 (1981), 상게서, pp.108-109.

민족 이론'을 제시하는 '법칙'으로 설명 가능하다고 여겼던 것이다.

스탈린에 의하면 부르주아 민족 이론은 부르주아가 민족을 주도하여 타민족을 침략하는 제국주의적 억압으로 극명하게 그 모순이 드러났고, 이와 반대로 대중과 노동자가 중심이 되는 사회주의적 민족은 민족의 동권과 자유로운 발전을 이루는 이론이라고 보며 이것이 바로 새로운 민족 이론이라고 간주했다. 그리하여 이시모다는 민족국가를 시민사회의 형성과 시민 혁명의 확립기로 이해했고 그 안에서 새로운 민족의 논리가 형성될 수 있다고 믿었다.

이시모다는 스탈린의 민족 개념을 이해할 때 '구별'과 '분리'의 동시성을 중요한 콘셉트로 잡았다. 이 둘이 동시에 작동하는 동시성의 입장에서 양자의 연관문제를 재고하는 방식이었다.

이시모다 쇼는 "물론 민족의 요소, 즉 언어, 영토, 문화의 공통성은 갑자기 나타난 것이 아니라 이미 자본주의 이전 시기에 서서히 형성된 것이다. 맹아적 상태이고 민족 형성의 가능성이 잠재적인 것에 불과하다. 잠재적인 것이 현실적인 것으로 된 것은 민족적 시장 및 경제적·문화적 중심지를 가진 자본주의의 고양기와 연동된다. 사회주의적 민족은 옛 부르주아적 민족을 기반으로 하여 발생하고 발전했다. 민족=부르주아적 민족도 전(前) 자본주의사회의 성과 위에 발생하고 발전한 것이다. 이것은 자명한 역사적 법칙이라고 간주하고 민족의 흥망은 역사적인 것일 뿐만 아니라 역사의 일정 시기, 즉 민족이 봉건제를 극복하여 상승하는 자본주의 시대의 역사적 산물임이 확실해졌고, 바로 이것을 역사학자로서 소중하게 깨달았다"고 말했다.[36]

그렇기 때문에 이시모다 쇼는 역사 발전상 나타난 부르주아적 민족의 등장, 그리고 대립 및 소멸과 전환점을 알게 됨으로써 민족을 보는 역사성도 불충분한 것에서 완전해진 것으로 전환된다고 간주했다. 이 민족의 역사성이 보일 때 '근대 내셔널리즘'이 '부르주아적 민족'과 연결되어 해석된 기존의 근대적 내셔널리즘이 갖는 '일면성'을 보게 되었고, 그렇기 때문에 근대적 내셔널리즘이 위험한 것이라고 논한다.

그리하여 이 '근대적 내셔널리즘=민족주의 정식'은 다시 재해석되어야 한다고 보았다.[37] 이시모다 쇼는 '부르주아적 민족'과 '사회주의적 민족'의 속성을 우선 파악한 다음에 이 두 개로 구분되는 민족 개념의 내용을 다시 논해야 된다고 보았다.

즉 부르주아 민족의 민족주의는 타민족과 타민족의 영토를 획득하는 자민족 영토의 확장이 갖는 성질, 그리고 타민족에 대한 불신과 증오, 소수민족에 대한 압박, 제국주의와의 통일전선의 문제 등이 부르주아 민족 이론의 민족문제이다. 그런데 이는 민족 내부의 계급적 평화를 통한 민족의 동권화를 통해 이루고자 하는 것이 사회주의적 민족주의를 탄생시켰다고 보았다.

이시모다 쇼는 이 둘을 통합하고자 했다. 즉 민족문제는 하나의 지방이나 국내적 문제가 아니라 세계적 문제가 되었고, 동시에 식민지 문제로 확산되어 종속국 민족의 제국주의 투쟁이 민족문제로 전화된 것을 감안해야 된다고 보았다. 이것은 사상적 및 사회적 그리고 정치적 속성을 포함하여 전체 역사적 시각으로 통괄해야 하며 민족문제가 일면적으로 '부르주아 계급=민족주의'와 '사회주의

---

36) 石母田正 (1981), 전게서, p.106.
37) 石母田正 (1981), 상게서, p.109.

민족=프롤레타리아 민족'의 '상호 투쟁'만이 아니라는 입장으로 민족문제를 보아야 한다고 논했다. 즉 이시모다 쇼는 역사 발전과 민족 개념을 정식화(定式化)한 것에 대해 비판했다.[38]

스탈린이 시도한 민족 정식화 논리에 대한 비판을 이시모다 쇼는 자신의 글을 통해 전개했다. 이시모다 쇼는 스탈린이 내린 이 정의를 두고 사회 역사적 카테고리로 다룬 점에 대해 초역사적인 특질로 정의되는 민족을 소거시키면서 형성된 것임을 깨달았다.

이시모다 쇼는 스탈린이 지내온 시대적 상황을 고려하면서 1912년부터 1929년을 지나 1950년대에 제시된 민족 이론 속에 자본주의 민족주의가 아니라, 사회주의 민족의 출현을 동시에 보고 그 양가성 중에 어느 쪽의 역사가 주목을 받았는가에 빠져 주목받지 못한 대중의 역사를 소환하는 논리를 연결시키고 있었다. 아니 그 방법론을 도출할 수 있었다.

그것은 당시 역사가들이 시도하는 스탈린의 민족 이론을 일본 역사에 대입하는 '민족'예찬론이 아니라, 부르주아 민족의 역사가 민족주의의 역사로서 주류된 한계성을 통해 인민과 대중이 민족의 개념으로 동시에 활약했고 역사를 움직여왔다는 그 '틈', 자본주의 민족 내부의 모순에서 출현한 프롤레타리아의 노력을 꿰뚫어보고자 했다. 그것은 당시 전후 일본 마르크스주의 역사학자로서 등장한 역사가들과는 또 다른 자신의 이론을 만들어내고 있었다.

---

38) 石母田正 (1981), 전게서, p.108.

## 부르주아 민족주의의 해체:
## 언어·민족체·세계사

　앞서 살펴본 것처럼 이시모다 쇼는 봉건제사회에서 자본주의사회로 이행되는 과정에서 민족이 잉태되었다는 의미에서 '민족은 역사적 산물'이라고 간주했다. 즉 이시모다는 자본주의사회가 도래하기 이전에는 민족이 성립되지 않았다고 보았다.

　그렇지만 이 민족 형성이 '부르주아적 민족'에 의한 것만은 아니라고 논했다. 부르주아 민족의 노력만으로 자본주의사회가 도래한 것은 아니며 부르주아 민족만을 대표로 하여 논하는 것은 '진정한 민족론'을 세우는 데 편향적이고 불충분성을 담지하고 있기 때문이다.

　이시모다 쇼는 봉건제에서 자본주의로 이행할 때 부르주아 민족만이 아니라 시민 민족도 함께 성장했으며 그 변화의 역할을 담당했다고 보았다. 그리고 민족운동의 본질은 부르주아적인 것이 아니라, 프롤레타리아 사회주의 혁명의 일부분으로 나타나듯이 시민과 대중이 만든 프롤레타리아 민족을 고찰하는 것이 무엇보다도 중요하다고 했다.[39]

---

39) 遠山茂樹 (2001), 전게서, p.104.

이처럼 이시모다 쇼는 부르주아 민족으로만 대표되는 민족 개념을 프롤레타리아나 시민이 만들어온 민족운동을 긍정하기 위해 스탈린이 설정한 역사적 발전단계, 즉 종족→민족체(民族体, 나로도노스치)→민족(나쓰야)에 주목했다. 스탈린이 제시한 역사 발전단계로서 씨족 언어→부족 언어→민족체 언어(나로도노스치 언어)→민족 언어(나쓰야 언어)로 이어지는 발전 구조였다. 즉 스탈린은 역사적 발전단계 속 모든 단계에서 공통적으로 존재하는 것이 '언어'였다고 주장했는데, 이 언어는 사회나 제도, 계급을 초월하여 전 인민적인 것이었다. 스탈린은 언어를 매개물로 설정한 다음 마르크스주의의 일반 논리인 원시공산사회→고대노예사회→봉건사회→민족체→자본주의사회라는 사회형태의 변화과정에 '민족체'라는 새로운 시기를 추가한 것이다.

이처럼 스탈린이 주목한 것은 바로 이 '민족체'였다. 스탈린은 이 민족체의 단계를 어떻게 거치느냐에 따라 민족의 향방이 결정된다고 보았다. 종족 단계보다는 진화된 이 민족체는 '단일한 제국, 전체 구성원들이 이해하는 언어를 갖지 못한 단계로서 각각의 언어를 가진 여러 부족이나 민족체의 혼합물'[40]이었다.

스탈린은 이 민족체가 부족들의 제각각의 언어, 방언, 지역 언어가 공존하면서도 민족체로서 단일성이 이루어지는 동시에 공통의 언어가 우세적인 위치를 차지하여 그 이외의 언어들을 종속시키는 단계로 설정했다.

또한 이시모다 쇼는 스탈린이 민족을 두 가지로 표현하는 점에

---

40) スターリン, (2000), 전게서, p.193.

주목한다. 그것은 '나로도노스치'와 '나쓰야'였다. 이시모다는 역사 발전단계가 씨족→종족→나로도노스치(민족체)→나쓰야(국민, 민족)로 발전한다는 논리를 수용했다. 그것은 앞서 언급한 것처럼 용어만 달라졌지 나로도노스치(민족체)에서 나쓰야(민족)로의 변화를 말한다. 이시모다 쇼는 민족체에서 민족으로 이행하면서 자본주의가 나타나 봉건성이 없어지고 민족시장이 형성됨과 동시에 나로도노스치는 나쓰야로 발전하고, 나로도노스치의 언어는 나쓰야의 언어로 발전해간다고 상정한다. 나로도노스치는 전(前) 자본주의사회의 민족적 집단을 가리키는 것이라고 유추한다.

따라서 이시모다 쇼는 "나로도노스치와 나쓰야를 '동일한 언어'의 민족이라고 번역하는 것에는 문제가 있다"고 보았다. 나로도노스치를 민족이라고 표현한다면 나쓰야는 국민이라고 번역해야 된다고 주장한다. 이를 이시모다 쇼는 다음과 같이 해석했다.

> 씨족의 언어에서 종족의 언어로, 종족의 언어에서 민족체(나로도 노스치)의 언어로, 민족체(나로도노스치)의 언어에서 민족(나쓰야)의 언어로 발전했고 모든 곳에서 모든 발전단계에서 사람들의 사회적 교제 수단으로서 언어는 공통적인 동시에 단일하고 사회적 상태를 따지지 않고 사회 성원 전체에게 동일하게 봉사했다. 네개의 발전단계, 즉 씨족→종족→민족체(나로도노스치)→민족(나쓰야)인데, (중략) 민족(나쓰야)이 근대적 부르주아적 사회에 대응되는 네이션임에는 틀림이 없다.[41]

이시모다 쇼는 스탈린이 제시한 '민족체=나로도노스치'와 '민족= 나쓰야'를 '민족=나로도노스치' 그리고 '국민=나쓰야'로 치환시켰다.

---

41) 石母田正 (1981), 전게서, pp.115-116.

이시모다 쇼가 재문한 것은 '국민=나쓰야=부르주아적 민족'이 형성되기 이전 단계로서 그 전신인 '나로도노스치=민족'과의 연관관계에서 파악하고자 했다.

이시모다 쇼가 보기에 '부르주아적 민족=나쓰야'가 형성되는 것은 이전 단계인 '나로도노스치=민족'에 의해 민족의 타입이 생겨난 역사성을 갖는다고 보았으며 그것이 부르주아적 민족과 사회주의적 민족이라고 보았다. 그런 의미에서 나로도노스치의 잠재성을 확인해야 된다고 주장한다.

다시 스탈린으로 돌아가면 스탈린은 마르크스주의의 상부구조와 하부구조의 구분론을 언어를 매개로 재구성했다. 즉 스탈린은 언어가 상부구조이면서 계급적이라고 생각하는 공식(公式)주의를 극복하고자 했다. 스탈린은 기존 마르크스주의의 공식주의를 비판한 것이다. 스탈린이 이를 증명하기 위해 활용한 것은 '언어론'인데, 언어론이라고 해서 음운학이나 음성학 등의 본질론적 언어학이 아니라 공동체 속에서 언어의 역할에 대한 것이었다.

스탈린은 『마르크스주의와 언어학의 제문제(諸問題)』에서 '언어가 토대(하부구조)와 상부구조'와 어떤 관계가 있는가라는 물음을 설정하고 이에 답한다. 스탈린은 사회를 유기적 조직체로서 상부구조와 하부구조로 나누어 설명한 것에 대한 유물사관 비판 논리의 하나로서 상하부 구조로 나누는 것에 대한 모순을 지적했다. 스탈린에 의하면 언어는 '하부구조 토대 위의 상부구조가 아니다'라고 답하면서 언어가 이 하부·상부구조 자체를 초극하는 것이라고 기술한다.

다만 스탈린은 마르크스 경제학의 논리, 즉 토대와 상부구조의 관련성을 '토대'로 삼으면서 언어가 이 논리적 틀을 넘는 것으로 설정한다.[42] 그리고 언어는 인간사회의 하나의 교통수단으로, 어느 한쪽을 희생시키거나 하나의 특별한 계급에서만 그 역할을 하는 것이 아니라 사회 전체의 모든 계급에서 차별 없이 동일한 역할을 한다고 보았다. 그것은 두 가지 의미에서 설명이 가능하다.

> 언어가 옛 죽어가는 제도에 대해서도 또한 새롭게 발흥하는 제도 아래에서도 한결같이 봉사했고 구(舊)토대에서도 새로운 토대에서도, 착취자에게도 피착취자에게도 동일하게 공헌한 것은 바로 언어였다고 보았다. 다시 말해서 언어는 '모든 계급'과 관련을 가졌고, 그것은 '자본주의 제도' 사회이든 '사회주의 제도' 사회이든 동일한 역할을 했다. 언어는 시대의 과거, 현재, 계급의 차이, 토대와 상부를 구별하지 않고 '보편적'으로 역할을 담당했다.[43]

즉 스탈린은 언어라는 매개물을 옛것이나 새로운 것, 착취자와 피착취자, 부르주아 민족이든 사회주의적 민족이든, 그리고 과거와 현재, 상부와 하부의 구분을 넘어 존재하는 '객관적인 세계'로 설명해냈다.

이를 통해 세계사에서 자본주의사회와 사회주의사회를 구별하는 것은 '편향적 세계관'이라고 보았고, 배후에 존재하는 연속성이나 공통성의 기반이 무엇인지를 찾아냄으로써 지금까지 드러나지 않았

---

42) スターリン (2000),「マルクス主義と言語学の諸問題」, pp.184-185. 토대란 주어진 발전단계에서의 사회의 경제 제도이다. 상부구조란 사회의 정치적·법률적·종교적·예술적·철학적인 견해와 이에 조응하는 정치적·법률적 그리고 기타 기관이라고 설명한다. 모든 토대는 이것에 조응하는 특유의 상부구조를 갖고 있다. 봉건제도의 토대는 자신의 상부구조를, 즉 자신의 정치적·법률적 기타의 견해와 그것에 조응한 기관을 갖고 있고 자본주의적 토대는 자신의 상부구조를, 사회주의적 토대는 자신의 상부구조를 갖고 있다. 토대가 변화하고 없어지면 그것에 이어서 그 상부구조도 변화하고 없어져 새로운 토대가 생겨난다. 이어서 그것에 조응하는 상부구조가 생겨난다.

43) スターリン (2000), 상게서, p.188.

던 새로운 민족론을 고안해내고자 했다.

이것은 바로 기존의 마르크스주의자들이 논하는 민족을 계급의 논리로서 단순하게 사회주의 민족을 논하는 것과는 다른 차원으로 양가성을 동렬에 놓는 방식이었다. 그것은 스탈린의 독자적인 견해였다.

이를 활용하면서 이시모다 쇼 또한 역사적 단계 이행 중에 주목할만한 중요한 것은 부르주아 민족주의가 아니라, 근로대중이 만든 대중 민족이며 이 대중 민족들이 협력하는 사회가 무엇인가를 논하고자 했다.[44] 그런데 문제는 그것을 확립시키는 조건의 새로운 요소가 '민족체(나로도노스치)' 단계로서 이 단계를 어떻게 이겨내느냐 하는 것이었다. 즉 종족에서 민족으로 발전해 나아가는 데 필수 통과 경로인 민족체는 문화적·경제적으로 뒤처져 있는 단계에서 민족으로 나아가느냐 그렇지 못하느냐로 갈리기 때문이다.

세계사적 의미로 보면 민족체의 발전단계에서 뒤처진 민족은 식민지나 반식민지가 되었기 때문이다.[45]

사실 이 민족체(나로도노스치)는 조어(造語)로서 언어학에서 말하는 차용어(calque)였다.[46] 즉 종족(프레미야), 아민족(亞民族, 민족체, 나로도노스치), 민족(나쓰야)으로 규모를 중시하여 민족집단을 구분하거나 계층을 두는 이론도 존재했지만[47] 스탈린이 활용한 것은 나로도노스치, 즉 '민족체'였다.

스탈린은 이 나로도노스치를 사용하면서 민족체라고 번역하여 이

---

44) 遠山茂樹 (2001), 전게서, p.105.

45) スターリン 著, 全集刊行会 訳 (1953), 전게서, p.204.

46) 田中克彦 (2001), 전게서, p.148.

47) 佐藤優 (2007), 『国家論』, NHKブックス, pp.142-144.

민족체를 분기점이라는 레토릭으로 삼으며 객관적 경로로 증명하려한 것은 언어의 역할이라는 객관성을 동원하면서 의미를 부여했다.

즉 스탈린은 민족체를 종족과 민족 사이의 중간 단계로 설정한 것이다. 그리고 스탈린은 민족체를 이 민족체 단계가 언어 측면에서 보았을 때 '문자 체계를 소유하는 단계에 이르지 못한 언어공동체에 속하는 민족'이기도 했다.[48]

그렇기 때문에 스탈린이 주목한 민족체는 새로움을 창조해내는 잠재력 단계적 상징이었다. 과거에서 현재로, 현재에서 미래로 나아가는 전환을 작동시키는 모체였고 새로운 민족에 대해 주체로서 역사적 움직임의 역할이 여기에 나타났던 것이다. 이시모다 쇼는 스탈린이 제시한 민족체를 상정하게 되면서 민족에 대한 역사적 인식이 보다 풍부해지고 구체화된 것으로 간주했다. 즉 이 객관화된 민족체, 언어와 같이 전(全) 단계를 객관화하여 보여줄 수 있는 '혼종적 세계'였다.

단순하게 '부르주아적 민족'의 맹아가 가능성으로 존재했던 요소들이 이 민족체라는 전근대사회에 있었다고 하는 이론뿐만 아니라, 사회변화를 일구어내는 맹아나 요소적 주체로서 사회집단이라는 것을 인지하게 해주었다. 따라서 부르주아적 민족이 성립된 것은 어느 순간적인 과정에서 '맹아가 결실을 맺는 것을 가능하게 한 잠재적이었던 것이 현실적·현재적(顯在的)으로 된다는 것'을 알게 되었다. 이를 통해 스탈린이 주장하는 두 가지, 즉 부르주아적 민족에서 사회주의적 민족으로의 전화나 부르주아 민족에서 사회주의 민족의

---

48) 田中克彦 (2001), 상게서, p.149.

양가성을 동시에 보면서 그 발전 잠재성을 찾는 방식으로 이해되었다. 그런데 이시모다 쇼는 후자 쪽에 기대를 걸게 된다. 부르주아 민족이 형성된 것은 나로도노스치=민족이라는 사회적 집단이 부르주아적 민족으로 전화하는 과정으로, 이는 봉건제에서 자본주의에의 변혁과 전화 속에서 봉건제의 맹아가 결실을 맺게 되어 현실적인 것이 되었다고 보았다.

그 역사과정이란 봉건제도 또한 그 내부 모순을 전개함으로써 부르주아적 민족을 잉태하는 것으로, 그것은 단지 개개의 싹이 열매를 맺는다는 자연적 성장과정과는 또 다른 차원의 것이었다. 즉 이시모다 쇼가 깨달은 것은 민족체(나로도노스치)라는 역사적 타입이 정립되고 그 안에서 내부 모순들이 부딪치면서 부르주아적 민족이라는 타입이 형성되는데, 바로 이 대립을 보는 것을 통해 '역사 인식'이 명확해졌다는 점이다.[49]

즉 이시모다 쇼는 부르주아적 민족의 성립 문제를 민족으로 존재하지 않는 봉건사회에서 민족이 출현해오는 단순한 과정으로 파악하는 것이 아니라, 봉건적 민족=나로도노스치가 그것에 고유한 모순의 전개 결과가 어떤 방식으로 부르주아적 민족=나쓰야로 전환해 가는가라는 과정으로서 전체를 구조적으로 파악하는 것이 바로 역사라고 보았다.

이시모다 쇼는 스탈린의 논리를 민족체에만 한정하지 않고 언어의 역할을 대입하여 전화과정이 원시사회, 고대사회에도 존재했음을 살펴봄으로써 어떻게 민족으로 역사가 발전해왔는지 그 인환(因

---

49) 石母田正 (1981), 전게서, p.117.

環)을 알 수 있고, 그 연결고리를 읽어낼 수 있다고 생각했다.[50] 이시모다 쇼는 스탈린이 바로 이 지점, 즉 부르주아적 민족의 발생=소멸의 역사성을 인식함으로써 그것을 매개로 이전 단계와의 역사적 관련이 분명해지는 진행 그 자체와 대결했다고 보았다.

이시모다 쇼는 스탈린이 부르주아적 민족이 사회주의적 민족에 이르는 과정을 '과도기적인 것'으로 간주한 점을 예로 들면서 바로 이것이 본질적으로 나로도노스치라고 보았다. 민족체는 '현재진행형'이었다. 이시모다 쇼는 그 점에서 부르주아적 민족주의나 사회주의적 민족의 차이점이나 다른 점을 서로 상대적인 것으로 간주해야 된다고 보았다. 그러므로 이시모다 쇼는 이 양가성을 못 보게 됨으로써 부르주아적 민족을 절대화하고 항구화하는 인식을 갖게 되는 것이라고 생각했다.

그리하여 이시모다 쇼는 전(前) 자본주의사회의 역사가 부르주아적 민족 형성을 위한 것으로서 일면화된 상태를 '왜곡'이라고 보았기 때문에 사회주의적 민족은 이 양면성을 전부 인식하고 그 인과관계 및 사이의 틈을 보여주는 것이라고 보았다.

따라서 이시모다 쇼는 '민족체'가 부르주아적 민족주의의 입장보다 더 광대한 지반 위에 서서 질을 달리하는 차원의 민족 구성을 위해 새로운 가능성을 제공하는 '이론'이라고 보았다. 바로 이러한 인식에서 이시모다 쇼는 "역사를 절단하고 역사를 죽여버리는 경향에 대해 역사를 회복하고 역사에 생명을 불어넣는 것이 마르크스주의 역사학의 변함없는 임무"[51]라며 마르크스주의와 스탈린을 연결시

---

50) 石母田正 (1981), 전게서, p.120.
51) 石母田正 (1981), 전게서, p.135.

컸다. 그 이유는 민족체 개념이나 사회주의 민족이냐 부르주아 민족이냐가 중요한 것이 아니라 역사 인식에 생명을 불어넣는 방식의 문제로서 그 공통점을 찾았기 때문이다.

그것은 마르크스주의의 기초적 방법으로 돌아가는 것이며 이시모다는 역사란 우리들의 눈에 비치는 현상 그대로를 보는 것이 아니라, 사변이나 주관에 의해 역사를 구성하는 그러한 관념론적 경향과 투쟁하는 것이 바로 마르크스주의 역사학이라고 간주했다. 이처럼 이시모다 쇼가 해석한 스탈린의 논리는 다시 마르크스의 이론으로 되돌아가 그 '인식 투쟁'을 부각시켰다.

이시모다 쇼에 의하면 일본의 마르크스주의 역사학을 세계사적 마르크스주의 역사 속에서 조망해보면 본래의 마르크스주의와는 거리가 먼 역사학을 만들어온 것이라며 비판한다. 즉 일본에서는 역사과정의 구체적 분석을 이루어내지 못한 채 현상과 사실을 마르크스주의 개념이나 도식 속에 밀어 넣어 그것을 마르크스주의 이론이라고 기술하고 있으며 전후에도 이 경향을 극복하지 못하고 있음을 신랄하게 비판한다.[52]

따라서 마르크스주의의 새로운 역사학을 개척하는 길은 마르크스주의의 공식을 추종하고, 마르크스주의를 열심히 따르거나 해석하고 논의하는 것에 있지 않았다. 오히려 어떤 마르크스주의의 형태를 범주론이나 구조론으로 밀어 넣어 역사학뿐만 아니라, 현실 사회에서도 적용되지 않는 비창조적인 세계관을 낳았고 점점 더 관념의 도식세계에 고립되어 갔다며 비판했다.[53]

---

52) 石母田正 (1952), 상게서, p.153.
53) 石母田正 (1952), 전게서, p.24.

이시모다 쇼는 스탈린이 제시한 민족체, 사회주의 민족 성립의 역사가 현재 진행 중인 다가올 미래를 전망한 것으로 보았다. 물론 이것은 스탈린이 객관화한 '스탈린의 세계관'이라는 한계성을 갖지만, 스탈린의 민족론 속에는 부르주아적 민족이 있었기 때문에 이를 모체로 하여 사회주의적 민족이 생겨났다는 점을 인지하고, 이 둘을 넘어 그것으로부터 자유롭게 해방되어 인간의 역사를 재구성할 가능성이 잉태되었다는 점을 평가한 것이다.

이시모다 쇼는 바로 이 대목에서 '세계사는 현재'라고 인식했다. 즉 민족에 대한 이론은 스탈린의 논리가 보여주듯이 '민족체'에 주목하여 그 역동성을 보고 그것을 통해 지나온 역사를 객관화하는 시점에 서 있음을 중시했다. 그것은 바로 세계사적인 시각이며 이를 통해 세계사 창조의 순간적 단계에 도착한다고 논한다. 이것을 다시 이시모다 쇼는 일본사에도 세계의 보편적 법칙이 관철되어 있다고 논한다.

이것은 곧바로 미국 제국주의=종속 제국주의와 민족문제, 즉 일본 민족의 독립운동은 민족주의에 바탕을 두는 것이 아니라 세계적 세계관 속에서 재구성되어야 한다는 논리로 치환되었다.

그 뿌리는 스탈린이 지적한 균형 인식론에 근거를 두었다. 자본주의 민족이 형성되는 그 자본주의의 초기 단계에서는 아직 프롤레타리아와 부르주아가 문화적 공통성을 공유하고 있었는데, 이시모다는 바로 이 시기를 다시 주목한다. 물론 이 순간이 지나면서 생산수단이 발달하고 계급투쟁이 발생하여 공통성이 소멸했으며 바로 이 공통성이 소멸하기 시작하면서 민족의 문화적 공통성에 대립이 발생하게 되었다고 보았다.[54] 따라서 이시모다 쇼는 바로 이 민족 내부에 부르주아와 노동자 계급이 분할된 것으로 실은 이 두 계급을 동일한 '국민'이라고 보았다.

즉 이시모다 쇼는 부르주아와 민족, 그리고 사회주의 민족 개념을 동시에 보면서 이 두 양식이 탄생하게 되는 근원적인 민족체의 역동은 사회집단이었고, 바로 이 사회집단이야말로 새로운 주체로서 역사를 논해야 한다고 인지한다. 이때 이시모다 쇼가 발견한 것은 역사와 민족이었다. 이 이론에 비추어보면 일본 민족은 원래 민족의 차이나 억압이 있을 수 없다는 논리로 나타나게 된다. 이러한 논점은 에구치 보쿠로(江口朴郎)가 지적하듯이 외국의 민족문제 이론이나 경험을 잣대로 일본 내셔널리즘을 전전에 존재했던 울트라 내셔널리즘이라는 척도로만 보아서는 안 된다는 논점과 접속하게 된다.55)

이것은 일본 민족의 역사 발전이 대중이나 인민이라고 불리던 사람들, 그리고 민중의 노동자들에 의해 역사 발전의 단계와 단계가 이어지고 시대와 시대를 연결해가는 지반이었기 때문에 이 대중을 민족으로 보았다. 이 민중·민족이야말로 국민의 건전한 모습이라고 보게 된 것이다. 그렇지만 바로 이 대중이야말로 민족이라고 논하면서 전전의 파시즘과 미국 종속주의를 극복하고자 하는 것은 다른 의미에서 전전의 파시즘적 황국사관을 극복하려는 욕망이기도 했다. 다시 말해서 이시모다 쇼가 발견한 '인식의 세계'를 중시하는 역사학 이론도 전전의 황국사관으로 돌아가지 않으려는 욕망에 의

---

54) 石母田正 (1981), 전게서, p.121.

55) 王增芳 (2018),「1950年代の日本における「民族」の提起及びそれをめぐる論争-歴史学研究会を中心に」,『教養デザイン研究論集』第13号, 明治大学大学院, pp.69-89.

한 민중의 역사 혹은 대중이 만들어내는 새로운 시민 민족주의의 합리화라는 자장 속에서 어느 쪽으로인가 재수렴될 위험성을 내포하고 있었다. 결론적으로 어느 쪽인가를 선택하는 전후 일본의 내셔널리즘은 이러한 두개의 틀에 머무르면서 창안된 것임을 역설적으로 보여주고 있다.

# 스탈린적 이시모다 쇼의
# 탄생: 민족의 완성

이상으로 본 글에서는 스탈린의 논문이 번역되어 일본으로 수용되던 1950-1952년 사이의 민족 내셔널리즘의 재구성 논리에 대해 고찰해보았다. 스탈린의 논문이 번역되어 일본에 수입되면서 당대의 유행 담론으로 간주되었고, 일본의 역사학연구회에서는 민족문제를 중심 테마로 다루면서 스탈린의 민족 이론을 일본 역사에 '대입'시키고자 하는 시도들이 있었다.

그렇지만 이러한 일반적 시도와는 달리, 스탈린의 민족 이론과 역사 발전론을 재구성하여 일본 내부의 민족 내셔널리즘을 정립한 것은 바로 이시모다 쇼였다. 이시모다 쇼는 역사와 민족의 발견을 통해 새로운 각성의 세계를 찾고자 했는데 그것은 바로 학문적 창조라고 보았다. 이를 위해 이시모다 쇼가 중시한 것은 자본주의 민족만으로 발전된 세계가 아니라 사회주의 민족, 즉 대중 민족의 힘의 의미를 재고한 점이다.

사회를 움직이는 힘은 부르주아적 자본주의 민족론이 아니라 민중에 존재한다고 보고, 이 세계적 이론을 근거로 일본인이 갖고 있는 지반을 어떻게 하면 대중들의 자각으로 연결시킬 수 있을까에 초점을 두었다. 결국 스탈린의 민족 이론을 통해 부르주아적 민족

이론의 잘못을 반성=일본 부르주아 파시즘의 반성을 각성시키는 동시에 피억압 민족은 세계적 시각에서 재구성되어야 한다는 프로파간다를 내세울 수 있었다.

즉 전전의 파시즘적 민족주의는 부정하지만 미국 GHQ에의 종속으로부터 독립을 성취하려는 욕망이 맞물리고 있었다. 특히 여기서 중요한 것은 이를 설명하기 위해 이시모다가 부르주아 민족의 탄생과 사회주의 민족의 탄생을 동시에 고찰하는 시각, 이 두 개의 민족 성립은 성립→발전→소장의 과정으로서 종족에서 민족으로 이행하는 단계 등을 스탈린의 글을 통해 각성하게 되었다는 점이다.

이시모다 쇼는 자본주의 발달사 속에서 부르주아 민족주의만을 보는 시각이 획득되었기에 대중의 역사적인 문맥이 소거되어 보이지 않게 되었음을 깨달았다. 이시모다는 이를 설명해주는 역사 발전의 중간단계로서 민족체의 의의를 레토릭적으로 동원시켰다. 그리고 이시모다 쇼는 지배, 피지배의 이분법적 세계관을 탈피하게 해준 언어, 즉 하부구조와 상부구조의 분리론을 재구성하여 역사 발전단계를 설명하는 객관성을 스탈린을 통해 학습했다.

스탈린이 사용한 나로도노스치=민족체, 나쓰야=민족을 이시모다 쇼는 민족과 국민으로 대체하면서 민족에서 국민으로의 발전을 '대중과 시민'에 의한 민족주의의 개념으로 치환시켰다. 이는 일본의 전후 상황, 즉 전전의 파시즘을 극복하고 미국 제국주의의 종속화를 탈피하려는 대중적 내셔널리즘을 불러일으키게 되었다.

이는 역설적으로 과거 식민지 지배의 가해자로서 내셔널리즘을 소거시키는 '결과'를 만들었기 때문에 결과적으로 전후가 다시 시작되었다고 말할 수 있다.

# 제4장

‘세계사’를 마주한 탈구성적 국민사

# 1

## 새로 쓴 '역사와 민족'

주지하다시피 일본은 패전 후 '전전의 파시즘으로 회귀'하지는 않지만 미국 민주주의에 종속되는 것을 비판하면서 독립을 주창했다. 니시다 마사루(西田勝)의 표현을 빌리자면 이는 '주체의 자립'이었다.[1] 전후 일본이 전전의 파시즘을 반성하고 동시에 전후 미국 민주주의의 종속화 문제를 풀어내야만 하는 과제는 독립 그리고 주체의 해방 문제와 맞닿아 있었다.

이를 잘 보여주는 사례가 이시모다 쇼(石母田正)의 '새로운 역사학' 이론이다. 샌프란시스코 강화조약 체결 아래 일본이 정치적으로 미국으로부터 독립해야 한다는 이른바 '민족의 위기' 상황 속에서 역사학에서 이시모다는 중요한 역할자로 등장했다.

이시모다는 『역사와 민족의 발견』에서 1950년대 초기의 사회 상황에서 역사학이 담당해야 할 실천적 의의를 강조했다. 즉 이시모다는 '역사학'을 통해 민족적 자긍과 전통에 대한 자각을 느끼게 하는 방법이 어떻게 가능할지에 대해 고민했다.

이소마에 준이지(磯前順一)가 지적하듯이 『역사와 민족의 발견』은 '제국주의의 예속에서 민족이 독립하는 것이 과제'라는 시점에서 집

---

1) 西田勝 (1968), 「国家の本質について」, 『国家と幻想』, 法政大学出版局, pp.179-185.

필된 논설[2]이었다.

이시모다는 1951년 샌프란시스코 강화조약과 그 이후의 시기를 '새로운 전환 시대'로 인식했고 그것에 맞추어 새로운 '역사학'을 구현해가고자 했는데, 그것은 '국민적 역사학'을 만들어내는 일이었다.

마침 일본에서는 1951년 스탈린의 민족 이론 논문이 소개되면서 일본 내에서도 민족 개념에 대한 재조명 작업이 일어났다. 일본 고대에도 민족이 존재했는가, 그렇지 않았는가에 주목하고 역사학자들 사이에서 논쟁이 일어났다.[3]

전후 민주주의 상황 속에서 민족론이 재등장하게 된 것이다. 일례로서 역사학자 스즈키 마사시(鈴木正四)는 일본의 고대와 중세에는 민족(Nation)이 존재하지 않았다고 주장하면서 '서구 담론적=세계사적 인식'의 틀 속에서 민족 개념을 재구성하고자 했다.[4]

그러나 이시모다는 단순하게 '서구적 사관'을 일본 역사에 대입하는 것이 아니라, 새롭게 자신의 '독창적' 해석을 제시하며 역사 자체의 뼈대를 객관화하는 시각을 보여주었다. 역사학에 대한 독창적 해석이란 역사를 모순과 대립의 서사로 인식하는 것이라고 했다. 이를 통해 민족 개념도 새로 보아야 된다고 논했다.

이시모다는 기본적으로 민족 개념이 봉건제사회에서 자본주의사회로 이행하는 과정에서 창출된 것이라고 보는 입장이었다. 그것을

---

2) 磯前順一・磯前礼子 篇 (2019), 『石母田正と戦後マルクス主義史学』, 三元社, pp.35-36.

3) 藤間生大 (1951), 「古代における民族の問題」, 『歴史における民族の問題』, 岩波書店, p.1. 古島和雄 (1951), 「中世における民族の問題」, 『歴史における民族の問題』, 岩波書店, p.23. 스탈린이 사용한 '나치온'을 민족이라는 말과 어떻게 차이를 두고 해석해야 하는가의 문제와 민족의 형성이 자본주의적 사회의 성장과 함께 이루어졌다는 것을 원칙으로 수용해야 하는가, 그렇지 않은가의 문제도 파생된다.

4) 鈴木正四 (1951), 「近代史における民族の問題」, 『歴史における民族の問題』, 岩波書店, p.180.

수용한 후 다시 근대적 민족의 맹아가 전근대사회의 사회적 양상과 어떤 관련 속에서 발전했는가를 '인과관계'에서 찾고자 했다. 그러니까 이시모다는 시대의 변천이 이루어질 때 '그 맹아 부분과 그 이후에 발견되는 새로운 항목'으로 역사가 변화한다고 여기게 되었다. 그것이 '역사적 경위'로서 역사였고 민족의 행방을 결정하는 요소였으며 또한 힘이었기 때문이다.

이러한 입장에 선 이시모다는 스즈키 마사시가 '서구사적 이론, 즉 봉건제에서 자본주의사회로 이행되면서 생겨난 것이 근대 민족'이라는 논리를 참고하여 그것을 그대로 일본 고대사, 중세사 혹은 일본사 전체에 대입시켜 민족의 형성과정을 그려내어 그것을 역사로 그려내는 것에 위화감을 가졌다. 즉 세계사라고 간주되는 문법을 일본 역사에 대입시켜 일본 역사도 세계사적 발전 법칙과 일치한다고 주장하는 방식에는 비판적이었다.

그렇다면 이러한 역사 인식 혹은 민족 인식을 극복하기 위해 이시모다는 어떻게 했을까. 먼저 이시모다는 역사학의 역사로서 관학 아카데미즘의 실증주의를 비판한다. 그 문제점을 지적한 후 전전과 전후 '역사학'에서 상징천황제를 긍정한 쓰다 소키치(津田左右吉)의 '역사' 기술방식을 소환한다.

그것은 단순히 스즈키 마사시와 쓰다 소키치가 유사하다는 것을 비판하기 위해서가 아니었다. 쓰다 소키치는 실증주의 사학과는 거리를 두고 레오폴트 폰 랑케(Leopold von Ranke)의 근대사학 이론을 수용하여 일본적 내재성에 중점을 두면서 일본 국민사를 구상했던 역사가였다.

이시모다는 쓰다 소키치를 소환하여 '자연성'과 전제군주주의의 문제를 다시 역사 해석으로 되돌려놓았다. 그리고 '세계사로서의 일본 역사'는 어떻게 재구성이 가능할까를 두고 부르주아 민족론과는 거리를 둔 '대중의 주체적 민족 개념'에 초점을 맞추는 방식을 제안했다.

결국 민중 민족주의를 긍정하면서 전후 독립 내셔널리즘으로 전화(轉化)하는 문법을 성립시키게 된다. 이는 전후 일본이 역사와 민족 개념에 대한 상대화로서 '전전 내셔널리즘'을 비판하면서도 전후 내셔널리즘에 대한 무비판을 중첩시킨 미몽(迷夢)을 만들어내는 결과가 초래되었다.

그 중심인물에 있었던 것이 이시모다 쇼였고 '투명과 혼미'를 혼합하면서 민중, 즉 국민 내셔널리즘을 재발견해내고자 했다는 점을 드러내보이고자 한다.

# 2

## 선행연구와 이시모다 쇼의 의의

1950년 소련에서 스탈린의 언어학 관련 논문에 발표되자 일본에서는 큰 반향이 일어났다. 스탈린이 언어학에 대해 논문을 집필했다는 의외성 뿐만 아니라 언어학적 어프로치에 의한 민족론이라는 점에서 일본에서는 더욱 관심이 커졌다. 1951년 일본에서는 미즈노 기요이(水野清)에 의해 번역되어 『전위(前衛)』에 소개된다. 이때 1950년 언어학, 철학, 역사학 분야의 연구자들이 이 스탈린 논문을 둘러싸고 토론회를 가졌다.

특히 언어학자 도키에다 모토기(時枝誠記)는 『중앙공론』(10월호)에 글을 발표했고, 무라야마 시치로(村山七郎)는 『사상(思想)』(11월호)에 소비에트 언어학의 역사에 대해 논했다. 중요한 것은 스탈린의 논문이 언어학에서 보수주의자들의 태도를 새로 만들어내는 역할[5]을 함과 동시에 역사학과 철학, 문학 분야에서도 이에 민첩하게 반응하면서 전후 마르크스주의 역사학이 중심이 되어 민족 이론을 재구성하게 되었다.

특히 역사학연구회가 주최하는 역사학 연구는 전후 일본의 '새로운' 방향성을 규정하는 나침반 역할을 했다. 일본 자본주의 분석, 그리고 일본 자본주의 체제의 기본문제를 제시하고 그 연장선상에

---

5) 田中克彦 (2000), 『「スターリン言語学」精読』, 岩波書店, 2000年, pp.248-256.

서 일본 제국주의에 대한 종언을 다루었다. 특히 일본이 근대산업 국가로 성립되면서 독자적 근대 자본주의 국가를 만들어내는 것을 근세기에 주목하여 봉건사회 역사에 초점을 맞추게 된다.[6]

그렇지만 그 구성은 일본사, 동양사, 서양사로서 '전전 역사관'을 근간에 둔 '기계적' 틀 내부에서 전개되었다. 이는 『역사학의 성과 와 과제(Ⅱ)』(1951년)에서 『역사학의 성과와 과제(Ⅲ)』(1952년)로 이어진다. 전자에서는 고대→중세→근대→현대로 기술되고 후자에 서는 원시·고대→봉건→근대로 이어지는 사관이 주류를 이루고 있 었다. 그야말로 전전 역사관의 연속선 속에서 스탈린의 민족 이론 을 덧칠하는 작업들이었다.

이 시기 이시모다 쇼는 1950년 5월 28일에 열린 역사학연구회에 서 '봉건국가의 본질과 그 역사적 여러형태'라는 대주제 아래 「봉 건국가에 관한 이론적 여러 문제」라는 제목으로 발표했다. 같은 분 과에서는 나가하라 게이지(永原慶二), 호리 도시카즈(堀敏一)가 발 제했다. 여기서 이시모다 쇼는 자신이 다른 발제자들과 차이성을 갖고 있음을 보여주었다. 즉 역사 발전단계 과정에서 '봉건제'가 등 장하는데, 이 봉건제라는 시기를 국가 형태의 제도 내에서 파악하 는 것이 문제이고, '영주계급과 이에 예속하는 농민'을 근거에 두어 중세 국가의 형태로 논하는 그 인식에 문제가 존재한다는 입장을 밝혔다.

그리하여 이시모다 쇼는 중세 봉건국가가 성립되고 쇠퇴하는 과 정과 그 과정에서 어떤 단계를 통과하게 되는지 그것을 통해 사회 의 변화양상에 대해 주목해야 한다는 시점을 제시했다. 그러니까 고대국가와 근대국가 사이의 문제가 아니라 사회의 내부 구조의 문

---

6) 松島栄一 (1950), 「総論」, 『歴史学の成果と課題』, 岩波書店, pp.3-24

제로서 중세 혹은 봉건제를 분석해야 한다고 제언했다.[7]

이러한 논의는 이시모다 쇼가 감수한 『민족문제』라는 저서로 간행되는데, 바로 여기에 실린 글이 「역사학에서의 민족문제」라는 논고였다. 물론 도야마 시게키(遠山茂樹), 도마 세이타(藤間生大), 이노우에 기요시(井上淸), 에구치 보쿠로(江口朴郎), 하야카와 지로(早川二郎), 우에하라 센로쿠(上原專祿)의 글도 함께 실렸다. 여기에 실린 글들의 공통적 초점은 '민족' 형성을 어떻게 볼 것인가에 있었다. 그렇지만 이시모다 쇼를 제외하고는 모두 스탈린의 민족(nation) 개념에 대한 내용을 추종하는 자세를 취하고 있었다.

스탈린의 민족 이론을 그대로 답습하면서 공동체론과 연결시키고, 야마토 민족은 고대에 존재했는가 그렇지 않은가 혹은 일본 민족은 일본 국민인가라는 질문에 대답하는 식으로 전개되었다. 특히 도야마 시기케의 경우에는 민족 개념과 내셔널리즘의 문제를 어떻게 해석해야 하는가에 주목했다.

그리하여 새로운 내셔널리즘을 고려하기 위해 과거의 울트라 내셔널리즘의 계보를 역사 속에서 찾아 설명하는 방식이었다. 즉 각각의 시기마다 울트라 내셔널리즘이 어떻게 생성되어 성장하고 발전했는가를 논하고, 이를 반성하면서도 일본의 새로운 혁명적 미래는 전통에서 찾아야 한다고 밝혔다. 그렇지만 이시모다 쇼는 스탈린의 논문과 막심 고리키(Maxim Gorky)의 논문을 비교하면서 민족의 형성을 부르주아적 민족주의 논리가 만나는 지점을 설명하고, 사회주의 혁명의 논리로 등장한 역사적 배경을 분석했다.

이를 통해 세계사적으로 등장한 두 체제를 세계사적 발전단계 속에 '집어 넣고' 이시모다 쇼 자신은 '세계사의 외부자'로 빠져나왔

---

7) 石母田正 (1950), 「封建国家に関する理論的諸問題」, 『国家権力の諸段階』, 岩波書店, pp.67-83.

다.8) 그 사이 이시모다 쇼는 『역사와 민족의 문제』을 저술했고 이미 「역사학에서의 민족문제」를 발표했다.

이처럼 이시모다 쇼는 일본 역사학계에서도 독창적인 위치에서 민족 논리를 주창했는데, 그것은 두 가지의 의미로 평가를 받는다. 첫 번째는 마르크스주의 역사학 중에서도 이시모다 쇼의 중세사 연구이다. 특히 『중세적 세계의 형성』은 일본에서 중세사를 재정립하는 역사서로서 이 역사서에 의해 고대와 근대가 재구성되는 계기를 마련했다고 평가했다.9) 그리고 하라 가쓰로(原勝郎)가 일본 중세사를 유럽의 사적 보편성과 사회적 진보를 기준으로 역사를 보는 문명사관에 대입한 것에 비해 이시모다 쇼의 『중세적 세계의 형성』으로 연속되면서 전후 역사학에 천황제 지배와 투쟁한 전후의 과제를 제시하고 있었다고 평가했다.10)

그동안 이시모다 쇼에 대해 모리 노부시게(森信成)는 이시모다 쇼가 제시한 부르주아적 민족주의는 일본 전후파 수정주의가 어떠한 역사적 사상적 발전 속에서 나타났는지를 설명했다고 평가했다. 그렇지만 이시모다 쇼가 분석한 세계사의 법칙 또한 유물론적 전제로부터 자유롭지 못했다는 점을 지적했다.11) 그리고 다카시마 젠야(高島善哉)는 이시모다 쇼의 『역사와 민족의 발견』이 스탈린의 논문을 치밀하게 파악하고 일본 민족론을 재구성했다는 점에 대해서는 평가했다. 그러나 그것은 오히려 스탈린의 권위로부터 자유롭지 못하고 특히 일본 내에서 스탈린의 민족 이론을 고정화한 것에 대

---

8) 石母田正監修他 (1976), 『民族の問題』, 校倉書房, pp.8-135.

9) 磯前順一他 (2008), 『マルクス主義という経験』, 青木書店, pp.1-57.

10) 永原慶二 (2003), 『20世紀日本の歴史学』, 吉川弘文館, pp.140-150.

11) 森信成 (1957), 「歴史科学と唯物論:石母田正 「歴史と民族の発見」について」, 『人文研究』8(4), pp.321-341.

154 탈구성적 '국민화'

해서는 비판적이었다.[12)

기토 기요아키(鬼頭清明)는 이시모다 쇼의 시각, 즉 고대사 연구를 현재의 인식과의 긴장관계 속에서 읽어내는 논점을 제시했는데 단순한 아나로지(analogy)가 아닌 방법론이 존재한다고 논했다.[13) 또한 다카하시 마사아키(高橋昌明)는 1950년대라는 시대적 배경과 이시모다 쇼의 사상 형성이 갖는 특징으로 이시모다의 한계성을 논했다.[14) 그 이후 야스마루 요시오(安丸良夫)는 이시모다 쇼의 역사적 상상력의 독창성이 중세사를 새로 구성하는 시각으로서 지배질서와 투쟁하던 양상을 제시하고, 사회변혁과 연결시켜 분석하는 시점을 제시한 것에 대해 평가했다.[15)

그리고 2016년에 간행된 『역사평론』(제793호)은 '전후 이시모다 쇼의 저작들이 제기한 문제제기'가 무엇이었는가를 찾고자 하는 논고들이었다. 그런데 일본 내에서 제시되는 논고들은 점점 이시모다 쇼가 제시한 '국민사'가 대중과 함께하는 역사의 의의가 강조되었다고 보고, 이후 민중이 추진력을 갖는 '국민적 역사운동'으로 평가한다.[16)

또한 후쿠모토 가쓰키요(福本勝清)는 이시모다 쇼가 아시아적 생산양식의 의미가 무엇이었는가를 고찰한 논고를 집필한다. 이시모다가 소비에트를 대표하는 미하일 니콜라예비치 포크로프스키(Pokrovsky)의 영향, 도쿄대에서의 실증주의 사학의 인식론적 틀이

---

12) 高島善哉 (1970), 『民族と階級』, 現代評論社, pp.140-141.

13) 鬼頭清明 (1973), 「石母田正「日本の古代国家」」, 『歴史評論』283, 校倉書房, pp.93-103.

14) 高橋昌明 (2011), 「石母田正の一九五〇年代」, 『歴史評論』732, 校倉書房, pp.59-70,

15) 安丸良夫 (2016), 『戦後歴史学という経験』岩波書店, pp.5-13.

16) 佐藤弘 (2018), 「国民的歴史学運動から学ぶこと:特に「工場の歴史」について」, 『大学改革と生涯学習:山梨学院生涯学習センター紀要』22, 山梨学院生涯学習センタ-, pp.35-47.

무엇인가를 설명하고 이 논리들이 전후에 어떻게 차이성을 갖는지를 설명했다. 특히 와타리베 요시미쓰(渡部義通) 등과 함께 원시사회→노예제→봉건제→자본주의→사회주의로의 발전을 역사발전의 보편적 법칙으로 수용한 점을 지적했다. 말하자면 스탈린의 민족 이론의 신봉자로서 한계성을 갖는다는 점을 분석했다.[17]

그리고 미야케 요시오(三宅芳夫)는 간략적이긴 하지만 1950년대 일본 내에서는 민족자결론이 부상하고 마르크스주의 담론들이 내셔널리즘으로 휘말려들어가는 상황이 발생했음을 지적했다. 이 시기에 '인민'이 국민으로 치환되었는데, 이시모다 쇼의 『역사와 민족의 발견』도 이 컨텍스트 속에서 자유롭지 못했음을 지적했다.[18]

필자는 이러한 선행연구들이 제시한 내용 중 이시모다 쇼가 스탈린의 영향을 받았고 그 권위로부터 자유롭지 못했다는 논점이 갖는 한계성을 극복하고자 한다. 즉 이시모다 쇼는 스탈린의 민족 이론을 답습했다기보다는 그 법칙을 활용하면서 세계사와 대화를 시도하는 객관성을 찾아냈다는 점을 밝혀내고자 한다. 이를 통해 일본 내에서 전후 이시모다가 제시한 민족 개념이 일본 국민으로 변형된 프로세스를 망각하고, 역사를 추진한 것이 민중 민족으로 정당화되는 민중의 국민화 논리에 대한 비판적 견해를 제시하고자 한다.

---

17) 福本勝清 (2021),「石母田正とアジア的生産様式論(上)」,『明治大学教養論集』556, 明治大学教養論集刊行会, 2021年, pp.115-155.

18) 三宅芳夫 (2019),『ファシズムと冷戦のはざまで』, 東京大学出版会, 2019年, p.225

**3**

# 이시모다 쇼의 일본적
# 세계사의 구성

## 1) 세계사의 수용과 자립성의 문제

이시모다 쇼는 세계사적인 입장을 스탈린의 민족 개념을 통해 재구성하게 된다. 즉 스탈린은 1950년에 「언어학에서 마르크스주의에 대해」라는 제목의 글을 실었는데 이것이 일본에 수입되어 번역되었다.[19]

스탈린은 민족이란 언어, 지역, 경제생활 및 문화의 공통성 속에 나타나는 심리 상태의 공통성을 기초로 하여 생기는 역사적으로 구성된 사람들의 견고한 공동체[20]라고 정의했다.

이 정의를 일본에 그대로 수용하는 형태로 역사학계에서는 대응했다. 그리고 스탈린의 역사학을 통해 새로운 민족 각성이 어떻게 실천해 갈지를 모색했다. 이로써 1950년에서 1952년 사이 일본에서는 새로운 민족 개념을 정립하기 시작했고, 일본 내부에서 새로운 시대적 전환의 조류가 열렸다. 이때 이시모다는 '역사와 민족 개념'에 관련된 저서를 간행했던 것이다.[21]

---

19) スターリン (2000), 「マルクス主義と言語学の諸問題」, 『「スターリン言語学」精読』, 岩波書店, p.185.
20) スターリン 著, 全集刊行会 訳 (1953), 『マルクス主義と民族問題』, 大月書店, p.50.

그런데 이시모다의 역사와 민족 개념에는 독창성이 있었다. 다른 역사학자들과 달리 이시모다는 민족의 정의 그 자체보다는 민족이 형성되는 '과정'에 주목했다. 즉 민족 개념은 '부르주아적 민족'이 중심이 되어 '민족'을 형성해왔다고 간주했다.

즉 스탈린은 "부르주아는 자신들의 문제를 전 민족적인 문제라고 주장하며 혈연적 대중에게 호소하고 조국에 호소했다. 모국을 위해 동포를 군대에 동원시켰다. 대중도 또한 호소에 무관심한 것이 아니라 부르주아의 깃발 주변에 모여들었다. 위로부터의 압박은 그들을 모여들게 만들었다"[22]고 논하듯이 부르주아에 의해 민족들이 동원되었음을 주장했다.

즉 민족의 개념은 부르주아적 지배층에 의해 시작되었는데 이를 부르주아적 민족이라 불렀다. 이렇게 출발한 부르주아적 민족은 인민들의 불만 감정과 대립하게 되는데 이 또한 '민족운동'의 시작이라고 논한다. 스탈린은 이들을 '자각한 프롤레타리아'라고 불렀으며 이는 부르주아의 민족주의 개념과는 다른 것이었다. 스탈린은 노동자의 계급투쟁이 부르주아 민족 논리의 민족 투쟁에 순응하려는 것이 아니라, 본질적으로 부르주아적인 민족운동과는 다른 것임을 주장한다. 그리하여 부르주아적 민족운동은 부르주아의 운명을 만들어온 것으로 스탈린의 입장에서 본 '민족운동'은 부르주아의 몰락이었다.[23] 말하자면 기존의 민족운동 개념에 대한 역설을 보여준 것이다.

---

21) 成瀬治 (1977), 『世界史の意識と理論』, 岩波書店, pp.117-125.

22) スターリン 著, 全集刊行会 訳 (1953), 전게서, pp.62-63.

23) スターリン 著, 全集刊行会 訳 (1953), 상게서, p.68.

이시모다는 스탈린의 이러한 민족 개념, 즉 부르주아적 민족 이론을 민족운동이라고 보는 것이 아니라 프롤레타리아의 노동자 계급투쟁이 만들어온 민족운동을 '민족운동'이라고 간주하게 된다. 이시모다는 바로 이와 같은 시각이 세계사와의 접속이었고, 일본에서도 과거의 역사에서 부르주아적 민족주의가 문제가 있었다는 점을 확인했다.

이와 같은 시각에 입각하여 이시모다는 일본에서 전개된 민족주의가 바로 이 부르주아 민족 개념에 편향되었고, 이 부르주아 민족 개념을 추종해온 것이 문제라고 보았다. 이는 이시모다가 '세계사라고 불리는 부르주아 민족 개념'을 액면 그대로 믿고 흉내 낸 일본의 민족주의를 비판하는 이유가 되었다.

따라서 이시모다는 스탈린에 의해 새롭게 등장한 세계사를 통해 일본의 문제점을 짚어내고, 일본 내에서 진행되는 마르크스주의 역사학이 갖는 민족 개념의 한계를 인지하게 된다. 이시모다는 일본 내에서 진행된 민족적 입장=부르주아 사학을 비판함과 동시에 이러한 민족주의가 자본주의 시대의 '역사적 산물'임을 주장하게 된다. 이시모다는 자본주의사회 이전에는 민족이 존재하지 않았다는 스탈린의 논리를 수용하면서 동시에 부르주아적인 것만으로는 '민족운동'의 본질을 알 수 없는 것이라고 보았다.

이것은 두 가지 문제점을 일본 사회에 발신하는 역할을 했다. 첫째는 부르주아 민족주의가 갖는 문제점이고, 둘째는 부르주아 민족주의가 결국 세계적으로 제국주의 시대로 돌입하게 되었고, 이 때문에 민족문제는 새로운 '길'로서 프롤레타리아 사회주의 혁명의 하나의 부분으로 나타나 사회주의적 민족운동이 형성되는 '과정'을 이

해하게 만들었다.[24]

세계사의 움직임은 이렇게 진행되었고 서구 제국주의가 세계사로서 등장했지만, 러시아 혁명은 아시아의 식민지 및 반식민지의 민족들이 세계사에서 어떻게 민족운동을 전개해야만 하는가를 깨닫는 이론으로 작동했는데 바로 이 점을 중요시했다. 이시모다는 이것을 '세계사에서 위대한 인식의 전환'[25]이라고 말했다. 아시아에 진출한 서구 제국주의는 식민지로 전락하지 않기 위해 민족의 노동자 계급이 투쟁함으로써 마르크스-레닌주의와 만나게 되었는데, 바로 이것이 아시아 민족주의의 획기적인 사건이라고 간주했다.

따라서 이시모다는 부르주아 민족 이론의 변종으로서 마르크스주의 이론이 아니라 프롤레타리아의 독자이론으로서 마르크스주의를 해석해야 된다고 보았다.

그 논리 속에서 이시모다가 주목한 것은 '민족의 발전과정'을 '역사적 변천과정'과 중첩시키는 방식이었다. 즉 이시모다는 근대적 '부르주아 민족'이 형성된 논리를 검토하는 동시에 자본주의 이전인 '봉건제' 상황 속에서 새로운 개념이 어떻게 도출되어 근대적 민족을 형성하게 되었는가라는 그 조건에 초점을 맞추었다.[26] 봉건제사회 속에 내재하는 발전상의 '내적 세계'를 이해하고 그 속에서 어떻게 '새로움'이 형성되는가라는 물음이었다. 즉 그것은 '보편적 역사의 흐름'이었다.

그리하여 이시모다는 통합적 세계사로서 자본주의와 사회주의 두

---

24) 遠山茂樹 (2001), 『戦後の歴史学と歴史意識』, 岩波書店, p.104.

25) 石母田正 (1981), 『歴史と民族の発見』, 東京大学出版会, p.20.

26) 石母田正 (1981), 상게서, p.114.

체제의 형성과정을 재고하게 된다. 즉 세계가 자본주의와 사회주의로 나누어진 것은 '현상'적인 현실인데, 이시모다는 이를 재고하면서 일본의 전통적인 부르주아적 인식론이나 사유양식과 어떻게 연계시킬 것인가를 살펴볼 것을 주장했다. 즉 이시모다는 부르주아인가 아니면 사회주의인가 이항대립적 논리의 수용 속에서 어느 쪽을 받아들일 것인가를 투쟁하는 것으로는 자기를 확립할 수 없다[27]며 수용과 주체의 문제를 제시했다.

역설적으로 이시모다는 두 세계의 체제, 즉 자본주의와 사회주의 체제라는 이항대립적 세계관을 '제3의 입장'에서 조망하여 이 대립적 상황을 타개하는 논리를 주체의 독립으로 연결시킨다.

그 출발점은 "세계사를 추전(推轉)해온 서유럽이 점차 그 지도적 지위에서 물러나 오늘날은 유럽이라고 말하지 말고 아시아라고도 말하지 말며 자본주의 체제를 근거로 하는 미국에 종속하는가, 그렇지 않으면 사회주의 체제를 근거로 하는 러시아에 종속하는가. 다른 것이 없는 상황이 노정되어 있다. 말 그대로 중세 말기에서 근세 초기에 걸쳐 혁명과 마찬가지로 획기적인 혁명을 통과하고 있는 것"[28]이라며 세계사의 통과적 시간을 내세우게 된다. 그것은 말 그대로 역사적 전환기였다. 그것은 서양과 동양을 넘고 자본주의와 사회주의 그리고 미국과 소련을 넘는 '주체적 독립'의 길을 구축하는 시도였다.

그것은 다른 말로 표현하면 세계사의 재구성이었다. 즉 유럽적

---

27) 石母田正 (1981), 전게서, p.22.

28) 小野高治 (1950), 「歷史學硏究會編世界史の基本法則」, 『同志社大學經濟學論叢』 1卷 4号, 同志社大学経済学会, p.90.

세계사나 동양적 세계사의 문제가 아니라 미국에 대한 종속인가 소련에 대한 종속인가라는 '종속'의 탈피, 즉 탈종속의 문제로 변형·해석되었다.

세계사는 미국과 러시아에 대한 종속이냐 탈종속이냐의 갈림길이 세계사의 현실이었다. 이를 앞두고 일본은 최대 사상적 위기를 맞이했지만 그것은 외부적 세계사의 등장과 마주하는 현실이라는 의미에서 세계성과의 조우를 의미했다. 그리고 이와 동참하는 것은 세계적인 무대로의 등장을 의미하며 그러기 위해서는 일본의 역사학이 일구어내야 할 세계사적 역할을 고민하게 되었다.

이를 위해 이시모다는 제국주의에 대해 "아시아의 주요한 여러 민족이 제국주의에 반대의 의지를 표명한 것은 우리 아시아의 역사에 커다란 교훈"[29]이었다는 논리를 가져온다. 이때 일본은 '아시아=우리'로 표현한다. 물론 일본은 아시아에서 '제국주의적 지배민족'으로 존재했는데 바로 이를 반성적으로 되돌아보지 않으면 안 된다는 것이었다. 이시모다는 일본이 '아시아의 제국주의적 지배민족'의 길을 가게 되었는데, 이것이 기초가 되어 '메이지기(明治期) 이후 일본의 근대'가 구축된 것[30]으로 바로 이 점을 자각해야만 된다는 것이었다.

구체적으로는 아시아에서 일본 제국주의에 의해 침략을 받거나 혹은 유린당했기 때문에 그 압제에서 해방되기 위해 많은 아시아의 인민들이 피를 흘렸는데, 바로 그 인민 민족주의를 알지 않으면 안 된다는 것이었다.

---

29) 石母田正 (1981), 전게서, p.3.
30) 石母田正 (1981), 상게서, p.14.

그런데 그것을 알지 못한 것을 이시모다는 일본의 인텔리겐치아의 문제로 제시했다. 즉 "일본의 근대문화와 과학의 전통을 만들어 온 것은 인텔리겐치아였다. 그러나 하나의 전통적인 학문적 성격을 규정하고 있었다. 서구 선진 여러 나라의 문화는 과학에 대한 찬미와 흡수에 의해 후진국 일본을 열강의 지위로 높이려는 이상하리만큼 노력하는 반면 아시아 여러 나라, 특히 조선·중국에 대한 무관심과 경멸이 일본의 근대문화를 관통하게 되었다. 일본이 근대적 독립 민족으로 발전하는 것 자체가 근린 아시아 제 민족의 억압과 착취에 근거하고 있었다는 것, 일본의 근대과학이나 문화 자체가 조선이나 중국의 희생 위에 구축된 것이라는 인식을 갖지 못했다. 이시모다는 오히려 서구와 같은 근대국가가 된 일본이 어떻게 해서 아시아의 맹주로서 중국이나 조선을 억압하고 지배할 수 있는 권리를 가질 것인가"[31]에만 집중했다고 비판했다. 그것은 부르주아의 문제이기도 하지만 부르주아적 민족주의 고유의 모순이라고 보았다.

그렇기 때문에 이시모다는 서구화에 대한 반동으로 나타난 국수 사상과 서구 사상을 액면 그대로 수용한 자유주의적인 사상에도 상대적 문제점이 존재한다고 비판했다. 즉 이시모다는 서양 추종의 길을 걸은 부르주아 민족주의의 문제이기도 하면서 서양 반대의 국수주의도 자유주의도 '서구 이론의 자장 속에서 액면 그대로를 흉내 내는 무비판적 수용'이라는 측면에서 문제점이 존재한다고 본 것이다.

---

31) 石母田正 (1981), 전게서, p.13.

이시모다가 보기에는 앞서 언급한 것처럼 자본주의사회와 사회주의사회가 발현한 것을 액면 그대로 수용해서 추종한 것을 비판했듯이 부르주아 민족주의, 국수주의, 자유주의도 내적 변용의 문제에 초점을 맞추지 않는 이상, 동일한 문제점을 노출하고 있는 것으로 간주되었다.

반복해서 말하지만 이시모다는 '자본주의 민족'이 형성된 것에 중점을 둔 것이 아니라 '자본주의 민족주의'를 액면 그대로 수용하는 자세를 비판한 것이다. 그리고 이시모다는 반대의 입장, 즉 '프롤레타리아 민족주의'를 또 그대로 수용한 점에 대해서도 반성한다. 이시모다가 보고자 한 것은 자본주의사회가 발현되기 위한 그 이전 단계인 봉건제사회는 어떠한 것이었고, 어떤 특성에서 '자본주의 민족'의 논리가 잉태되었는가라는 그 '변화의 힘'으로서 모순과 투쟁을 중시한 시점이었다.

그렇기 때문에 이시모다는 자본주의사회인가, 사회주의사회인가라는 문제와 동일하게 미국에 종속해야만 하는가, 아니면 소련에 종속해야만 하는가라는 문제를 해결하는 방법으로 이 둘 중 어느 쪽을 선택하는 것이 아닌 다른 방식으로 고민했다. 즉 이시모다는 과거와 현재의 상호작용에 초점을 두었다.

즉 이시모다는 "'전통적인 학문 속에서 새로운 학문'이 성립하는 경우 옛것과 새로운 것 사이에 일어나는 미묘한 상호작용은 복잡하다. 전통적인 것에서 자유롭거나 그것을 극복하고 비판하여 그것으로부터 떠나는 것이야말로 자신의 임무라고 생각하는 사람은 더욱더 학문상으로나 사상상으로나 알지 못하는 사이에 영향을 받는 경우가 있다. 이것은 새로운 학문의 체계가 전통적인 것과의 대립과 투쟁 속에서만 형성되는 이상, 피할 수 없는 것"[32]이라고 보며 옛것과 새것 사이의 인과관계를 중요시했다.

언어로서 자본주의와 사회주의, 미국과 러시아, 옛것과 새것이라는 표현은 다르지만, 구조적 의미로서 '양쪽의 상호작용'을 보아야 한다는 점과 어느 한쪽만을 선택할 수 없다는 점에서는 공통적이었다.

이러한 인식론을 가진 이시모다에게 일본의 문제점은 바로 일본의 맹주적 태도였다. 당시 일본의 사상가들이나 역사가들은 서구의 사학을 능가했다고 자랑하거나 제국주의적 서구학문을 이겨냈다며 거기서 자긍심을 찾으려고 하는 바로 그 점이었다.

이시모다가 보기에 문제는 일본인이 갖고 있던 그 학문 자체가 이미 서구적인 것이었고, 그것을 방법론으로 활용하면서 서구사학을 뛰어넘었다고 착각한 점이었다. 그것은 '맹목적으로 받아들인 서구 인식'이었고 그것을 통해 다시 아시아를 보고 있었다는 점이다. 이시모다는 그것이 일본의 최대 약점이었음을 깨닫지 못한 것을 비판했다.

이를 두고 이시모다는 "일본인의 인식 세계에 출현한 연구테마의 선택 자체는 '무원칙, 무사상, 고증취미와 이국취미'와의 기묘한 결합, 아시아 여러 민족의 에너지와 그 해방의 투쟁에 대한 무관심의 완성에 있었다"[33]며 역사학의 한계성을 지적했다. 이시모다의 인식 속에는 일본의 역사나 사상에 '민족의 해방' 그리고 '아시아 민중을 보는 시각'을 갖지 못한 것은 '무사상'이었다.

이로써 이시모다의 사상은 완성되어갔다. 즉 이시모다에 의하면

---

32) 石母田正 (1981), 전게서, p.58.
33) 石母田正 (1981), 상게서, p.17.

일본은 서구 제국주의의 논리를 역사적 발전단계의 최고라고 보고, 그것을 하나의 법칙으로 간주하여 서구와 동일한 위치에 도달하려고 했으며 일본 민족의 역사가 세계사로 등극하게 되었다고 보는 이 시각을 문제삼았다. 따라서 자본주의와 사회주의, 미국과 러시아, 옛것과 새로운 것의 탄생과정을 못 보게 됨으로써 서구에서 생겨난 이론을 현실과 연결하여 음미하는 이론적 연구 방식을 잃게 되었고, 정치(精緻)한 방향으로만 나아갔을 뿐 피억압자의 해방이론에는 도움이 안 되는 성격을 갖게 되었다고 보았다.[34]

이시모다에 의하면 마르크스주의, 스탈린의 민족 개념들이 추상 세계, 관념 세계로 이어져 실제 현실의 인민과 유리되어 논의되는 것은 과거 서구 제국주의 이론을 무비판적으로 수용하는 무개념과 동일한 것이라며 신랄하게 비판했다. 따라서 이시모다는 이러한 관념으로부터 빠져나오기 위해서는 '자본주의나 사회주의, 옛것과 새 것', 그것 자체가 역사를 구성하는 것이 아니라 그것은 어디까지나 역사 인식을 보는 소재이고 그 속에 내재된 계기를 통해 그 내부에 들어가면서 외부로 나오는 객체화에 있다고 주장했다. 이시모다가 보기에 역사나 역사학을 구성하는 주체는 그러한 '사이'를 인지하는 그 자체라고 본 것이다.[35]

---

34) 石母田正 (1981), 전게서, p.24.

35) 小野治 (1950), 「歷史學研究會編世界史の基本法則」, 『同志社大學經濟學論叢』 1卷 4号, 同志社大学経済学会, p.91.

# 관학 아카데미즘과
# 실증주의에 대한 비판

이미 밝혀낸 것처럼 이시모다는 역사를 볼 때 '민족'이 형성되는 역사성, 그중에서도 전 시대와 뒤 시대 '사이', 특히 '전 시대'가 가진 특징이 무엇이었기에 '뒤 시대'가 그렇게 전개되었는지를 해석하는 방식을 취한 역사학자였다.

그리하여 이시모다는 부르주아 민족의 형성 이전의 모습을 재고하는 동시에 그 반동으로 프롤레타리아 민족론이 나타나는 논리도 함께 고찰하는 안목을 가져야 한다고 보았다. 이 입장에서 일본의 역사학을 되돌아보면 안타깝게도 부르주아 민족주의만을 받아들여 그 근거 위에 역사학이 형성된 것임을 알 수 있다.

여기서 말하는 부르주아 민족이란 계급적 의미를 포함하기도 하지만, '이전 시대와 후대 시대 사이의 투쟁'은 은폐되고 그 결과론으로 형성된 '이즘(ism)'에 대한 허구성 지적이었다.

그런데 여기에는 두 가지 문제를 내포하고 있었다. 하나는 일본 내부의 역사학 발전과정에 내재하는 방법론에 문제가 있었고 다른 하나는 서구에서 받아들인 실증주의 사학의 수용 방식이었다. 그러나 공통적으로 근대 일본 역사학의 발전을 '메이지기 이후'로 설정한 것과 '비판 정신'의 결여를 예로 들 수 있다.

이시모다는 이를 통합하는 시각으로 '근대적 역사학'과 전근대적인 역사학의 연속선 문제로 다루었다. 일본 메이지기 '역사학'의 발전과정은 전자의 시각에서, 즉 도쿠가와(德川) 시대의 사학을 계승하고 있는 것으로 '진보하지 않았다'는 점과 이것이 전제주의적 교화정책의 일익으로서 국수적인 역사학이 지배적이었다는 점을 예로 들었다.

즉 '진보하지 않았다는 것'은 전제주의적이고 국수적인 역사학까지 내포하는 것으로 '내부 투쟁'으로 성장한 것이 아니라는 점이다. '근대적 사학'은 단순하게 '역사적 사건이나 사실을 사실인 것처럼 확인하는 것'에 그치고 있었고 '학문적 성격'을 결여하고 있다고 본 것이다. 왜냐하면 역사적 연속선의 모순과 투쟁의 내적 특성을 보여주지 못했기 때문이다. 도쿠가와 시대의 역사학이 근대 역사학으로 발전하기 위해서는 그 '내면적 맥락'이 탐구되고 다루어졌어야 한다. 특히 내면적 특성 중 무엇이 어떻게 작용하여 근대 역사학의 무슨 내용이 탄생했고 다시 그 개념이 어떤 무엇으로 발전했는지를 제시했어야만 했다.

그것을 통해 역사의 모순과 투쟁 그리고 발전과정을 포함하는 전체적 법칙을 세우고, '학문적 사유'로까지 확장·성장시키는 것이 근대 역사학의 의미였는데, 그것에 다다르지 못했다는 점을 비판한 것이다. 이시모다는 일본의 근대사학이 형성되는 과정에서 '비판적 대상'을 발견하지 못했을 뿐만 아니라 존재하지도 않았는데, 이시모다는 '일본 근대사학'이 비참함을 초래했다고 말했다.[36] 이 비참함의 의미를 이시모다는 다음과 같이 기술한다.

역사학의 방법론이란 사학 개론의 과목을 가리킨다거나 사료를
다루는 수법 수속법, 사료 비판 방식 등의 방법론이 아니다. 문제
는 학문에 대한 비판적 태도이다. 전제주의와 그 학문은 그 비판
자에게서 생각하는 능력을 빼앗아버렸다.[37]

역사학자에게 생각하는 능력을 빼앗아버린 것이야말로 역사가의
비참함이었다. 이시모다는 일본 근대 역사학의 출발이 여기서부터
잘못되었다고 보았다.

일본 근대 역사학에서 '전제주의의 학문과 투쟁'한 역사가가 없었
던 것처럼 일본의 실증주의적 역사학도 마찬가지였다. 즉 유럽에서
근대 과학을 바탕으로 '신학적 학문'의 권위에서 해방되어 새로운
학문의 독창성으로서 자율성과 객관적 사실을 바탕으로 하는 실증
주의사학이 등장한 것인데, 이 과정을 일본에서는 보지 못했다.

그렇기 때문에 이시모다는 실증주의 그 자체를 문제시하는 것이
아니라 일본에서 이 실증주의 사학을 받아들이는 태도에 문제가 있
다고 보았다. 서구에서 형성된 근대 과학적 실증주의는 신학적 권
위와의 투쟁 속에서 객관성과 자유의 논리를 도출해내고 근대사학
으로서 '주의'를 구축한 것이었다.

즉 실증주의는 그 내적 흐름상 치열한 투쟁과 그것을 통한 새로
운 학문의 발견에서 탄생한 것인데 바로 이 부분을 일본에서는 인
지하지 못했다는 것이다. 더 중요한 것은 일본에서 그것을 단순히
봉건 시대의 자료에 대입시켜 고증사학적 방법 혹은 사료비판 기술
로 수용했다는 점이다. 물론 그것 자체를 수용과 발전이 아니라며

---

36) 石母田正 (1981), 전게서, pp.59-60.
37) 石母田正 (1981), 상게서, p.145.

부정하자는 것이 아니라 그것만으로는 방법론적인 피상성에 머무르며 피상적 모방에 불과하다는 것이다.

내적 변용에 대한 비판적 견해나 투쟁의 논리가 결여된 실증주의 수용은 일본 내에서 무사상·무성격을 구축하게 된 원인이 되었다. 이시모다가 보기에 실증주의는 부르주아적 민족 이론이 그러했듯이 국수적인 입장에서 쉽게 타협했고 세속적인 역사관과 결합되어[38] 일본 근대 역사학의 비참함이 끝나지 않았다고 보았다.

그런데 문제는 이러한 근대 역사학에 내재된 무사상, 무성격의 실증주의가 전후에도 역사학의 지배적 풍조로 지속되고 있는 현실이다. 그리하여 이시모다가 보기에는 일본 역사학에서 학문의 변혁을 어떻게 설명해야 할 것인가, 어떻게 이를 극복해야만 할 것인가가 일본적인 역사적 중요 사안이었다.[39] 이시모다는 메이지기 근대 역사학에 내재된 문제가 전후 일본에도 동일한 문제점을 내장하고 있다고 지적하는 한편, '실증주의라는 정신사 영역'으로부터 탈피할 것을 강력히 주창했다. 그것은 바로 유물론적 방법론이었다.[40]

여기서 실증주의와 유물론의 관련성에 대한 설명이 필요해진다.[41] 이시모다가 보기에 실증주의 수용 논리는 곧바로 유물론적 이해, 즉 인식의 사물성이었다. 다시 말해서 실증주의는 전전(戰前)의 역사학에서 '주류를 이룬 아카데미즘'의 대표적 이론이었고, 문부성이 새로운 역사교육의 지침으로 내세운 사실(史實)의 개명이라는 객관주의로 등장했다. 그리하여 역사가들은 이에 따랐고, 이를

---

38) 石母田正 (1981), 전게서, p.60.
39) 石母田正 (1981), 상게서, p.60.
40) 遠山茂樹 (2001), 『戰後の歷史学と歷史意識』, 岩波書店, p.101.
41) 渡部義通 (1974), 「津田史学の特質と現代的意義」, 『津田左右吉』, 三一書房, pp.115-146.

시대의 선구적 이론이라고 믿고 추종하게 되었다.

이것을 이시모다는 일본의 근대 아카데미즘 사학이 갖는 최대의 비참함으로 연결했고, 서구의 피상적 실증주의 수용에 한계성을 논하면서 실증주의의 탄생과정에서 나타난 투쟁의 '연속성'을 보는 시각이 삭제된 것을 안타까워했다.

그리하여 이시모다는 '근대 과학의 과학적 핵심'으로서 '비판정신'을 필수조건이라고 내걸었다. 이것이 결여된 역사학은 아무리 객관성을 표방한다 하더라도 객관성이라는 문제의식의 오용일 뿐 역사학이 아니라고 간주했다.

따라서 실증주의적 역사학의 도입은 역사가에게 주체성 없이 역사를 관찰하게 했고 과거에 있었던 사실 그대로를 흰 종이에 사출(寫出)하는 것이 최선이도록 만들었다고 했다. 설령 '문제의식', 즉 비판의식이 조금 존재했다 하더라도 그것은 표출되지 못했고 은폐해 버리지 않으면 안 되었다. 그것이 바로 '학문 세계라는 아카데미즘의 본령'을 유지하는 것이라고 보았고, 그 의식이 만연되어 역사학의 세계가 뒤덮여 버린 것이라고 이시모다는 보았다.

이와 같은 상황은 일본인 역사가들에게 '문제의식이 없는' 연구를 진행하도록 만들었고 연구의 세계는 지배당했다고 보았다. 이와 같이 연구를 비속하게 만든 것은 부르주아의 권력이었고 역사가의 주체적 '저항의식'이 억압되었다고 보았다.

그것은 바로 '유물론', 즉 '유물사관'과의 중첩이었고 또 극복이었다. 첫째, 부르주아사학에 문제의식이 결여되어 있는 것은 부르주아 민족만이 역사를 재편한다는 계급적 제약에 대한 비판적 시각의 각성이었다.

즉 앞에서 언급한 것처럼 노동자 계급이나 대중 계급이 만들어온 프롤레타리아 민족주의로서 사회주의 민족론의 출현을 함께 보는 시각의 도입과 연결되는 시각이다. 부르주아 민족만이 아니라 사회주의 민족주의를 보는 것을 주장한 것과 만나는 것이었다. 역사학의 부르주아성을 극복하는 논리인 것이다. 둘째, 이것은 마르크스주의를 소환해야 하는 논리로 연결되고, 그것은 바로 "마르크스주의가 현실적 기초 구조와 관념의 학문으로서 역사학을 동시에 보는 변증법적 논리를 보는 것이며 그 이데올로기성을 자각하는"[42] 방법론이었다.

그리고 그것은 다시 새로운 역사학을 창출한다는 의미이며 마르크스주의와의 재회를 의미했다. 즉 이시모다는 "일본의 근대 역사가 과정적으로 또는 발전적으로 파악되는 일 없이 주형과 같은 형태적 이론으로 묶여 범주의 틀을 이론적으로만 쌓아가는 정지적(静止) 구조가 되었다. 이 형태적 논리나 범주론 혹은 구조론을 역사학뿐만 아니라, 현실사회에 적용함으로써 학문은 창조적인 역사의 살아 있는 반영이라는 것을 그만두고 점점 관념의 도식 세계에서 고립되었다"[43]고 비판했다.

즉 이시모다는 역사학이 발전 과정론에 대한 각성 없이 이론적 형태의 세계에 머무는 동시에 주형적 도식에 머무는 것을 정지적 구조라고 보고, 그것에 대한 비평적 파악이 둔해진 이유나 경향을 문제삼은 것이다.

이시모다에게 이 문제는 매우 중요했다. 이시모다의 입장에서는

---

42) 遠山茂樹 (2001), 『戦後の歴史学と歴史意識』, 岩波書店, p.48.

43) 石母田正 (1981), 전게서, p.24.

서구의 부르주아 민족주의, 자본주의와 사회주의 그리고 서구 실증주의 학문의 역사의 내부 투쟁이 보여주었듯이 역사적 발전 경로를 확인하는 작업은 '다른 세계관'을 가질 수 있는 가능성도 내포하고 있었다. 즉 이전 시대의 생활 세계 그 자체를 들여다보고 거기서 새롭게 잉태되는 힘의 움직임으로써 대립과 모순 그리고 투쟁을 인식하는 것이 중요했고, 이 부분을 보지 못하면 역사의 진보와 발전은 기대할 수 없으며 그것은 무사상, 무성격이었다.

따라서 이시모다는 이 무사상, 무성격 자체를 역사적 내용으로 삼아온 학문을 어떻게 사상적인 것으로 바꾸어야 할지, 그 '이전적 학문'과 '이후적 학문'의 대립과 투쟁을 어떻게 보여주어야만 하는가를 고민했다.

이시모다가 보기에 이 투쟁을 실천한 역사가가 바로 쓰다 소키치였다. 마르크스주의 역사학자인 도야마 시게키(遠山茂樹) 또한 "과거의 탐구에 침잠하는 역사가의 '인식적=관상적 측면'과 현대의 개혁과 미래의 창조에 역사적 고유의 기능에 참여하려는 역사가의 실천적 측면이 나타나고 그 좌절을 경험한 쓰다 소키치의 족적을 다시 배우면서 그것을 극복하고 발전시키는 마르크스주의 역사가의 자세"[44]로서 쓰다를 되돌아보아야만 한다고 논했다. 쓰다 소키치에게서 배우고 쓰다를 극복해야 하는 동시동작의 논리는 전후 일본 역사학을 재구성하는 데 매우 중요한 방법론이었다.

그러나 이시모다가 주장하듯이 새로운 역사학적 방법론을 구축하기 위해 모든 실증적 방법과 투쟁한다는 것도 무리였을 뿐만 아니

---

44) 遠山茂樹 (2001), 전게서, p.43.

라, 그것을 외치는 것만으로 실천이 이루어진다고 평가하는 기준도 애매했다. 왜냐하면 이미 일본 역사학에 그러한 실증주의 사고방식과 부르주아 민족주의에 물들어 있었기 때문에 이를 처음부터 기대하는 것에는 무리가 따랐기 때문이다.

그렇지만 이를 재고하기 위해 이시모다는 '쓰다의 역사학적 방법'을 도입한다. 즉 일본 역사학의 일반적 조류를 형성하는 실증주의에 담긴 무사상·무성격과의 투쟁은 결국 일본 역사학의 발견이었고, 부르주아 민족주의로 나타난 일본의 파시즘적 사상을 극복하는 방법을 찾고자 했다.

부르주아 민족주의와 실증주의 수용에 내재된 무사상·무성격을 극복한 사례로서 쓰다 소키치를 재고하고, 이를 통해 미국 민주주의에 종속되지 않는 일본적 길을 만들어낼 근거를 재고하고자 했다.

# 4

## 천황제와 접속하는 쓰다
## 소키치의 민주주의론

이시모다 쇼는 쓰다 소키치를 높게 평가했다. 이시모다는 쓰다 소키치가 적어도 '실증사학'을 액면 그대로 일본 역사에 대입한 연구자는 아니라고 보았기 때문이다. 쓰다의 논리에는 적어도 '역사적 과정 속에서 역사를 도출하는 입장'이 존재했다고 보았다. 즉 이시모다는 쓰다 소키치를 다음과 같이 평가했다.

> 쓰다의 역사학에서 실증주의는 무사상, 무성격적으로 말하는 실증주의가 아니다. 그것은 반역사적·반학문적인 관학적 역사학에 대한 투쟁과 비판 속에서만 성장하는 완성된 실증주의이며 훈련받은 학문으로 학계에서 고립되거나 혹은 백안시된 정신이 바로 그것이다.[45]

이시모다는 쓰다 소키치가 단순히 역사학자가 아니라 관학적 아카데미즘과 거리를 두고 훈련받은 학문으로서 의의를 갖는 '근대적 역사가'라고 평가했다. 그렇다면 이시모다가 이렇게까지 쓰다 소키치를 평가한 이유는 무엇이었을까. 쓰다는 「역사의 모순(歷史の矛盾)」이라는 논고를 집필했는데 이 논고에서 '역사가의 모습, 역사가

---

45) 石母田正 (1981), 전게서, pp.61-62.

의 태도'에 대해 다루었다. 이시모다는 쓰다 소키치의 이 논문을 읽고 랑케가 연상된다고 논했다.[46]

이시모다는 첫째, 역사에 대한 시각 및 태도를 중시했다. 즉 역사발전의 연속선상에서 그 변화 구조의 논리를 '앞 시대와 현재의 연결고리'에 초점을 맞추는 시각이 존재했다고 보았다. 둘째, 랑케의 입장을 연상시킨다고 했는데 어떤 의미에서 랑케와 연결된다는 것인지 그 내용을 확인하지 않을 수 없다.

쓰다 소키치는 역사라는 것을 '과거가 된 사람의 생활'이라고 보고 생활이라는 측면에서 역사를 규정하고자 했다. 그리고 과거의 생활을 생활 그 자체로서 서술하고 묘사해야만 하며 움직임과 발전 과정을 중심에 두고 그 과정으로서 역사를 서술하고자 했다. 쓰다는 이 입장에서 과거를 '현전(現前)시키는 것'이 역사가의 임무라고 논했다.[47]

쓰다는 '역사가의 개성'을 중시했다. 역사가의 개성이라는 것은 '어떤 요소로 역사를 읽어내느냐'의 문제였다. 쓰다 소키치는 역사를 현재적인 것과 연결시켰다. 즉 과거는 사라진 것이 아니라 현재의 생활, 즉 생활 속에 살아 있는 것이라고 보았다. 그러니까 과거를 보는 것은 현재를 보는 것이며 현재를 봄으로써 과거를 알 수 있고 역사는 현재적인 것이라고 보았다.[48]

이와 같은 시각을 가진 쓰다는 일본에서 유행 담론이 된 일본 사상이나 일본 정신에 대해서도 독특한 논지를 전개했다. 즉 쓰다는

---

46) 石母田正 (1981), 전게서, p.79.
47) 津田左右吉 (1929), 「歷史の矛盾」, 『史苑』 2巻 1号, 立教大学, p.2.
48) 津田左右吉 (1929), 「歷史の矛盾」, 위의 잡지, p.18.

일본 사상이라든가 일본 정신에 대해 구체적인 무언가의 표상이 아니라 일본 사상이나 일본 정신이라고 불리는 것이 어떻게 성립되었는지 그것을 규명하는 쪽에 중심을 두었다.

이를 위해 쓰다는 일본 사상이나 일본 정신이 탄생하게 된 것에 대해 '일본 민족 생활의 내부'와 '외부에서 받아들인 문화'의 '중첩'이라고 기술한다. 일본이 내부에서 '이민족 사상'을 받아들이게 되는데, 일본 내부에 '이미' 이민족 사상이 존재했기 때문에 가능한 것이었다고 논한다. 즉 이민족 문화를 수용한 것은 일본 민족 속에 이미 비일본적 사상이 존재했기 때문에 가능했으며 이 '이민족' 문화가 비일본적 사상이 아니라는 점을 강조한다. 그러니까 쓰다의 논법에는 이미 일본인의 민족 사상에는 '일본 사상'과 '비일본적 사상'이 혼성적으로 존재했고 마음의 내부에 내재되어 있었고 혼재되어 있었다고 보았다.[49]

그것은 시대가 변천하게 되면서 일본인 자신의 내부에 일본 사상과 비일본적인 사상의 대립이 의식화되었다는 것이다. 그것은 신도 또는 국학자들의 사상으로 불리며 그것들이 일본 사상을 대표하게 되는데, 문제는 그것들 역시 일본 내의 현실 생활의 반성과 사색에서 발생되어온 것이 아니라 불교 사상이나 유교 사상들에 의존하면서 문자상 지식의 '구성물'이라고 보았다. 쓰다 소키치가 보기에 일본의 국학도 신도 사상도 결국 지나 사상의 변형에 불과하다고 보았다.

즉 쓰다에 의하면 이런 사상들은 모두 구성물적인 사상으로 모두

---

49) 津田左右吉 (1934), 「日本思想形成の過程」, 『史苑』 8巻 3・4号, 立教大学, p.195.

가 주체성이 결여되어 있다는 것이다. 이것들은 문자라는 '지식사회'로부터 지배받는 사회이론이며 쓰다는 이것이 아닌, 즉 '사회 내부의 생활 사상'을 찾아야 한다고 보았다. 이를 위해 쓰다는 일본인의 생활 부분에 주목했는데 민중 속에서는 외래문화 특히 대륙과는 다른 문화를 형성한 것에 주목했다. 쓰다는 "생활양식, 산업형태 사회 및 정치 조직, 그 사이에서 양성된 도덕, 생활 기분, 일본인의 특이한 것이 창조되었고 일본 정신이라고 부른다면 여기서 찾아야만 한다"[50]고 주장했다.

더구나 현대의 일본문화를 보면 유럽에서 일어난 세계적인 현대문화의 조류 속에서 '과학문화, 기계문화, 자본주의적 경제기구뿐만 아니라 그와 동반된 의식주, 일상생활의 양식까지도 세계적인 것'이 되었다고 보았다. '일본인으로서의 생활'은 '세계인의 생활'이며 이미 일본 민족의 생활이 세계 역사에 융화되고 연결되어 있다고 보았다. 바꾸어 말하면 유럽에서 전해지는 사상이 비일본적인 것이 아니라 이미 일본적인 것인 동시에 세계적인 것이라고 보았다. 즉 쓰다는 일본인의 생활 내면에 '세계적인 조류'가 살아 움직인다고 해석한 것이다.

이처럼 쓰다는 '현재의 생활에서 보면 과거 일본에 존재했던 사상이야말로 이국적인 것'이었음을 각성할 수 있다고 보았다. 즉 중국 유교는 '지나인의 특수한 생활과 사고방식에서 나온 유교의 교설'이었을 뿐 일본적 전통 사상이 아니었는데, 이는 불교도 마찬가지였다.

---

50) 津田左右吉 (1934), 「日本思想形成の過程」, 앞의 잡지, p.199.

그럼에도 불구하고 이러한 비일본 사상이 일본 사상인 것처럼 수용된 것은 물론 비일본 사상을 받아들이는 것이 일본 사상인 것처럼 승화시킨다. 마찬가지로 현대 일본인의 생활 속에 존재하는 것들은 '유럽에서 발달한 것'이라는 점에서 '서구에 한정된 것'이기도 했지만, 이미 그것이 세계적인 것이 되면서 일본적인 것으로 수용한 것이라고 보았다.51)

그러나 문제는 서구를 받아들인 일본 사상에 '전혀 비일본적인 것'이 없다고 말할 수 없는 점이다. 왜냐하면 쓰다가 전개해온 지역적 특징이라는 점을 간과할 수 없기 때문이다. 쓰다는 "일본도 일본적인 특수한 생활이 전개되었기 때문에 유럽에서 받아들인 사상에 현실 생활과 여러 가지 간극"52)이 있다는 문제가 발생한다며 이 간극의 문제를 해결할 필요성이 대두되었다.

바로 이것은 앞서 주장한 것처럼 일본 내의 일본적인 것과 비일본적인 것의 혼재성 그리고 그 자체가 이미 발전 가능성을 갖는 모순과 투쟁을 내재한 일본적 독자성이라고 주장한다. 쓰다는 일본 사상이 역사상으로 보았을 때 비일본적인 것이 일본 사상을 채우는 과정에서 '비일본적인 것'을 깨닫고 일본 사상을 찾으려고 했던 '각성' 부분을 강조했다. 현대의 '세계적 사상=서구 사상'은 일본인 민중 생활에서 수용되는 동시에 일본적인 것이 되었다는 측면, 그리고 단순하게 그렇게 서구 사상이 수용되고 그것이 세계적인 것이 되었다는 점은 1차원적 주장이었다.

쓰다가 주장하고 싶은 것은 유교와 불교 수용을 통해 일본 사상

---

51) 津田左右吉 (1934), 「日本思想形成の過程」, 앞의 잡지, p.201.
52) 津田左右吉 (1934), 「日本思想形成の過程」, 위의 잡지, pp.202-204.

을 각성하게 되었듯이 서구 사상=세계적 사상을 수용하면서 이 비일본 사상을 통해 다시 일본 사상을 각성하는 것이 일본 사상이라는 점이다.

쓰다는 일본 내부의 비일본적인 것을 각성하면서 비일본적인 것으로부터 벗어나 세계적 사상으로서 비서구 사상을 각성함으로써 '일본 사상'이 탄생한다는 점을 다시 중첩시킨다. 그것은 세계적 차원으로서 중국과 인도를 탈피한 비동양적인 일본 사상이 되는 것이다. 서구를 받아들이면서 일본이 서구가 된 것이 아니라 비서구적인 것, 즉 일본적인 것을 일본 사상으로 발견하게 된 것이다.

그것은 유교가 중국의, 불교가 인도의 '한 지역적 특수성' 속에서 출현한 것으로 간주하는 시각, 서구도 서구에서 탄생한 세계적인 것이라는 구도를 중첩시켜 이들을 탈피하는 방법으로서 일본 사상이 하나의 지역에서 탄생한 특수한 것은 아니라는 점을 구성해내는 데 활용되었다.

그것은 서구 사상=세계적 사상의 수용을 통해 가능하게 되었고, 동시에 다시 비일본적인 사상도 상대화하면서 발견해낸 세계 사상이었다. 쓰다는 일본 내의 비일본적인 것을 각성하는 방식을 통해 세계성은 '비일본적인 것과 서구적인 것'을 관통하면서도 내파해간 일본적인 것이 일본 사상이라고 주장하게 된다.

그 방법은 '사상의 유래'로 다시 돌아가는 방식으로 '현재 일본인 생활에서 인지되고 있는 사상의 열력(閱歷)'에 주목하는 방식이었다. 그것은 보편의 진리라고 생각하는 유럽 사상도 '사상에 대한 비판적 반성이라는 방식과 사상을 생활과 직접 연결하는 형식'을 활용한 것이며 이는 일본 사상 자체가 보여주는 세계적인 것을 각성하는 것이었다.

쓰다는 바로 이러한 각성을 통해 기존 역사학의 이론, 즉 '외래 사상의 일본화'라는 '역사'를 비판적으로 보았고, 외래 사상의 변용으로 보는 일본의 독자적 사상은 내부와 외부를 '기계적으로 보고' 외래 사상과 일본인의 생활을 고정된 것[53]으로 간주하는 시각을 비판했다. 이것은 바로 역사를 연구하거나 일본 사상, 일본 정신을 논하는 연구가 갖는 틀, 즉 외래 사상의 에피고넨(추종자, epigonen)이다.

이러한 논의는 마르크스주의 역사학자로 불리는 이노우에 미쓰사다(井上光貞)가 역사 자체는 그 역사를 구성하는 구성요소의 조합방식에 의해 역사의 모습이 변해온 것으로 보아야만 한다고 논했다. 역사는 자신이 초월적인 입장에서 과거를 비판함으로써 객관화할 수 있는 것이 아니라 '내재적인 비판'을 통해서만 달성할 수 있다는 시각[54]이었다.

쓰다는 이 내재성에 주목하면서 사료를 비판하는 방식에 주목했다. 그 비판이란 역사학에서 신화로 간주되는 『고사기』와 『일본서기』를 '비판적'으로 읽어내어 역사 사료로 활용 가능하다는 주장이다.[55]

일본이 국가로 발전하는 과정, 즉 『고사기』와 『일본서기』를 활용하면서 선사시대 일본 민족의 생활을 소국가→군주의 통합이 이루어지는 프로세스를 제시했다. 쓰다는 일본 황실의 조상이 군주로

53) 津田左右吉 (1934), 「日本思想形成の過程」, 『史苑』 8巻 3・4号, 立教大学, p.209.

54) 井上光貞 (1975), 『古代史研究の世界』, 吉川弘文館, p.2.

55) 津田左右吉 (2012), 「建国の事情と万世一系の思想」, 『古事記及び日本書紀の研究』, 毎日ワンズ, p.10. 津田左右吉 (1988), 「学問の立場から見た現時の思想界」, 『津田左右吉全集』 第23巻, 岩波書店, pp.45-162.

등장하여 야마토(大和)를 통일했는데, 그것은 민족통일이었으며 일본이 하나의 동일한 역사를 갖게 되었다고 간주했다. 그리고 언어, 종교, 풍속, 습관이 동일한 단일민족국가로 발전56)했으며 고대부터 일본에 민족국가가 성립되었다고 주장하는 입장이었다.

이 발전과정은 말 그대로 세계적 발전과정과 중첩되었다. 즉 각각의 시대마다 각각의 생활 방식 속에서 천황이 존재했고, 그 천황은 현재에도 지속된다는 것이다. 그러니까 각각의 시대마다 존재했던 천황, 그리고 그렇게 지속적으로 존재해온 천황이기 때문에 '현재'에도 현현하고 있다는 것이 쓰다의 주장이었다.

쓰다의 역사관, 즉 '과거의 각 시기마다 존재하고 갈등과 비판의 과정에서도 역사적으로 지속되어온 존재' 그것이 현재 존재하게 되는 것이라고 보는 논리이다. 이는 전후 일본의 현재와도 연결되고 있었다. 전후 일본은 '민주주의' 시대가 도래했지만 민주주의와 천황은 맞지 않는다며 천황폐지론이 등장한다.

민주주의와 군주로서 천황의 존재는 공존할 수 없다는 논리였다. 그러나 쓰다는 '민주주의 정치와 천황의 존재가 일치하지 않는다는 사고방식'은 민주주의와 천황의 본질을 이해하지 못하는 것이라며 다음과 같이 비판한다.

> (천황은) 국민 내부에서 국민의 의지를 체현한 것이다. 민주주의를 철저히 한다는 것은 이것을 가리킨다. 국민이 국가의 모든 것을 주재한다고 한다면 황실은 자연스럽게 국민 속에 있으며 국민

---

56) 津田左右吉 (2012), 「建国の事情と万世一系の思想」, 『古事記及び日本書紀の研究』, 毎日ワンズ, pp.17-23. 상대, 1세기·2세기·3세기의 소국가 모습, 4세기의 정세 변화, 4세기 후반의 야마토 조정의 조선반도 관련, 2세기에서 4세기 초기로 설정하고 5세기에는 일본 전국이 통일된 시기로 상정한다.

과 일체로서 나타난다. 국민적 통합의 중심이고 국민적 정신을 산 상징으로 나타나는 곳에 황실의 존재 의의가 있는 것이다. 국민 내부에 있기 때문에 황실은 국민과 함께 영원하고 국민의 조상에 서 부모 자식으로 이어지듯이 무궁(無窮)으로 계속하는 것과 마찬 가지로 그 국민과 만세일계인 것이다.[57]

쓰다 소키치의 논리는 과거의 역사에서 시세의 변화에 순응하며 그때그때마다 정치 형태에 적합한 지위로서 존재해왔던 황실은 현 재 전후의 '국가정신'으로서 민주주의 정치를 체현한 것이었다고 논 한다. 그런데 국민들이 현대 민주주의 국가에서 이것을 각성하지 못하고 있는 것이 문제이고 민주주의를 주체적으로 일구어가기 위 해서는 이것을 반드시 각성해야 한다고 보았다.

그래서 국민 스스로가 역사에 대해 비판적인 반성을 실천해야 하 고 그것은 다시 민주주의를 주체적으로 만들어가는 방식으로 연결 된다. 즉 그것만이 국민 스스로가 주재하는 주체로서의 민주주의를 실현하는 일이었다. 국민이 '황실은 국민의 황실이며 천황은 일본인 의 천황'임을 깨닫는 것이었다.

이것은 철저한 민주주의의 실천이며 황실을 민주주의 속에서 확 립시키는 것은 '세계적 사상'이라고 주장한다.[58] 민주주의적 현실에 서 국민의 의견이 발현되는 일본 황실은 세계적이면서 동시에 일본 사상이라고 접목시켰다.

그런데 이러한 논리는 랑케를 연상시킨다고 앞서 언급했는데 그

---

57) 津田左右吉 (2012), 전게서, pp.44-45. 쓰다는 "일본의 황실은 일본 민족의 내부에서 일어나고 일본 민족을 통일하여 일본 국가를 형성하고 그 통치자로 간주되었다. 과거의 시대사상에 있어 서 통치자의 지위는 자연스럽게 민중과 상대(相對)하는 것이었다. 그러나 사실 황실은 높은 곳 에서 민중을 내려다보고 권력을 갖고 그것을 압복(壓服)하려고 한 것은 긴 역사 속에서 한 번도 없었다. 바꾸어 말하면 실제 정치상으로 황실과 민중은 대립하는 것이 아니었다"고 논했다.

58) 津田左右吉 (2012), 「建国の事情と万世一系の思想」, 전게서, p.46.

렇다면 그것은 어떠한 논리적 연결성이 있는 것일까. 잘 알려진 것처럼 '학문으로서의 역사학'을 최초로 세운 것은 랑케[59]였다. 즉 학문으로서 역사학을 성립시킨 것이 랑케인데, 그렇게 본다면 역사학이라는 학문의 개념이나 '규정 혹은 내용'이 랑케에 의해 만들어지고 공인되는 말 그대로 '역사학의 형성'을 보여주는 것으로 이해할수 있다.

그렇기 때문에 '랑케의 역사학' 성립을 둘러싸고 많은 선행연구들이 랑케의 역사학 형성의 특성에 대해 논했다. 이들을 참고하면서도 일본에서 랑케 역사학의 특징을 논한 고바야시 히데오(小林秀雄)는 "역사를 추상화하거나 역사를 규정하는 이념을 형성하려는 헤겔이나 기타 이데올로그 역사가와 같이 목적론적 논점에 선 공상적 사가가 아니다. 그는 모든 유행에서 거리를 두고 사실적 논점에서 역사를 본래 있었던 것처럼 관찰하려고 시도한 경험적 역사가"[60]라고 정리했다. 고바야시는 랑케를 두고 시대적 학문의 유행과 거리를 두고 역사의 실제적 입장에서 역사를 보려는 역사가라고 평가한다.

그리고 고바야시 히데오는 랑케를 '과학적 역사의 흐름과 역사적 변천과정'을 중시한 연구자로 평가했다. 랑케는 신학에 관심이 있었고, 그 과정에서 고전문학을 공부했으며 로마 게르만 문학을 공부하는 과정에서 휴머니스트가 경험한 것을 유사적으로 거치게 된 점을 거론했다.

---

59) 神山四郎 (1952), 「ランケ史学の根底に対する歴史哲学的一考察」, 『史學』 25卷 3号, 三田史学会, p.125(993). 佐藤真一 (2015), 「ランケと史料:刊行史料, ヴェネツィア報告書, 帝国議会文書」, 『教養諸学研究』 139, 早稲田大学政治経済学部教養諸学研究会, pp.25-48.

60) 小林秀雄 (1930), 「ランケに關する研究(四)」, 『史苑』 3卷 6号, 立教大学, p.3. 佐藤真一 (2019), 「ランケとニーブーア: 近代歴史学の成立過程」, 『研究紀要』 87, 日本大学経済学部, pp.31-53. 이상신 (2021), 『레오폴트 폰 랑케와 근대 역사학의 형성』, 고려대학교출판문화원, pp.161-165.

그리하여 랑케는 민족과 민족의 생활 모습을 읽어내는 역사가가 되었다고 보았다.[61] 그런데 고바야시 히데오의 기술 중 중요한 것은 랑케가 역사학의 형성과정에서 신학과 고전문학을 학습하면서 동시대적 경험을 공유하는 방식을 취했고, 그것이 랑케 역사학의 성격으로 자리를 잡았다고 본 점이다. 이것은 랑케를 근대 이성주의 휴머니즘의 방류로 보는 논의가 등장한 것과는 대조적이었다.

특히 이를 두고 독일 고전적 로망주의적 문학기의 내용과도 면밀한 내면적 접촉을 가졌고 시대감각으로서 현실적이고 구체적인 대상에 주목하는 방식을 터득하게 되었다고 설명했다. 랑케는 세계적 유행 이념으로부터 역사를 해방시켰고, 특히 관념론적이고 사변적인 사유방식에서 현실주의로 '시각'을 이행시킨 선구자로 평가받았다.[62]

그리고 랑케가 세운 역사학은 '세계사학'이라고 간주했다. 랑케가 국민사가가 아니라 세계사학가로 일관했다[63]는 평가가 바로 그것이다. 그 세계사학의 내용은 '개별성과 사실성을 중시하고, 시대의 가치는 그 시대 그 자체에 존재한다'는 시각이었으며 역사적 개별성을 중시하고 개별은 곧 독자적이고 본원적이며 창조적이며 자유이고 자기의 원리를 자신 안에 갖고 있는 것이다.

또한 역사는 일반적인 원리를 통해 도출되는 것이 아니라 '역사는 역사를 통해서만 파악'해야 한다는 점에 랑케 역사학의 특징이

---

61) 小林秀雄 (1929),「ランケに關する研究(一)」,『史苑』2巻 2号, 立教大学, pp.105-106, p.108. 小林秀雄 (1929),「ランケに関する研究(二)」,『史苑』3巻 2号, 立教大学, pp.121-122.

62) 吉武夏男 (1979),「転換期における人間性論について(3)」,『甲南女子大学研究紀要』16, 甲南女子大学, p.70.

63) 仲栄太郎 (1956),「ランケの世界史像」,『大阪学芸大学紀要 人文科学』4, 大阪學藝大學, p.107.

있었다.[64] 랑케는 개별적인 하나의 지식에 집중하는 것도 역사가 아니며 그렇다고 사실들을 모아 나열하는 것도 전체 역사라고 볼 수 없다는 입장이었다. 랑케가 중시한 것은 역사를 기술하는 내용에 일관적인 보편이 있어야 하며 그것은 '구체적인 것'에 근거한 특수이고 '특수에 존재하는 보편'이라는 양면성이었다.

랑케는 역사가가 '각 시기는 그 자체로서 권리와 가치를 갖고 무엇이 그것들로부터 생겨났는가'를 보는 시각을 중시했는데, 이때 진보 개념이 직선상으로 앞으로 움직이는 것이라고 보는 시각에 대해 비판적이었다. 즉 랑케는 "「근세사의 여러 시기들에 관하여」에서 모든 시대는 신과 직결되는 것이며 모든 시대의 가치는 시대에서 발생하는 것에 근거하는 것이 아니라, 자기의 존재 그 안에 있다고 말했다. 각 시대는 과정이 아니라 본질이며 그 원리는 그것 스스로의 내부에 내재하는 것으로, 외부로부터 부여받는 것이 아니라고 했다. 랑케는 각 시대는 그대로 개성으로서 자유롭게 고찰하고 시대 그 자체 속에 독자의 가치를 인정하려고 했다. 따라서 현재가 최고의 기준으로 과거 시대를 모두 재단하려는 진보사상에 대해 반대했다. 신 앞에서 인류의 모든 세대는 동등한 자격으로 출현한다. 그리하여 역사가도 또한 사건을 그러한 시각으로 보지 않으면 안 된다"[65]는 것이다.

즉 랑케가 '역사는 신 앞에서 모두 평등한 것'이라고 말한 것은 각각의 시대적 특수성과 구체성을 개별적으로 보면서 다시 그 구체성과 개별성을 보편성으로 연결하는 구조를 설명하기 위해 사용한

---

64) 仲栄太郎 (1956), 「ランケの世界史像」, 앞의 잡지, p.108.
65) 吉武夏男 (1979), 「転換期における人間性論について(3)」, 앞의 잡지, pp.91-92.

레토릭이었다고 해석할 수 있다

랑케는 역사가와는 달리 시대정신 또는 민족정신이라는 보편적 시각에서 역사를 보는 것이 아니라, '역사의 과정'을 보면서 근대 역사의 공상이 어떻게 성립되고, 그것을 성립시킨 조직으로부터 탈피하는 방법을 지적했다. 즉 랑케는 역사를 진보사상의 도식주의에서 해방시키고 선악·이해를 넘어 역사적 사실의 진실에 다가가서 그 엄밀한 객관적 서술이 최고의 원리가 되어야 한다고 보았다. 그리하여 랑케는 한발 더 나아가 "역사가는 보편을 향해 눈을 열지 않으면 안 된다. 게다가 그 보편을 철학자처럼 미리 고안하는 것이 아니라, 개별을 고찰해가는 가운데 세계의 일반적 발전이 걸어온 과정이 역사가에 의해 밝혀질 것"66)이라며 개별성과 보편성의 '연결고리'를 중시하고 있었다.

결국 랑케는 역사학을 학문적으로 창출해내는 과정에서 계몽주의와 합리주의 이론 그리고 로망주의적 개념들과의 투쟁 속에서 그 내부적 특성을 끄집어내면서 개척해내고, 그 구체적인 논점들을 중시하는 보편성을 '설명하는 방식'으로 획득한 것임을 알 수 있다.

이와 같은 랑케의 역사학적 방법은 일면 쓰다 소키치가 주장하는 세계성의 논리, 즉 특수와 보편 개념의 결합 방식 속에 유사성이 존재한다는 점을 인정하고 있었다. 랑케가 그때그때의 역사를 구체적으로 보아야 한다고 주장했듯이 근대적 시각으로 보아 '고대이기 때문에 근세이기 때문에 문제가 있다'거나 '미발전적'이었다는 판단은 문제가 있다. 그것은 각 시기마다의 '당대적 보편'이 존재했다는

---

66) ランケ 著, 鈴木成高·相原信作 訳 (1966), 『世界史概観』, 岩波文庫, p.12.

점에서 평등한 역사적 입장에서 전체 역사의 연속성을 보아야 한다
는 의미였다.

그리고 랑케는 각 시대마다의 사회적 특성을 구체적으로 논하고
역사적 현실로서 나타난 출현물에 보편론을 연결시키고자 했다. 쓰
다 소키치의 경우는 그것을 일본 내의 천황론, 즉 고대부터 현대에
이르기까지 사회 내부의 각 시대마다 존재한 역사로 설명했고 랑케
의 논리를 전재하는 방식으로 '천황론의 구조'를 제시했다.

그렇지만 양자에게는 커다란 차이점이 존재했다. 즉 쓰다는 랑
케가 주장한 세계성의 의미와는 차이를 가졌다. 쓰다의 주된 논점
은 "민족의 특수적 논리를 세계사적 필연성과 연결하여 옹호하
는"[67]입장이었다. 다시 말해서 랑케는 중국 혹은 인도 그리고 서구
에서 '그러한 역사적 발전에 의해 그러한 학문이 생긴 것은 그 지
역의 풍토와 역사로 키워내온 민족 생활의 특수한 상태, 특수한 생
활'이라고 간주하여 특수론을 주장했다. 동시에 서구도 마찬가지로
'특수적 세계성'이라고 치부했다.

그리하여 쓰다는 중국과 인도 그리고 서구의 문화를 모두 상대화
하는 '논리'를 일본 사상의 세계성이라고 간주했고, 일본 사상으로
서 민중에 의해 나타난 것이 황실이라고 보는 '일본 사상의 해답'을
극명하게 보여주었다.

쓰다는 「건국의 사정과 만세일계의 사상」에서 결국 '일본의 독자
적인 역사적 사정'을 조합하고 그것이 세계적인 것으로 삼는 논법
을 제시했다. 이를 두고 이시모다는 「정치사의 과제(政治史の課題)」

---

67) 石母田正 (1981), 전게서, p.79.

라는 논고에서 쓰다에게 '황실이라는 존재는 자연적인 존재'인데, 그것은 "역사에 의해 그렇게 된 것"[68]이라는 '자연성'으로 연결시킨다. 이는 서구에서 역사학의 자유 개념이 자유주의와 국민주의의 시대로 전환되면서 내셔널리즘에 대해 낙관성을 부여하는 오류를 범하게 되는데,[69] 바로 이 지점에서 랑케와 결별하고 쓰다 소키치와 이시모다가 만나게 된다. 즉 랑케는 국민주의나 국민의식의 발전이 세계 시민주의와 국민국가의 두 축으로 발전하는 과정에서 형성된 것이라고 논한다.[70]

쓰다는 역사학을 개별성과 구체성을 통해 '보편적' 역사학을 세계적 역사학으로 연결시켜야 한다는 랑케의 논리를 '개별성과 보편성 사이의 변혁 의식'으로 이해했다. 그런데 이것을 '랑케적 사관'이라고 받아들인 것은 쓰다에게 비극이었다.[71]

앞서 언급한 것처럼 쓰다는 역사의 이론이 구체적인 것을 토대로, 각각의 시대와 시대마다의 연속성 속에서 체현된 현재를 연구하는 시각을 주장하며 일반 민중의 마음속에 존재하는 천황을 '민주주의'와 연결한다. 이를 두고 이시모다는 쓰다가 "전제국가에서 신권적이고 제왕적인 외피를 제거했을 뿐만 아니라, 관료적이고 군사적인 의미까지도 배제하는 방식으로 '민중'의 마음속에 존재하는 것이 천황이라고 주장한 점"을 평가했다.

바로 이 점에서 이시모다는 쓰다의 학문이 '정통적인 의미에서

---

68) 石母田正 (1981), 『歷史と民族の発見』, 東京大学出版会, p.248.
69) 岡部健彦 (1963), 「歷史における「構造」:西ドイツ史学界の一傾向」, 『史林』 46卷 6号, 史学研究会, p.129(997).
70) 吉武夏男 (1979), 「転換期における人間性論について(3)」, 앞의 잡지, p.76.
71) 石母田正 (1981), 전게서, p.84.

시민적'이라는 표현이 어울린다고 논했고, 쓰다가 전제주의적 정치에서의 해방과 자유를 철저하게 관철시킨 전형적 인물이며 학문적 실천이 구석구석에 침투해 있는 모범[72]이라고 평가한다. 다시 말해서 이시모다가 보기에 쓰다는 '시민계급이 주체가 되어 형성하는 근세적 창조물로서의 민족 개념이 아니라, 이러한 역사적 민족 개념에 대립되는 자연적 민족 개념에 접근한 것'[73]으로 민족이라는 것이 역사의 외부에서 부여된 개념이 아니라는 쪽으로 기울게 되었다.

바로 여기에 이시모다의 모순이 존재한다. 이시모다는 일본의 근대 역사학자들에게 전형적으로 보이는 실증주의 자체 논리에 대해서는 비판적이었다. 그리고 이시모다는 그것과는 다른 방식으로 역사학을 전개한 쓰다 소키치를 평가하면서 근대 이전의 역사를 근대적 역사학으로 발전시키기 위한 방법론으로서 '과거 속에 투영된 현실'을 '과거와의 연장'으로 체현할 것을 주장했다.

이시모다는 역사적 발전에 의한 민족 구축론자 입장이었는데 여기에는 이중적 의미가 있었다. 즉 "일본 민족은 태고부터 온화한 민족이었다든가, 역사의 발전과 관계없는 위치에서 일본인의 국민성을 논하는 것은 인정하지 않는다"[74]고 주장했는데, 여기에 모순이 존재했다. 다시 말해서 그것은 이시모다가 '일본 민족=고대로부터 온화한 민족'이라고 고대로부터의 민족 본질론적으로 규정하는 것에 대해서는 부정한 반면 '역사의 발전과 관계있는 위치'에서 '일본

---

72) 石母田正 (1981), 전게서, p.247.
73) 石母田正 (1981), 상게서, p.249.
74) 石母田正 (1981), 전게서, p.106.

인의 국민성'을 논할 수 있다고 긍정한 부분이다.

물론 쓰다는 관학주의적 부르주아의 실증주의자는 아니었지만, 전후 일본의 현실에 존재하는 천황을 고대부터 각 시대마다 개별적이면서 현대에 이르기까지 연속적으로 이어져 온 '보편성'을 강조하는 랑케의 해석인 신 앞에 평등한 시대마다의 특성론과 특수성에 내재한 보편성 논리를 연결시켰다. 그것은 결정적으로 근대 이전의 천황에 대해 쓰다가 해석하는 논리에 적용되었고 이시모다는 '태고부터 존재하는 일본 민족론에 대해서는 부정하는 방식으로 대립했다. 그럼에도 불구하고 '역사적 발전과 관계하는 방법'을 도입하는 '연속성 부분'에서 쓰다와 이시모다가 일본 민족의 자연적·초역사적인 것=국민성의 일부였다고 주장하는 점에서는 동일선상에 놓여 있었다.

그것은 전후 일본에서 민주주의 체제 아래 천황을 드러내는 방식의 차이였다. 그 의도는 명백했다. 이시모다가 쓰다에 대해 일본 민족의 과거 역사 자체를 부분적이고 개체적으로 보면서 연속선상이라는 점에서 '랑케의 역사학의 일면'을 대입한 결함으로 간주했지만, 다시 일본 정신으로서 천황을 역사 발전과정과 관련시켜 특수적 보편으로 세계성을 만들어내는 과정에서 '자연성'과 천황을 연결한 부분은 학문적이기보다는 성격적으로 판단해버린 점에 문제성이 존재한다.

여기서 일본 역사학의 일반적 조류를 형성하는 실증주의에 대한 평가는 차치해 두더라도 쓰다나 이시모다가 근대 역사학의 '무사상, 무성격'을 극복하고자 하는 논의 속에 전후 민주주의 속에서 천황의 군주주의적 외피를 벗겨내는 방향과 자연성으로서 일본의 특성

으로 외피를 씌우는 작업 사이를 통과하고 있었음을 기억해두어야
만 할 것이다.

# 5

# 세계사로서 일본
# 내셔널리즘의 재편

## 1) 독립과 자생론의 접속과 탈각

일본의 전후는 패전과 점령군에 의한 종속으로 민주주의가 강제적인 외부의 힘에 의한 것이었다. 당시 샌프란시스코 강화조약을 두고 일본 민족의 노예화라는 목소리가 나타나고, 일본이 자생적으로 민주사회를 만들어내는 주체성을 가져야 한다는 여론이 형성되었다.

이 시기 이시모다는 샌프란시스코 강화조약을 두고 일본 민족의 굴욕의 역사로 칭하며 일본 민족의 최대의 위기라고 보았다. 그리고 이를 해결할 유일한 방법론적 이론은 '독립'과 '평화'라고 보았다.[75] 이처럼 미국 제국주의에의 종속화로부터 탈각하는 논리가 독립과 평화였는데, 독립을 위해서는 먼저 정신의 독립이 중시되었고 이를 위한 내면적 혁명을 강조하게 되었다. 즉 외부로부터 주어진 민주주의를 자신의 주체적 민주주의로 전환시켜야만 했다.

이를 위한 첫걸음이 정신의 강조였는데, 그것은 마르크스주의의 사회변혁의 힘인 생산력과 물리적 소재 요인보다 그것을 객관화하

---

75) 石母田正 (1981), 『歴史と民族の発見』, 東京大学出版会, p.3.

여 사회적 변혁을 구성해가는 정신적 주체에 중점을 두게 되었다.[76] 이를 위해서는 다시 세계적 사상으로 돌아가야만 했다. 즉 끊임없는 비평의 정신이 바로 그것이었다.

이는 앞서 정리한 것처럼 일본 역사학에서 취한 실증주의에 대한 굴복을 거부하는 것에서부터 출발해야만 했다. 이시모다는 이를 위해 "일본 독자의 유물론적 입장과 방법을 방기하는 것이 아니라 그것을 고집하는 것에 의해서만 그것이 풀릴 것"[77]이라고 논했다.

'세계적 사상'인 비평정신으로 돌아감으로써 세계사상에 동참하게 되고 그와 동시에 일본 독자의 유물론을 접속시키는 것이었다. 이것은 '평화와 민주 그리고 독립'의 지평을 만나는 길이었다. 다시 말해서 비평정신을 통한 세계적 사상을 통해 일본적 특징을 간직한 평화와 독립 사상을 조형하지 않으면 안 된다는 것이다. 그런데 문제는 미국의 종속화에 반대하는 '반미 내셔널리즘'이 비평정신으로서 정당성을 갖추어야만 했고 그것은 전전의 전쟁관과는 다른, 평화관이어야만 했다.

미국 점령, 즉 미국의 식민지로부터 독립해야 한다는 사상적 조류는 서구 제국주의의 침략에 의해 식민지로 전락한 아시아의 민족주의적 독립 논리와 연결하여 해석되었다. 즉 문제의 초점이 전후 민주주의 속에서 미국에의 종속을 탈피하겠다는 독립론이 피식민 지배지인 아시아의 민족주의와 만나게 되었고, 이는 역설적으로 미일관계라는 틀 속에 일본 사회의 사상적 흐름을 가두어 놓게 되었다. 이 틀은 서구 제국주의의 피지배지 아시아와 미국 제국주의의 피

---

76) 遠山茂樹 (2001), 전게서, p.53.
77) 石母田正 (1981), 전게서, p.160.

식민지 일본을 동일한 위상의 피식민자로 동질화시키는 데 유효하게 사용되었다. 그것은 아시아적 숙명으로 연결되었고 메이지기 이후 아시아가 서구 제국주의의 식민지로 전락한 것과 동일시되었다. 또한 그것은 "메이지유신 이후 일본도 아시아 여러 민족들과 공통의 고민을 갖고 있었다. 수년에 걸쳐 노력을 통해 비로소 철폐할 수 있었던 불평등 조약은 일본의 독립이 완전하지 않았다는 것"[78]이 전후 미국 민주주의의 수용과 만나고 있었다.

그리하여 피지배자 아시아에서 일어난 민족 투쟁을 평가하게 되었고, 이 투쟁만이 완전한 독립을 찾을 수 있는 방법이었다는 것을 소환하면서 미국 점령하의 상황을 투쟁으로 타개해야 함을 강조하게 된다. 도야마 시게키는 "일본 내셔널리즘의 출발이 서구 제국주의, 서구 자본주의 국가들에 의해 강요된 것이었고, 그 속에는 근대화와 함께 식민지화의 위기감이 동반되었다. 그리하여 일본에서는 서구 제국주의와 자본주의적 민족주의에 대한 대항을 시도했고, 그러한 대항 과정에서 근대화 자체를 재고하는 시도가 존재했다. 그 결과로서 진보와 반동이 착종된 형태로 갈등이 나타났는데, 그것은 한편으로는 '아래로부터의 내셔널리즘'인 자유민권파의 국권론과 '위로부터의 내셔널리즘'인 메이지 정권의 국권론의 대립이었고 저항 그리고 타협, 포합(包合), 혼효였다. 그런데 문제는 전자가 후자에 포섭되고 흡수되어버린 것"[79]에 있다고 보았다.

도야마 시게키는 제국주의와 자본주의적 민족에 대한 저항이 존재했고 그 과정에서 진보와 반동의 착종이 발생하여 위로부터의 내

---

78) 石母田正 (1981), 전게서, p.11.
79) 遠山茂樹 (2001), 전게서, p.110.

셔널리즘과 아래로부터의 내셔널리즘이라는 형태로 분출되다가 위로부터의 내셔널리즘으로 흡수되어버렸다고 평가한다. 그렇지만 전후 일본에 나타난 진보인가 반동인가라는 양분적 논리가 갖는 이분법적 해석과 민족 정의 등을 그대로 계급에 직결시켜 대입하는 사고방식은 일본 내부의 역사 성격을 파악하는 데 곤란함을 가져왔다.

다시 말해서 이시모다는 '현상으로서 위와 아래 그리고 민권과 국권의 대립'을 주시하는 것이 아니라, '앞선 것과 뒤에서 나타난 현상을 연속선상에서 보고 그 내적 관련성'에 주목하는 입장이었다. 그렇기 때문에 진보와 반동, 위로부터의 내셔널리즘과 아래로부터의 내셔널리즘으로 구분하는 논법으로는 대항과정에서 생겨난 근대화 자체의 문제점 그리고 가능성으로서 민권 내셔널리즘의 확장 방법을 설명해낼 수 없었다.

그렇기 때문에 이시모다와 도야마 시게키는 이러한 이분법적 해석을 의식적으로 도입하지 않으려고 노력했다. 우선은 근대화 자체에 대한 저항의 의미를 '위로부터의 근대화' 논리만을 비판하는 것이 아니라 민중의 저변에 남겨진 봉건적 논리를 강조하고, 오히려 위로부터의 근대화는 '근대화의 폭력에 대항'하는 인민들이 봉건적인 것을 유지하는 길을 열어주었다며 봉건적 민중의 힘 부분을 부각시켰다.

이 봉건적 민중의 저항은 울트라 내셔널리즘이 민중의 그 힘을 흡인하려고 했지만, 인민들의 저항은 그것에 흡수되지 않았고 오히려 울트라 내셔널리의 논리를 흔들었다고 보았다. 바로 이 부분에서 혁명의 흐름을 찾아내는 시각이 존재한다. 즉 서구적 근대주의는 '코스모폴리탄 국제주의'였는데, 세계적 흐름은 편향적으로 흘러

갔고, 이에 저항하여 일본 사회의 전근대성을 재고하는 시각이 발견되었다는 점에 의의를 두었다.

그렇지만 그에 반하여 울트라 내셔널리즘이 형성되는 논리도 또한 비판하는 자세가 등장했다는 점과 '전체적 일본 내셔널리즘'으로 일원화된 내적 특성은 다시 틈새를 만드는 것이었다. 그것은 민중의 힘이 세계적 국제주의로 편향되는 것과 울트라 내셔널리즘으로 수렴되어 갈지의 '기로'를 우연과 필연의 양방향으로 열어두면서 그런 결과로 나아간 과정을 발견해야만 했다.

여기서 일본의 내셔널리즘을 '연속선상의 문제'로 다룬 다케우치 요시미의 논리를 재고할 필요가 있다. 다케우치 요시미는 앞서 언급한 아래로부터의 내셔널리즘이라고 표현한 '소박한 민족 심정'이 지배권력에 이용당하고 동화되어가는 과정 그 자체를 검토한다.[80]

즉 다케우치는 일본 내에 존재하는 소박한 민족 심정으로 나타난 대결 논리와 민중 저항의 정신을 호출해낸다. 다케우치는 민족주의가 파시즘으로 나아간 것 자체 그 속에 소박한 민족 심정이 흡수되어 버렸기 때문에 그것이 문제였다는 시각을 가졌는데, 이 민족주의와 다른 소박한 민족 심정, 대결 논리와 민족 저항의 정신을 부활시키는 방법을 고민하게 된다.

이것은 부르주아적 민족이 국가를 부르주아적 민족국가로 만들어오는 과정에서 프롤레타리아 민족이 배제되기 때문에 프롤레타리아도 민족성을 획득해야 한다고 주장하는 것과 접속되고 있었다. 또한 이것은 위로부터의 국가권력에 의한 내셔널리즘이 아니라 소박

---

80) 竹内好 (1974),「近代主義と民族の問題」,『竹内好評論集』第2巻, 筑摩書房, p.280.

한 민족 심정으로서의 민족 내셔널리즘이기 때문에 바로 이 측면에서 민족문화를 '재평가'해야 한다는 논리이다.

이는 전통문화 혹은 전근대성 쪽에 서서 안쪽에서 내부적 변혁의 가능성을 찾으려는 자세의 논리로 등장하게 된다. 그것은 바로 민족문화로 일컬어지고 그 전통을 '부르주아적인 것'이 아니라 '대중의 것'으로 불리게 된다. 이로써 이와 같은 시각, 즉 전통을 대중의 투쟁 속에서 찾는다는 관점이 형성된다.[81]

그리고 다케우치 요시미는 일본=선진이고 중국=후진이라는 시각에 빠진 세계화된 식민지론을 통해 일본의 내셔널리즘에 내재된 문제점을 진단한다. 일본은 서구를 추종하면서 자신이 유럽이 될 수 있다고 간주했고 그것만이 세계화라고 보았는데, 이 논리에는 맹점이 존재한다. 즉 다케우치는 자신이 노예의 주인이 되면 노예로부터 탈각하는 것이라고 생각한 그 자체가 모순이었다고 보았다.[82] 다케우치는 이러한 일본의 세계사적 인식이 잘못된 것임을 비판했다. 즉 일본은 서구 제국주의의 식민지가 되지 않기 위해 서구와 동등한 위상을 갖고 아시아를 지배하고자 한 논리는 진정한 피억압자의 혁명이 아니었다고 보았다.

그것은 오히려 반혁명이었다고 평가했다. 그런데 다케우치 요시미는 모순성을 극복하는 방법으로 제안한 것이 울트라 내셔널리즘에 빠질 위험을 피하고 내셔널리즘만을 손에 넣을 수 없다면 다른 유일한 길은 역으로 울트라 내셔널리즘 속에서 진실의 내셔널리즘을 도출해 꺼내오는 것이라고 논했다.[83]

---

81) 遠山茂樹 (2001), 『戰後の歷史学と歷史意識』, 岩波書店, p.131.

82) 竹内好 (1971), 「アジアのナショナリズム」, 『日本とアジア』, 筑摩書房, p.112.

즉 일본이 서구화를 추종하여 서구화를 이루겠다고 주창하는 논리 속에는 일본이 서구의 노예를 극복하는 길인 것처럼 생각했지만, 결국 그것은 서구가 주조한 세계주의 논리 속에 참입하는 노예가 되는 것이었고, 그 노예의 주인이 되고자 했을 뿐이라고 논했다. 그렇다고 그 전복이 세계화는 아니었다.

서구 대 일본이라는 이분법을 전복시키는 것은 역사를 움직이는 것이 아니라고 보았다. 이는 오히려 '내부 부정'을 통한 '혁명-반혁명'을 반복하는 '혁명의 성질'이 없어진 것이라고 간주한다. '내부에서 일어나는 부정의 힘', 즉 비평의 정신이 분출하는 것은 역사를 움직이는 것이었고 그것만이 세계적인 사상이었다.[84]

문제는 서구 대 일본이라는 이분법적 논리를 전복시키는 것이 아니라 내부적 저항과 민중의 힘이 역사를 움직인다는 의미에서 세계성은 다시 내셔널리즘의 발생 원인을 재고하게 만든다. 즉 내셔널리즘은 일반 민중의 민족적 위기감이 작동하면서 생겨나기도 하는데, 그것은 반동적으로 타민족을 희생시켜도 된다는 논리로 전환될 가능성이 존재했다.

물론 부르주아 지배자들은 민중의 소박한 민족의식을 의식적으로 왜곡하는 반면 일반 민중들은 이것을 자각하지 못한다. 실은 프랑스조차도 프랑스 자체 내에서는 내셔널리즘적인 성격이 존재했고 타국민을 희생시키는 침략으로 전화되었다.[85] 따라서 내셔널리즘과

---

83) 遠山茂樹 (2001), 『戦後の歴史学と歴史意識』, 岩波書店, p.115. 竹内好 (1971), 「ナショナリズムと社会革命」, 『竹内好評論集』, 筑摩書房, pp.103-110.

84) 中野敏男 (2005), 「『日本の戦後思想』を読み直す(3)」, 『季前夜』 第1期 3号, 前夜, pp.180-188. 荒又重雄 (2006), 「歴史科学のカテゴリー-通俗化したマルクス主義と唯物史観への反省」, 『唯物論』 51号, 札幌唯物論研究会, pp.74-80.

85) 江口朴郎 (29013), 『帝国主義と民族』, 東京大学出版会, p.160.

내셔널리즘의 코스모폴리탄으로서 세계화에 대한 모순에 초점이 모아진다.

이러한 방향성을 인식한 이시모다는 「세계사 성립의 전제(世界史成立の前提)」라는 논고에서 '세계화'의 내용에 대해 다음과 같이 고민했다.

> 세계화라는 가장 엄숙한 개념은 경박하고 내용이 없는 인례(引例)로 사용되고 염가 상품의 라벨로서 유통되는 현상은 이전에는 볼 수 없었던 풍경이다. 그것은 세계사를 뭔가 새로운 것으로서가 아니라, 자기의 진로 결정과 밀접하게 관련된 것으로 진지하게 받아들여 그 견지에서 세계사 또는 세계의 힘찬 움직임의 본질로서 고찰한다. 그리고 그곳으로부터 세계사에 대해 민감하게 반응·호응해가는 사람들이나 계급의 문제로서 다루는 것이 아니라, 반응 속에 이러한 입장과 연(緣)이 없이 전후 급속하게 열린 세계와의 교섭을 코스모폴리탄적인 견지에서 바라보는 광범위한 지식층의 관심에 답하기 위해 제공되고 있는 것에 불과하다.[86]

이시모다는 세계사라는 시각이 유행적 라벨로서 사용되고 내적인 문제를 고민하지 않고, '세계사'라는 유행 담론을 수용하여 세계적 시각에서 지식으로 답하는 데 사용되는 개념으로 활용되는 것에 대해서는 매우 비판적이었다.

반면 이시모다는 일본에서 이 세계사라는 시각을 활용하여 국민의 역사를 끌어모아 세계적 교섭 부분을 강조하여 세계사로서 일체화시키는 방식이 만연해져 조국과 민족의 역사가 가져야 할 독자적 의의가 부정되는 점에 대해서는 회의적이었다.

전후의 세계사는 '미국식 세계사'가 중심이 되어 미국 구조 속에

---

86) 石母田正 (1981), 전게서, p.203.

들어가 미국과 동일하게 되었다는 것이 당시의 세계사 구조였다. 이것은 다시 세계사로서 민주주의와 전체주의의 재현이며 역설적으로 이러한 세계사는 세계사를 부정하는 것이라고 보았다.

이시모다가 초점을 맞춘 부분은 이러한 세계사가 아니었다. 이시모다는 세계사가 무엇이고, 세계사가 작성되는 요소들 그리고 그 원칙이나 전제조건이 무엇이었는지조차도 논의되지 않고 또한 요소들이나 전제조건들에 대한 비판도 없이 '세계사'가 논해지는 입장에 대해서는 부정적이었다.

세계사를 논한다는 것은 매우 어려운 작업이며 세계사를 대하는 전제를 획득하기란 쉽지 않기 때문에 세계사적 시각에 대해 고민이 필요함을 주장한 것이다. 이때 이시모다가 주목하는 세계사란 이 '요소'와 '전제'의 문제였다.

이시모다가 제시하는 세계사를 쓰는 법은 두 가지였다. 첫째, 세계사를 생각할 때 현실 역사과정으로서의 세계사, 둘째 인식 및 서술로서의 세계사를 구별하는 것이 전제되어야만 한다. 물론 둘 사이는 역사적으로 불가분의 관계인데, 이를 구별하여 출발하는 것으로 그 연결고리의 틈새를 파고들면서 문제의 소재를 취해야만 한다고 전제한다.[87]

이 둘은 다르지만 공통적으로 '자신이 자신의 역사를 갖는다는 점이며 그것은 인간 역사의 일정한 단계에서 성립한다는 점'에 있었다. 즉 이시모다는 고대부터 중세를 거쳐 근대에 이르는 역사의 제(諸) 단계에서 각각의 형태로서 세계사가 제작되었다는 점에 주

87) 石母田正 (1981), 전게서, p.204.

의할 것을 강조한다.[88] 이것은 앞서 언급한 쓰다 소키치와 랑케의 방법론과도 일치하는 '세계사의 해석 조건'이었다.

그리하여 전후 일본에 등장한 이러한 세계사의 제작 조건이 공유되고 내셔널리즘의 문제는 대상의 문제임과 동시에 인식 방법의 문제로 다루어지기 시작했다. 따라서 내셔널리즘을 보는 인식 주체의 문제로 이동하여 역사 연구자의 자세를 재구성하게 되었다.

결국 내셔널리즘은 인민과의 관계에서 풀어야 하는 시각이라는 쪽으로 여론이 형성되어 갔다. 특히 역사학 세계에서는 마르크스주의의 기계적 공식주의에 빠지지 않고, 보편과 특수의 문제를 다이내믹하게 파악하여 민중의 역사에 주목하고자 했다. 그것은 역사를 해석하는 것이 아니라 역사를 변혁하고 창조하는 주체적 인식을 확립하는 쪽으로 나아갔다. 이때 등장한 것은 앞서 언급한 이분법적 구분이 아니라, 역사적 흐름의 연속선상에 나타난 전후 관계의 연속성 문제에 주목하는 방식이었다.

그리고 이러한 방식의 습득은 역사학의 세계성에 대한 답변 방식을 강하게 훈련시키는 결과를 가져왔고, 그것은 세계사적 역사의 흐름과 비(非)세계사적 역사의 흐름을 동시에 보는 '인식의 세계'를 넓히는 계기가 되었다.[89]

즉 역사란 시간의 역사적 발전과정에서 나타난 역사의 출현으로, 세계사의 이름에 맞는 세계사가 성립되는 것은 근대에 이르러서였기 때문에 그 이전의 고대적인 것 혹은 중세적인 것은 비세계사이다. 세계사적 견지에서 보면 바로 이 고대적 혹은 중세적 세계가 갖

---

88) 石母田正 (1981), 전게서, p.205.
89) 遠山茂樹 (2001), 『戰後の歴史学と歴史意識』, 岩波書店, p.117.

는 고유의 비세계적인 성격에서 발전해온 것으로, 그 내적 특성들의 무엇이 해방으로 연결되고 발전을 이루어왔는가를 보는 것은 세계사적인 것이다.

이것을 보는 것이 본질적인 세계사에 대한 인식이었다. 이시모다는 바로 이것이야말로 역사 연구의 시각이며 세계사적 연구라고 간주한다. 그렇기 때문에 이시모다의 이 논리에 의하면 근대가 자본주의 체제의 필연 법칙에 따라 지구 전체를 내부로 편집한 것이었다. 그리하여 여기서 세계가 현실로 등장했고, 사람들은 이 지반 위에서 세계에 대한 인식과 사고를 갖게 되어 그렇게 성장한 것이라고 논한다.[90]

이시모다가 논하고 싶은 것은 바로 그 도정이었다. 그리고 그것을 구체적으로 인식하는 것이 세계사를 인지하는 것이라고 논했다. 그렇지 않으면 역사적 유물론의 발전단계설을 그냥 공식적으로 이해하는 것으로 세계사 인식은 끝나게 되며 그 내용을 파악하지 못한 채, 현대의 세계사를 보는 오류를 범한다고 보았다. 그것은 동시에 세계사를 인지하는 전제 요소를 획득할 수 없다고 보았다.[91] 바로 이것이 이시모다가 주장하고 싶은 에피고넨(추종자, epigonen)을 넘는 세계사의 세계사였다. 이시모다는 바로 이것을 기대했던 것이다.

그런데 도야마 시게키가 주장하듯이 일본의 전후 내셔널리즘이 '민주, 독립, 평화'로 나아가는 혁명적 에너지로 가능했는가 하면 그렇지 못했다고 비판했다.[92] 그것은 민중 내셔널리즘에 의한 발전으

---

90) 石母田正 (1981), 전게서, p.205.
91) 石母田正 (1981), 상게서, p.210.
92) 遠山茂樹 (2001), 전게서, p.114.

로, 이는 '역사상 민족적 의식을 가지고 민중이 집단적으로 행동할 때 가장 절실한 주체적 계기'가 되어 발전하는 원동력으로 해석되는데, 그것은 세계 인류의 객관적인 공통의 의지로서 연결된다고 보았다.

그것은 바로 평화 희구라는 것인데 주체적이고 민족적인 요구로 표현된다.[93] 그런데 자칫 잘못하면 이는 도마 쇼타(藤間)가 인용한 김일성의 "진정한 애국심은 조국의 역사를 잘 이해하고 자신의 민족이 갖고 있는 우수한 전통과 문화와 풍습을 잘 아는 것에 의해서만 생겨난다"[94]는 논리로 빠질 우려가 있었다.

이시모다가 세계적 역사를 구축하기 위해서는 역사를 이해하는 것에 의해서만 가능하다고 말한 것은 역사서의 내용을 액면 그대로 응시하라는 의미가 아니라, 역사가 갖는 '원점과 변용'의 프로세스를 보는 시각을 강조한 것이었다. 그런데 바로 이러한 시각은 역사학계에서 만들어낸 평화와 독립 그리고 애국이 깃든 민족주의가 새로운 보편성으로 접속되어가고 있었다.

이시모다는 「역사학의 방법에 대한 감상」에서 일본이 '평화와 애국의 역사교육에 빠지고 국민적 역사학이 성립되어버리게 된 것'을 재고해야 할 필요성을 논하면서도 역사의 발전과정을 이해하기 위해서는 앞 단계와 뒤 단계의 내재적 관련성의 파악을 통해서만 가능하다는 '세계성'을 잘못 이해하고 앞 단계에 너무 빠져 있어 그것을 전체라고 여기는 인식의 피점유화를 각성하지 못하면, 후단(後段)의 서술에서 앞 단계에 무엇이 감춰져 있어 보이지 않게 되는

---

93) 江口朴郎 (2013), 『帝国主義と民族』, 東京大学出版会, p.159.
94) 石母田正 (1981), 전게서, p.16.

지95)를 각성하지 못한다고 말했다.

이 논리를 빌려온다면 일본에서는 새로운 민족 내셔널리즘을 정립하기 위해 일본 내부에서 독립적 강국으로 성장하려는 메이지기의 피식민지화의 극복을 위한 '아시아 연대'를 세계적 사상으로 연결시키면서 전후 일본의 자아도취적 전후를 출발한 것이다.96)

이시모다가 「정치사의 과제」에서 "투명하면서도 전체 사상의 복잡함과 혼미가 보이는 것은 근대 일본 그 자체의 복잡과 혼미에 뿌리를 두고 있다"97)는 지적처럼 혼미와 복잡을 세계적 시각으로 접속시키면서 전전의 파시즘은 부정하지만, 평화와 독립을 투명과 혼미로 다시 되감은 것은 오히려 일본이 세계적 사상으로서 평화와 독립을 풀어내는 가능성으로서 민중 내셔널리즘을 강조하게 되는 닫힘을 동반하게 된 셈이다.

---

95) 石母田正 (1981), 전게서, p.150.

96) 石母田正 (1981), 상게서, p.12.

97) 石母田正 (1981), 상게서, p.250.

# 6

# 기묘한 내셔널리즘의 창출

이 글에서는 패전 후 일본에 나타난 '역사학'의 특징을 이시모다의 『역사와 민족의 발견』을 중심으로 살펴보았다. 패전 후 일본은 전전의 부르주아 민족주의로서 파시즘을 부정하면서도 미국 제국주의에 종속된 일본을 독립시키려는 두 방향이 중첩되어 진행되고 있었다.

이 시기 이시모다는 『역사와 민족의 발견』에서 일본이 부르주아 민족주의로 편향된 역사 쪽으로 진행되면서 세계사에 대한 대응에 문제가 있었음을 비판했다. 그리고 이시모다는 세계사와의 접목에서 진행된 역사학 이론을 해석하면서 일본 사상이나 일본 정신이 만들어진 역사에 대해 논했다. 이를 중첩시켜 미국 제국주의의 현실을 극복하는 정신적 독립을 제시하고, 일본이 만들어가야 하는 세계사로서 평화와 독립론을 연결시키고자 했다.

이시모다는 1950년대 일본에 스탈린의 '민족 개념'이라는 논고가 번역되어 들어오면서부터 새롭게 논쟁의 중심인물로 등장하게 된다. 이시모다는 단순하게 민족 개념을 일본 역사에 대입하는 방식이 아니라 스탈린이 제시하는 민족 이론에 내재된 '세계성'에 주목했다. 즉 이시모다는 마르크스주의의 '비판정신'이 스탈린의 민족 개념의 구축 속에 어떻게 나타났는지를 분석했고, 스탈린의 '앞과 뒤의 역사적 연속성' 논리에 초점을 맞추게 되었다.

이시모다가 이해한 역사는 '현상 그 자체'를 수용하여 '실증적'으로 분석한 것이 아니었다. 이시모다는 현재의 역사는 세계사의 흐름과 연동하면서 현재가 만들어지고 현재적 상황이 생겨난다고 보았다.

그런데 그것은 현재 이전의 과거에 '어떤 힘'에 의해 그러한 상황이 도출되거나 그러한 방향성을 갖게 되는 것으로 파악했기 때문에 '무엇이 그 요소이고 전제조건이었는가'를 고찰하는 시점을 중요시했다. 이시모다는 현재 세계가 자본주의와 사회주의 체제가 대립하고 있기 때문에 이 둘 중 어느 사회에 적응해야 하는가가 중요한 것이 아니라, 왜 이렇게 두 사회 체제가 만들어졌는지 그 역사적 프로세스를 분석함으로써 일본이 나아가야 할 '세계'를 고안해내야 한다고 보았다.

이시모다는 자본주의사회도 사회주의사회도 '이전 봉건제사회'로부터 도출되어 나타난 사회적 현상으로, 왜 자본주의사회의 민족주의가 발생했고 그 반대로서 프롤레타리아 민족주의가 생겨났는지를 고찰했다. 그것은 일본이 서구 자본주의 민족주의를 받아들이게 되면서 제국주의가 형성된 것을 반성하기 위해서였다. 간단히 말해서 이시모다는 서구 사상의 무비판적 수용이라는 '부르주아 민족주의 한계'를 보는 시각을 제시한 것이다.

그리고 이시모다는 전후 일본이 미국과 러시아 두 체제 중 어느 하나에만 종속되어야 하는 현실을 타개하는 방식을 고안해내고자 했다. 예를 들어 마르크스주의가 이어온 '비판 정신'을 통해 과거와 현재 사이를 보는 논점을 제시했다. 이를 근거로 이시모다는 일본의 관학 아카데미즘으로서의 역사 인식을 비판했다. 그러면서 쓰다 소키치는 일정 부분을 인정하면서 그 한계점을 지적하는 방식으로 전후 역사학의 방향을 제시하고자 했다. 쓰다 소키치는 메이지기 서구 실증주의 사학을 그대로 답습한 역사학자가 아니라, 각각의 시대가 갖는 개별적 특수성을 고찰하고 역사적 발전단계의 연속선이라는 세계사적 흐름에 맞추어 각각의 시대성과 지속적 보편성을 접속시키는 방법론을 갖고 있었다.

이러한 논리는 마르크스주의 역사학의 입장을 취한 것이기도 하지만 이시모다는 랑케의 역사학 구축과 유사한 점을 발견하고 이를 평가했다. 그러나 쓰다 소키치의 경우는 랑케의 역사 이론, 즉 개별적 특수성으로서 내셔널리티를 구축하고 보편적 세계성을 지향한다는 시각을 일본의 천황론에 대입시킨 점에서 한계성을 가졌다고 보았다. 쓰다 소키치는 고대로부터의 천황 계승이 전후 일본의 민주주의 논리에 부합된다는 세계적 이론을 만들어냈다.

이것은 전후 일본이 파시즘적 외피를 벗기 위해 노력한 전제군주적 천황의 모습이 아닌 자연적 위상으로서의 천황으로 치환되는 과정이었는데, 이시모다는 이 자연성에 동조했다. 그리고 이시모다가 주장한 세계사의 의미에는 역사적 요소와 전제조건을 이해하는 것에서 출발하는 점에 내재된 특성을 자연성과 연결해보았다. 일본 메이지기에 나타난 가능성으로서 자본주의사회 비판론이 등장하면서 저항과 대립으로서 아래로부터의 내셔널리즘이 등장했는데, 부르주아 내셔널리즘으로 수렴된 점을 재고하게 만든다.

이러한 이분법으로는 '사라진 민중의 심성'으로 체현된 민족주의를 설명해낼 수 없었다. 따라서 이시모다는 이분법적 구분론의 한계를 제시하면서 다시 이분법 속에 존재했던 '비판과 저항의 민중'을 응시하고, 다시 다케우치 요시미가 제시한 울트라 내셔널리즘 속 민중의 내셔널리즘의 도출을 접목시켰던 것이다.

그 속에 세계사적 시각이 존재하는 것이라고 보고 이시모다는 전후 일본의 평화를 위해 피억압자 아시아인의 민중연대에 기대를 걸게 되었다. 그것은 투명하면서도 혼미한 근대 일본이 가진 두 얼굴 속에서 일본이 가진 자연성에 기대를 거는 '일본적 내셔널리즘'을 제시하게 되면서 세계사적 흐름 속에서 국민사의 방향을 재구성해버린 것이다.

# 제5장

일본 '마르크스주의 역사학'의 전후

## 절개해야 할 암부로서
## '마르크스주의 역사학'


일본인이 사용하는 '조선' 혹은 '조선인'이라는 '발성' 속에 경멸감이 내재되어 있다는 시바타 쇼(柴田翔)의 비판은 매우 의미심장하다. 이는 역설적으로 일본인들의 의식을 보여주는 자화상이라고 논했기 때문이다. 특히 일본인들의 의식 속에 저류(低流)하는 이러한 시각은 실은 역사의 흐름 속에서 형성된 것이다.[1]

국가나 사회 내부에서 특정한 누군가를 배제하고 차별하는 형태로 일본인 자신들의 아이덴티티를 형성해왔기 때문이다. 시바타 쇼가 그러한 역사성을 의식하지 못하면 일본 사회의 내부에 골육화(骨肉化)되어 버린 자신을 상대화할 수 없는 '자화상'을 갖게 된다고 본 점은 매우 시사적이다. 이를 해결하기 위한 방법으로서 에바시 다카시(江橋崇)는 일본인 스스로가 국가의식의 암부(暗部)를 직시하여 그 암부를 절개하는 방식으로 '새로운 주체'를 찾아가야 한다고 논한다.[2]

여기서 에바시 다카시가 레토릭적으로 제시한 '암부'라는 것은 전

---

1) 柴田翔 (1975), 「歴史のなかの言葉」, 『季刊三千里』 第2号, 季刊三千里社, pp.19-21.
2) 江橋崇 (1985), 「指紋制度にみる国家意識の暗部」, 『季刊三千里』 第42号, 季刊三千里社, pp.24-32.

전의 기억을 소거하는 형태로 획득한 전후의 국가적 내셔널리즘 논리와 맞닿아 있다.[3] 전후 일본인이 갖는 조선/조선인 관념은 전전 식민지기 일본인이 만든 관념의 연속선상에서 저류하고 있기 때문이다.[4]

본고에서는 이 '저류'의 특징을 두 가지 측면에서 논하고자 한다. 첫째, 전전 식민주의 역사학에 어떤 사상적 배경이 작동하여 '일본인의 고대 역사관'이 형성되었는지를 살펴본다. 동시에 그 과정에서 조선과 중국의 역사서들을 어떻게 활용했는지도 함께 고찰한다. 둘째, 전후 일본의 마르크스주의 역사학자는 어떠한 방식으로 접속했으며 동시에 무엇을 배경 요소로 삼아 '고대사'에 주목하게 되었고 국가의 기원을 설명하는 논리가 무엇이었는지를 논하고자 한다.

이 두 가지 흐름을 분석하여 전후 일본에 저류하는 역사 인식과 제국주의의 피지배자/지배자의 양면성이 지닌 탈식민지의 문제를 함께 고민해볼 것이다.[5] '탈식민지'의 문제는 주체적인 역사 연구가 어떻게 가능한가에 대한 문제로도 연결된다. 일본의 역사가들은 세계사적 연구 흐름과 어깨를 나란히 하는 것이 곧 세계사의 일원이 되는 것이라고 간주했다. 그 대표적인 것이 '서구 실증주의 역사학'과 '마르크스주의'였는데 일본 고대사 및 역사학 연구의 전형(典型)적 전제가 되었다.[6]

---

3) 中野好夫, 金達壽 (1975), 「ナショナリズムについて」, 『季刊三千里』 第2号, 季刊三千里社, pp. 22-35.

4) 姜尙中 (1985), 「在日」の現在と未来の間」, 『季刊三千里』 第42号, 季刊三千里社, pp.118-125.

5) 田中宏 (1987), 「内なる歴史の証人たち―在日朝鮮人が照射するもの」, 『季刊三千里』 第50号, 三千里社, p.32.

6) 佐伯有清 (1976), 「日本古代史研究の過去と現在」, 『北海道大学人文科学論集』 13, 北海道大学教養部人文科学論集編集委員会, pp.177-190.

다시 말해서 전전에 만들어진 조선 고대사 및 일본 고대사 인식을 전후의 마르크스주의 역사학자들은 국가론, 국가기원론, 역사의 시대구분법에 덮어씌우는 형태로 진행하고 있었다. 그것은 두 가지 과정을 두고 설명할 수 있다. 첫째는 새로운 역사적 단계로의 이행을 일회적인 진화 방식으로 파악하고 있는 점이다. 둘째는 단계론만으로는 주체적 인식을 찾을 수 없기 때문에 그 단계를 만들어내는 '요소'를 분석하는 것으로, 단계의 다양성을 통해 새로운 역사상을 구축하고자 하는 방법론을 활용한 점이다. 역사 인식을 구조론과 법칙론으로 파악함으로써 새로운 탈구적(脫臼的) 법칙을 찾아내고자 한다.

이를 달리 표현하면 일본 내에서 전개된 이러한 '이행과정'에 나타난 알레고리(allegory)를 규명한다는 의미이다. 이를 위해 본 논고에서는 먼저 메이지기에 시작된 실증주의 사학 방법론을 일본의 고대사(古代史) 해석에 활용하는 방식, 그리고 그것에 의해 규정된 고대사 및 신화 해석이 어떠한 의미에서 진화되고 그것이 일직선적이고 단일계적(單一系的) 진보라는 논리와 어떻게 만나게 되는지를 살펴본다. 그와 동시에 그러한 실증주의적 역사학의 진보성에 대해 마르크스주의 역사학자들이 왜 주목하게 되었는지 그 접점을 찾아낸다.

마르크스주의 역사학자들이 부르주아 계급의 착취에 대한 비판적 논리를 제시하기 위해 주목한 것은 계급의 분화였는데, 이 계급은 원시무산계급, 노예제, 봉건제, 자본주의사회로의 이행과정에서 형성된 것이라고 보았다. 이 발전 도식을 '세계사의 기본법칙=세계사의 기준'으로 인식하고 그 발전과정에서 계급이 분화될 때 나타난 '아시아적 생산양식=정체성(停滯性)'의 문제를 해결하고자 했다.

즉 마르크스주의 역사학자들은 '국가의 기원=일본'을 설명하기 위해 가장 중요한 요소로서 '아시아적 생산양식'이 내포하는 정체 개념, 즉 열등성에 대한 논리를 일본 특수성의 논리로 치환시켜 '고대사 연구=국가기원론' 연구가 절실하게 되었다. 또한 '국가론=국가기원'을 고대 3세기에서 7세기까지 중 어느 시기로 상정해야 할지를 두고 '대화 혁신론=고대국가 분기점=율령국가=천황국가'를 설명하고자 했다.

따라서 본고에서는 고대사 연구가 최대의 관심사였고 국가론을 정립하는 데 '아시아적 생산양식'이라는 것을 가장 중요한 '요소·요건'으로 간주했다는 점에 착안하여 그 구체적 내용을 검토하고자 한다.

잘 알려진 것처럼 메이지기 일본에서는 유럽의 역사학 방법을 받아들여 실증과학이라는 방법이 도입되었는데, 문제는 이 방법론에 역사관, 즉 역사 인식의 문제를 학문적 성격으로 삼고 있었다는 점이다.[7] 그것은 태정관수사관(太政官修史館)에 의한 '정사(正史)' 편찬이라는 전제하에 움직였던 것이다.[8]

일본 내에 생겨난 역사 관념은 신화를 사실(史實)로 간주하여 이에 종속된 국민의 역사에 가치를 두는 '사관'이 주도적으로 실행되는 역사학의 성격을 '전제'로 하면서 출발하게 되었다. 일본은 세계사적인 역사의 흐름을 수용하여 그 세계사적 흐름 아래 자국 역사의 재구성을 실천하는 것이 '보편성'이라는 환상을 갖게 되었다.

일본은 서구 세계가 만들어낸 역사 해독의 사유체계를 정식(定

---

7) 遠山茂樹 (1968), 전게서, p.7.
8) 松沢裕作 (2012), 『重野安繹と久米邦武—「正史」を夢みた歴史家』, 山川出版社, p.31.

式)화하고 그것을 무비판적으로 받아들이는 정신의 식민화에 빠지게 되었던 것이다. 그와 동시에 서구 이론들의 모방과 차용은 '세계성'을 재구축하기 위한 피식민자의 자립성을 어떻게 찾아낼 것인가를 고민하게 되었다. 즉 세계사적 기본법칙에 근거한 과학적 역사 파악이 비과학적인 역사를 타파하는 데 중요하다는 점을 인정하면서도 '서구 이론'에 종속되어 자국의 역사를 그것과 비교하여 파악하는 것은 유럽 중심주의 사관을 그대로 유지하는 것이며 절대로 근본적인 반성이 아니라는 점[9]을 각성하게 된다.

따라서 일본 내에 풍미한 새로운 보편성은 단순한 모방이 아니며 그렇다고 해서 단순한 전도도 아닌 이 둘을 함께 비추는 균형 잡힌 인식의 발견과 주체성 찾기라는 탈식민화의 도전이었고, 이를 추동하는 의미에서 역사 인식의 현재적 의미가 주창되었다.

이러한 흐름을 바탕에 두고 본 논고에서는 세 가지 프로세스를 통해 조선 고대사와 일본 마르크스주의 역사학의 주체성 논리의 특징을 밝혀내고자 한다. 첫째, 일본의 나카 미치요(那珂通世), 호시노 히사시(星野恒), 미우라 슈코(三浦周行), 구메 구니타케(久米邦武), 시라토리 구라키치(白鳥庫吉), 쓰다 소키치(津田左右吉) 등 부르주아적 실증주의자들의 조선 인식을 고찰한다. 즉 전전 일선동조론(日鮮同祖論)을 만들어내는 과정에서 『일본서기』나 『고사기』만으로는 해결될 수 없는 기년(紀年)의 문제를 『삼국사기』나 『한서』와의 비교를 통해 분석한다. 그러나 그것은 결국 타자의 시선에서 본 일본 신화나 역사의 허구성을 비판하는 것이 아니라 오히려 자국 중심주

---

9) 石井寛治 (2000), 「戰後歷史学と世界史」, 『戰後歷史学再考』, 青木書店, p.31.

의를 강화하는 역할을 담당했음이 규명될 것이다.

둘째, 전전의 나카 미치요, 구로이타 가쓰미(黑板勝美), 시라토리 구라키치의 논리를 수용한 사카모토 타로(坂本太郎), 그리고 이를 계승·발전시킨 이노우에 미쓰사다(井上光貞)의 일본 국가 성립론의 이론적 흐름을 구체적으로 보여줄 것이다. 동시에 사카모토 타로나 이노우에 미쓰사다의 논리를 비판한 하라 히데사부로(原秀三郎), 시바하라 다쿠지(芝原拓自)의 다이카 개신론의 비판과 일본 국가 기원론에 대한 3, 4세기 허구성의 비판 논리를 제시할 것이다. 그 과정에서 파생된 '아시아적 생산양식'이라는 내용 해석이 등장하게 되고, 아시아적 생산양식의 특징으로서 정체성에 대한 해석이 전개된다. 즉 마르크스·엥겔스가 보편적 세계사의 기본법칙으로 제시한 발전단계에서 원시사회→노예제→봉건제의 과정과 비교하여 일본은 그와 동일한 보편적 국가 형성의 단계를 거쳤다는 것과 달리, 특수성을 갖는다는 논리가 등장한다.[10]

이러한 과정에서 마르크스주의 역사학자들은 일본 고대사와 '국가 기원'의 문제를 연결시키면서 적극적으로 관여하게 된다. 일본 고대국가의 기원에 대한 역사 서술에 적극적으로 관여한 와타나베 요시미치(渡部義通), 도마 세이타(藤間生大), 이시모다 쇼(石母田正), 하니 고로(羽仁五郎)가 논한 고대사의 특징을 살펴보는 것은 바로 이와 같은 연유에서이다.

특히 하니 고로는 '아시아적 생산양식'이라는 개념을 통해 아시아의 정체성에 대한 논의를 전개하면서 일본의 특수성을 통해 보편성

---

10) 本田喜代治 (1966), 「アジア的生産様式」再論- 「停滞」と「段階」の問題を考慮しながら」, 『思想』 501, 岩波書店, pp.58-71.

을 재구성해냈고, 일본 제국주의의 중국 지배나 아시아 침략을 정당화하는 데 전유하기도 했다.[11]

물론 하니 고로는 요록(Yorck)의 아시아적 생산양식의 부정론적 입장에서 일본 특수론을 창출해냈다.[12] 즉 서구의 역사관에 생겨난 발전단계론, 즉 원시사회-노예제-봉건제-자본주의 사회로의 단계 발전 과정론을 추종하면서 다시 각각의 나라마다 다른 발전단계를 이룬다는 두 개의 고대설을 통해 서구 중심주의를 탈구시킨 것이다.

이 논리들을 통해 일본 내에서 전전 실증주의 사학이나 마르크스주의 역사학 이론들이 서구 국가들의 발달론을 기준으로 일본 내의 국가 형성을 그것에 맞추는 방향과는 반대로, 일본의 국가 형성이 마르크스주의 역사학의 해석과는 다른 위상에서 국가를 형성했다는 보편성과 특수성을 어떻게 결합시켜 일본 고대 역사 및 국가론을 만들어냈는지 그 전모가 드러날 것이다.

그런데 여기서 흥미로운 것은 전전의 교정(敎程)그룹[13]을 이끈 마르크스주의 역사가인 와타나베 요시미치가 일본의 고대국가 출현을 3, 4세기로 설정한 인물이라는 점이다. 와타나베 요시미치가 고

---

11) 福本勝清 (2002),「アジア的生産様式論争史-戦前日本編」,『明治大学教養論集』351, 明治大学教養論集刊行会, p.57.

12) 福本勝清 (2002),「アジア的生産様式論争史-戦前日本編」, 위의 잡지, pp.27-67. 沢田勲 (1972),「日本における「アジア的生産様式」論争の展開-1-戦前における論争」,『金沢経済大学論集』6(1), pp.77-101. 辻忠夫 (1976),「アジア的生産様式論争の現段階-史的唯物論理解の新しい展望」,『経済学論叢』23(5・6), 同志社大学経済学会, pp.642-660.

13) 磯前順一 (2019),『石母田正と戦後マルクス主義史学』, 三元社, p.49.『일본 역사 교정(敎程)그룹』은 아시아적 생산양식을 아시아 고유의 정체로 파악하는 입장이 아니라 어디까지나 마르크스주의라는 사회구성사의 보편적 법칙 속에서 일본 역사를 재파악하려는 입장이다. 아시아적 생산양식이라는 말은 마르크스가 1859년『경제학비판서언(序言)』에서 언급했는데, 여기에는 자본제사회에 선행하는 발전단계상의 하나로 논한 것이다. 그런데 이것이 세계사의 기본법칙 논리로서 보편적 단계로 이해해야만 하는가 아니면 아시아 특유의 지리적 형태를 가리키는 것으로 받아들여야 하는가를 두고 논쟁이 전개되었다.

대국가의 출현을 3, 4세기로 설정한 것은 일본 고대사의 해석에 무리가 있었지만, 이는 오히려 일본의 '천황제'를 비판하는 인식을 갖는 계기가 되었다.

즉 국가의 출현을 3, 4세기로 보았기 때문에 원시공산사회에서의 무계급사회를 상정하여 만세일계라는 일본 국가의 성립=천황 국가를 부정할 수 있게 된 것이다. 그리고 전전의 구로이타 가쓰미의 역사학 연구방법론의 영향을 받은 하니 고로 역시 천황제에 대한 비판적 견해를 갖게 된다. 그렇지만 전전 실증적 과학주의의 입장에서 신화부정론자로서 '천황론'을 비판했던 쓰다 소키치가 전후에는 천황주의자로 탈바꿈한다.[14)

물론 전후 이러한 쓰다 소키치의 상징천황제 옹호에 대해 비판적 입장을 취하는 이시모다 쇼는 실증주의 역사학을 비판, 즉 사료를 모아 그 사료의 과학성을 증명하는 것은 충실한 임무수행자인 역사가뿐이라고 보았다. 즉 실증주의라는 견실한 학풍에 따르는 방법과 체계를 세우지 못하는 역사 방식을 무성격, 무사상이라고 보았다.

그 연장선상에서 쓰다 소키치가 황실의 존재를 자연적인 것으로 인식하게 되는 한계성을 비판한다.[15) 계승하는 방식으로 마르크스주의 역사가들이 가담하면서 일본 고대사를 국가사(國家史)로 구축하는 데 커다란 '흐름'을 형성했다는 것이다. 그 과정에서 전전과 전후에도 연속되고 다시 착종되면서 천황에 대한 입장의 차이가 발생

---

14) 쓰다 소키치의 전전과 전후에 대한 평가는 그리 단순하지가 않다. 즉 쓰다가 전전에도 천황 숭배자였으며 전후에도 그 연장선상에 있다는 논리와, 전전에는 『기기』 신화 부정=천황제를 부정하는 입장이었다가 전후에 상징천황론을 주장했다고 보는 입장이 병존한다. 그러나 필자는 '수정과 관철'이라는 입장을 취하고자 한다. 家永三郎 (1973), 『津田左右吉の思想史的研究』, 岩波書店, pp.3-599.

15) 石母田正 (1952), 전게서, pp.235-248.

한다. 그것은 결국 역사를 어떤 '요소'를 통해 보느냐에 따라 역사의 이미지가 달라질 수 있음을 보여주는 사례이며 그것은 역설적으로 역사를 보는 역사가의 주체성 문제를 드러내주는 사례이기도 하다.

그렇지만 마르크스주의와 마르크스주의 역사 서술 방식에 의해 형성된 시기 구분, 국가론, 사회론의 요소들은 마치 자명한 것처럼 보이지만 결국 실증주의 사학과 마르크스주의 사학이 전개되면서 일본 내부에서 조탁(彫琢)된 것이었음에 틀림없다. 그리고 이러한 문제들을 재론하는 과정에서 현재적으로도 진행되는 미완의 마르크스주의 역사학의 논리로서 진행 중에 있음을 보여주고자 한다.

셋째, 이러한 전전의 실증주의와 전후의 마르크스주의자의 역사 해석이 주체성 찾기로 나아가면서 다시 그 논의를 심화시켜 마르크스주의의 새로운 해석 요소로 주목한 것은 '경제사' 대 '인간론'의 문제였다. 이는 마르크스주의 역사학자인 가와이 데이치(川合貞一)의 유물사관과 다카다 야스마(高田保馬)의 유인(唯人)사관의 대립으로 전개된다.

후자의 다카다 야스마는 마르크스주의가 형성될 때 마르크스가 영향을 받은 루트비히 포이어바흐(Ludwig Feuerbach)의 인간론에 주목하는 점에서 해석 요소가 인간이 주축으로 되었기 때문이다. 반면 전자의 유물사관은 과학성을 주장한 루이 알튀세르(Louis Althusser)의 입장을 연결시켜 해석했기 때문이다.

물론 이 둘의 대립을 해소하기 위해 아담 샤프는 주체성과 과학성이 통합되어야 한다고 보는 것이 마르크스주의의 온전한 해석이라고 주장한다.

베네데토 크로체(Benedetto Croce)가 말하는 '현재적 역사'로서 역사에 투영하는 주체를 찾는 방법으로 이를 연장시킨 안토니오 그람시(Antonio Gramsci)의 자계(自戒)의 역사관이라는 시각으로 주체성이 나타난다. 결국 이러한 서구 마르크스주의 해석의 양방향, 즉 마르크스주의가 인간학인가 유물사관인가의 대립에서 주체성과 과학성을 강조하는 논리로 변용되어 결국 주체성과 과학성의 총체적 결합성은 과연 가능한가의 문제로 등장한 것임이 드러날 것이다.

이렇게 전개되고 있는 마르크스주의의 수용과 재구성의 프로세스를 통해 현재 어떻게 역사학의 일부로 가져갈 것인지에 대한 의의를 보여줄 수 있을 것이다. 이에 대해 『계간삼천리』에서 전개한 것은 전후 일본이 처한 미국 제국주의에 대한 종속과 식민지 지배에 대한 조선 인식을 다시 생각해보는 계기가 되어야 한다는 점이다.

그것은 서구 이론에 의해 식민지화된 것과 미국 식민지를 동렬로 보면서 전전 서구의 학문적 이론 수용과 전후 역사가들 사이의 연속성과 탈역사성의 논의 프로세스를 통해 나타나는 주체성 찾기를 재시도하는 것을 의미한다.

2

# 일본 '실증주의 역사학'의
# '조선관'과 주체성

아베 게이지(阿部桂司)는 조선인을 '황국신민화'하려 했던 일본 제국주의를 제대로 직시하지 못한 것에 대해 역사학자들을 신랄하게 비판했다.

그 비판은 식민사관 그 자체가 바뀐 것이 아니라 표현을 약간 수정하거나 침략의 예찬을 중지하는 레벨에서 식민지 지배에 대한 인식을 반성하는 것으로 나타났다. 그럼에도 불구하고 사실 인식의 부분에는 과거 식민지기의 역사 사상(事相)이 여전히 존속하고 있다.

구체적으로는 고대 일본이 조선 남부를 점령하여 '임나일본부'를 둔 것을 그 대표적 사례로서 거론했다. 아베 게이지는 조선 점령의 예찬을 중단했다고는 하지만 점령이라는 사실 인식이 여전히 그대로라는 점에 주목했다. 게다가 이에 대한 조선인 학자의 반론이 전개되고 있음에도 일본 학계에서는 그것을 제대로 다루거나 사실 그 자체를 재검토하려는 움직임이 적었다는 것16)을 비판했다.

그렇기 때문에 재일조신인 김달수는 일본 내에서 '주관적 역사관 =황국사관'으로부터 눈뜬 연구자를 소중하게 여겨야 한다17)고 논하

---

16) 阿部桂司 (1977), 「ゆがめられた朝鮮史像」, 『季刊三千里』 第10号, 三千里社, pp.216-217.

면서 '조선과의 관계'를 통해 일본의 역사를 이해할 수 있는 것임을 강조한다. 김달수는 일본이 일본의 고대국가론을 형성하는 과정에서 도래인의 문제를 경시하거나 무시한 것과 황국사관을 만들어낸 『일본서기』 연구 그리고 메이지유신을 통한 왕정복고를 일본 국민들에게 강요한 것은 독존적 비과학성을 은폐한 것이라고 강한 어조로 비판했다.

이를 구체적으로 설명해준 것은 시모타 세이지(霜多正次)였는데, 그는 "마르크스주의자가 (중략) 아시아의 뒤처진 문화를 도외시하고 오로지 선진 유럽문화를 따르기 위해 노력한 근대 일본의 문화 전통은 쓰다 소키치나 마르크스주의자들의 사고에 만연된 강력하고 무서운 것이었다. 이는 일본 고대국가의 성립 이래 계속되어온 전통이라는 점에서 강력하다고 생각한다"[18]며 조선의 역사와 문화에 관해서는 통상 일본인 학자의 역사 감각을 뛰어넘을 수 없다고 보았다. 그리고 우에다 마사아키(上田正昭)는 전후의 고대 사학이 쓰다 사학의 성과나 쓰다 사학이 남긴 과제를 이어받으면서 진행되어왔다고 지적했다. 물론 그것은 '실증주의' 사학의 방법론에만 머문 것이 아니라는 점에서 평가할 수 있지만 오히려 국민사(國民史)를 조사(照射)하게 되는 과정이라고 보았다.[19]

신화 부정론자라는 평가를 받으면서 전후 전향했다는 평가를 받은 쓰다 소키치는 선진 유럽문화의 섭취에만 노력한 근대 일본의 문화 전통 논리가 존재하는 동시에 일본 고대국가 성립 이래 연면

---

17) 金達壽 (1977),「古代日本と朝鮮語」,『季刊三千里』第11号, 三千里社, p.32.

18) 霜多正次 (1975),「日本文化の伝統と朝鮮」,『季刊三千里』第3号, 三千里社, p.13.

19) 上田正昭 (1991),「津田左右吉の日本古典研究」,『古代学とその周辺』, 人文書院, pp.238-241.
　　上田正昭 (1973),「古代史学と朝鮮」,『世界』330, 岩波書店, pp.247-257.

히 이어져 내려온 전통이라는 것에 그 주박의 강함이 존재한다고 보았다. 후자 쪽 관념상의 주박은 고래로부터의 국체 관념과 마르크스주의가 연결되고 있으며 그것은 전통으로서 국가와 천황을 설명하는 논법으로 흘렀다.[20]

이러한 역사관의 기본적 틀은 서구적 실증주의 이론에 의한 자국사 해석이 갖는 문제점을 그대로 노정한다. 일본은 메이지기 레오폴트 폰 랑케(Leopold von Ranke)로 대표되는 서구 역사학을 수용하며 실증주의 사학이라는 방법론을 통해 일본사를 재구성해냈다.

그것은 실증성이 곧 과학성이라는 논리로 해석·수용되어 과학적이지 않은 역사에 대해 비판한다. 특히 일본의 관학 아카데미즘의 논리에서 여실히 드러난다. 이들은 서구 실증주의 사학을 기준에 두고『고사기』와『일본서기』를 해석한 것이다.

특히 일본의 메이지기 도쿄 제국대학 중심의 관학 아카데미즘과 마르크스주의 사학이라는 조류가 형성되었는데, 물론 이들은 서로 관계가 없는 것이 아니라 서구류의 새로운 학문 세계의 도입을 통한 역사 연구를 시도하고 있었다.[21]

사실 수사사업은 시게노 야스쓰구(重野安繹), 구메 구니타케, 호시노 히사시(星野恒) 등을 주축으로 서구 근대사학의 영향을 받고 있었다. 그러나 이러한 사학 풍조를 지배한 기본 인식은 역시『기기(記紀)』의 내용을 고증하는 것이었으며 기년(紀年)에 대해 언급하게 된다. 특히 호시노 히사시의 논리, 즉 스사노오노미코토(素戔嗚尊)가 신라를 지배했다는 논리로서 '일선동조론'의 조형(祖型)이론으로

---

20) 深作安文 (1931),『我國體觀念の發達』, 東洋圖書, pp.249-274.
21) 工藤雅樹 (1979),『日本人種論』, 古川弘文館, pp.136-137.

나타났다.[22]

　호시노 히사시는 일본과 조선이 동조(同祖)·동원(同源)이라고 설정한다. 이때 호시노 히사시의 입장은 일본의 국체를 모욕하는 것이 아니라 일본의 확장성을 강조하고 증명하는 논리였다. 그렇지만 동일한 동원론을 주장하는 구메 구니타케의 입장은 비판의 대상이 되었다. 구메 구니타케

　는 일본의 신도(神道)는 고대부터 존재했는데 그것을 제천이라고 부르며 제정일치의 사회로서 일본의 국체와 연결된다는 입장을 취했다.

　그런데 그 신도를 동양사회에서 일반적으로 행하던 상고(上古)의 제천행사라고 설정하며 일본과 한국에 존재했다고 논한다. 즉 일본의 신도는 일본 고유의 것이 아니라 동양 일반사회에서 행하던 제사의 하나라고 봄으로써 일본 고유론을 해체시켰던 것이다.[23]

　구메 구니타케의 논리는 국체론자들로부터 국체사상의 손상자라고 비판받아 필화사건을 계기로 대학을 떠나게 되고 조선 역사학자들로부터는 '일선동원론자'라고 비판받게 된다. 특히 1910년 단계에서는 사학회, 즉 관학 아카데미즘에서 '일선동조론'을 지지하고 나선 것은 시대적 조류의 편승이기도 했다.

　다시 말해서 『기기』를 절대화하는 입장과 이에 대해 비판을 가하

---

22)　星野恆 (1890),「本邦ノ人種言語ニ付鄙考ヲ述テ世ノ真心愛国者ニ質ス」,『史学会雑誌』第11号, p.29.

23)　久米邦武 (1891),「神道は祭天の古俗」,『史学雑誌』第23号, p.33. 扶餘は「以臘月祭天。大会連日。飲食歌舞。名曰迎鼓」とありて。此国のみ十二月なれど。其趣は同し。我国の新嘗祭も固り両度行はるゝに非す。

는 입장이 생겨나게 된 것이다. 이를 통합하여 역사학 발전, 즉 내재적 발달의 하나로 간주하고 있었다.[24] 나카 미치요는 특히 중국의 『한서(漢書)』 등을 참조하여 만주와 조선 반도의 역사를 설명했다. 그러나 그것은 결과적으로 조선 반도의 부여 민족을 열등한 민족으로 간주하고 고구려의 역사를 기술한 것이다.[25] 나카 미치요의 이러한 해석에 대해 미우라 슈코는 조선의 신화를 부정하며 그것이 후대에 만들어진 이야기라고 주장했다.[26] 흔히 말하는 후대의 작위설(作爲說)로 조선 고대에 지방분권이 통일되지 않은 상태였고 통일적 신화를 성립시키지 못했다는 논리를 주창했다.[27]

미우라 슈코는 신화의 형태를 통해 조선과 일본을 비교 분석한 결과 일선동조론을 부정하는 입장을 취했다. 미우라 슈코의 논리는 나카 미치요의 학설에 동조한 반면 시라토리 구라키치는 조선 신화 부정론의 입장에 서 있었다. 결국 시라토리 구라키치의 논리도 나카 미치요, 호시노 히사시, 구메 구니타케의 영향 관계 속에서 일본 신화의 객관성을 증명하는 논리의 연속선상에 놓여 있었다.

그런데 여기서 주목해야만 하는 것은 전전의 시라토리 구라키치와 쓰다 소키치가 가진 논리 속에 새로운 시도가 있었다는 점이다. 그것은 바로 만주나 조선사 연구에서 출발했다는 경력이 그들로 하여금 새로운 시점을 타개하게 만들었다고 보는 시각이다. 만주나 조선 측면에서 일본을 보는 시점, 즉 타자가 보는 일본의 시각이라

---

24) 工藤雅樹 (1979), 전게서, p.138.

25) 那珂通世 (1894), 「朝鮮古史考」, 『史学雑誌』 第5編 第5号, pp.44-45. 済紀ニモ 「朱蒙自北扶餘逃難至卒本扶餘」, 又 「朱蒙在北扶餘所生子来為太子」 其ノ原注ニ 「北扶餘王解夫婁」 ナド見エテ, 東扶餘ト云ヘルコト更ニ無ケレバ, 東遷ノ説ハ信ズベカラズ°

26) 三浦周行 (1918), 「朝鮮の開国伝説」, 『歴史と地理』 第1巻 第5号, p.46.

27) 三浦周行 (1918), 「朝鮮の開国伝説」, 위의 잡지, p.47.

는 새로운 시점을 내포하고 있었다는 견해이다.

쓰다 소키치는 서구와 동양이라는 기존의 개념을 넘어 중국문화와 인도문화 그리고 일본문화로 구분하면서 이를 총체화하는 '동양문화'라는 것은 존재하지 않는다고 보았다. 그것은 바로 각각의 입장에서 각각의 세계를 형성해왔다고 보는 논리를 만들어내는 '독자성'에 초점을 맞춘 이론이었다.[28]

쓰다 소키치는 각각의 역사적 흐름 속에서 각각의 역사를 형성해왔다는 입장이며 그것을 통해 일본의 독자성과 그 독자성에 내포된 '보편성'을 찾아내고자 하는 입장이었다. 쓰다 소키치의 논리는 어디까지나 내재적 발전의 보편성이라는 입장에 서 있었다.

이러한 전전의 역사적 발전에 대한 입장, 즉 실증주의 사학의 수용→기존 역사서의 고증→수정 보완→역사 이해의 발전이라고 보았다. 물론 그 사이에 조선과 만주의 저서들을 통해 비교 분석하는 방법이나 동조론/동원론을 주장하게 되었고 반대로 그것을 비판하는 논리들이 생겨났다. 그리고 각각의 독자성을 주장하는 논리와 일원적 세계관을 형성한다는 논리로 대립되어 나타나기도 하지만, 그것은 결국 일본의 역사를 재구성하는 '주체성'의 입장들이 각축전을 벌이는 상황이 전개된 것이다.

이러한 역사 해석은 다시 전후 일본에서 고대 역사관을 둘러싸고 외부의 시선을 어떻게 수용할 것인가로 이어졌다. 이는 고대사 논쟁에서 나타났는데 일본 국가 성립의 기원에 대한 논의가 전개되었다. 그것은 국가의 성립과 계급사회의 형성과 변형을 논하는 것으

---

28) 津田左右吉 (1966), 『津田左右吉全集』第28卷, 岩波書店, p.365.

로서 일본 내의 자립적 국가가 형성되었으며 민족과 국가의 기원을 설명하기 위한 역사론이었다. 그런데 그것은 일본 내에서 마르크스 주의 해석 속에서 나온 내재적 해석이 중요한 인식 작용의 요소이 며 동아시아적 시각이라는 관점이 필요하다고 그 해석 요소를 발견 하게 된다.

즉 일본 고대국가의 형성을 설명하기 위해 또는 과학성과 실증성 을 담보하기 위해 일본 내부의 자료뿐만이 아니라, 주변 국가와의 비교를 통해 객관적 사실을 증명해야만 하기 때문에 '조선고대사'를 재확인하게 된다.

이러한 흐름의 맥을 짚은 김달수와 구노 오사무(久野收)는 대담 에서 일본의 역사가들이 역사 발전을 내부적 자생론에서만 찾는 것 을 비판적으로 논했다. 물론 그것은 일본과 동아시아의 관계, 일본 과 조선 반도와의 관계를 못 보게 된 점을 지적한 것이다. 그렇지만 전전의 논리를 재소환하면서 일본 고대사 학계가 동아시아의 역사 흐름 속에서 특히 조선에서 보는 일본의 논리와 마주하거나 대면하 지 않는 상황을 비판했다.

구노 오사무는 이러한 문제점을 마르크스주의 역사학을 비롯하여 일본 역사학계에서 일본 제국주의에 대한 반성의 논리를 찾을 수 있음을 역설했다.[29] 다시 말해서 역사 발전의 원동력을 내적 자생 에서 찾으며 그 논리가 갖는 모순→지양→발전이라는 사고방식으로 부터 탈피하는 길이라고 보았다.

물론 시라토리 구라키치나 쓰다 소키치는 조선이나 만주의 역사

---

29) 金達壽, 久野收 (1975), 「相互理解のための提案」, 『季刊三千里』 第4号, 三千里社, p.22.

를 통해 일본의 고대신화나 역사를 재조명하는 시점에서 '타자의 시선'을 수용한 것이라고 평가할 수 있다. 그렇지만 실질적으로는 일본 신화가 갖는 문제점을 보완하기 위해 조선과 만주의 역사를 활용한 것이었으며 오히려 역설적으로 일본의 신화를 강화하는 역할을 담당하고 있었다.

그런데 여기서 중요한 것은 시라토리 구라키치나 쓰다 소키치가 조선과 만주의 역사를 통해 일본의 역사를 재구성하려고 시도한 논리가 일본 내의 마르크스주의 역사가들에게는 이러한 타자의 시선을 수용하는 자아 인식이 결여되어 있다는 점을 각성하게 만드는 논리로 활용되었다. 즉 이 말은 타자의 시선을 통해 자아의 내부를 들여다볼 수 있다는 점이 결여되었다는 의미이다.

이를 일본 마르크스주의 역사가의 결함으로 연결시킴으로써 일본 내에서 통용되는 논리 그리고 세계적이라고 평가되는 것을 공식 이론화하고, 그 공식을 그대로 믿고 고대사에 대입시키는 한계성이 문제였다. 그렇기 때문에 공식 이론의 틀 속에서 연역적으로 해석하는 것에 머무는 논법적 한계성을 비판한 것이다. 그것은 '역사=주체적' 인식이 아니라 '공회전=공식론 대입'이라는 한계성을 각성하게 된 것이다.

# 두 개의 제국주의
# 사관 비판

전후 일본의 마르크스주의 사학자 중 한 명인 이누마루 기이치 (犬丸義一)는 1963년에 발표된 사회주의국가인 조선민주주의인민 공화국 학자가 쓴 「삼한 삼국의 일본 렬도 내 분국들에 대해(원논 문 제목 그대로)(三韓三国の日本列島内分国について)(일본어 논문 제목)」라는 논고에서 '임나일본부'의 부정, 호태왕 비문에 대한 해석 의 오류, 조선 분국의 일본 열도 내의 존재에 대해 지적했다.

일본에서 임나일본부에 대한 논설은 1949년 스에마쓰 야스카즈 (末松保和)에 의해 체계화되었다. 즉 그 내용을 보면 김해의 임나가 라를 지배하에 두고 간접지배를 했다는 것이다. 특히 상대(上代) 일 본의 대외관계사의 일부로서 일본사의 일부로 전제하면서 일본의 노예사 혹은 종속사로 다루고자 했다.

이러한 논리는 『일본서기』의 기록에만 의존한 것으로 『삼국사 기』의 사료는 조작되었거나 윤색된 것으로 간주하여 배제하는 형식 으로 전개했다.30) 바로 일본 민족이 주체적으로 고대국가를 건설한 논리를 기본에 두고 일본 사료에 입각하여 '임나일본부'의 정사(正

---

30) 최재석 (1990), 『일본 고대사연구 비판』, 일지사, pp.148-185.

史)를 구축했던 것이다. 후술하겠지만 이는 이노우에 미쓰사다에 의해 계승되었다.

이러한 임나일본부설에 대해 북한의 김석형은 임나일본부란 오히려 한반도에서 건너간 사람들이 분국을 각지에 둔 것으로, 6세기 이후 야마토(大和)정권이 일본 내에서 한반도 이주자들의 분국을 지배하기 위해 마련한 것이라고 주장했다.31) 그리고 '광개토대왕비'에 대한 문제점이 드러났다.

김석형은 일본 학자들이 3세기 말 혹은 4세기 초에 기내(畿內)가 일본 내에서 중심 지방이 되고 전국에 그 힘을 확장하는 논리, 즉 기내 야마토의 일본 열도 중심론을 전제로 삼고 있었다는 점을 지적하며 이러한 비과학적 역사 해석을 비판했다.32)

그러나 김석형은 자신의 논문보다 12년이나 앞선 1951년 8월호 『역사평론』에 게재된 「조선고대사연구 노트」라는 박경식의 논문을 인지하지 못했다. 이누마루 기이치는 바로 이 점에 대해 반성적인 입장이 필요하다고 보았다. 즉 일본의 외부인 조선민주주의인민공화국 학자의 논문에는 충격을 받았지만, 일본 내부의 이인(異人)인 재일조선인 역사가의 주장에 대해서는 무시하는 태도를 가진 일본 마르크스주의 사학자의 문제점을 지적했다. 그것은 바로 사대주의적 사상이며 이를 반성해야만 한다고 논한다.33) 물론 이러한 논의

---

31) 김일수 (2005), 「역사가 金錫亨의 역사학」, 『역사와 경계』 54, 부산경남사학회, p.57. 스에마쓰가 논한 임나의 성립은 일본의 야마토정권이 지배 형태로 전개하던 미야케(屯倉), 즉 직할지 관리의 형태 중 하나라고 설명한다. 후술하겠지만 일본의 '통일국가' 형태가 나타난 시기와 국가 성립의 기원에 대해서는 논쟁이 분분하며 한반도가 선진문화를 갖고 있었다는 점과 소국들을 경합하는 과정에서 한반도인이 일본에 이주한 것 등이 논쟁으로 이어졌다.

32) 위가야 (2020), 「삼한·삼국 분국설의 구상과 파급」, 『사학연구』 137호, 한국사학회, p.111.

33) 犬丸義一 (1976), 「近代史家のみた古代史論争」, 『季刊三千里』 第7号, 三千里社, p.43. 1951년 8월호의 『역사평론』에 박경식의 「조선고대사연구 노트」가 있다는 것을 알게 되었다. 일본 제

는 한국에서도 민족사관에 근거한 것이며 일선동조론의 전도(顚倒)
판이라는 비판도 전개된다.[34]

이누마루 기이치는 일본과 조선의 동일한 내셔널리즘에 대해 새
로운 논리를 찾는 각성의 길을 일본 내의 재일조선인이 주장하는 논
리에 충격을 받지 않는 것 중에 존재하는 사회주의국가에 대한 이상
적인 대입이 갖는 사대주의를 각성하게 된 것이다. 그리하여 이누마
루 기이치는 일본의 제국주의적 역사관에 반대하는 인민의 입장에
서 과학운동을 목표로 하는 입장이라는 점을 강조하면서 사대주의
의 극복을 모색한다. 김달수도 역시 일본인과 조선인에게 동시에 존
재할 수 있는 것이 내셔널리즘이라고 보고 이를 경계하고자 했다.[35]

사대주의 사상에 대한 반성, 일본 제국주의 입장만 고수하는 것
도 문제이며 북조선의 입장에서 역사를 논하는 것도 문제라고 본
것이다. 이는 일본 마르크스주의 사학자의 제국주의적 역사관의 잔
존에 대한 자기비판을 촉진하는 것으로 받아들여야만 한다고 말할
수 있다.[36]

그것은 임나일본부설에 대한 각성의 시작으로 간주한다. 예를 들
면 김석형의 일본 열도 분국론을 주장한 논고가 바로 그것이다. 김
석형 논문에 대한 비판은 무라야마 마사오(村山正雄)의 논고[37]와

---

국주의의 침략을 합리화하기 위해 강제된 것으로 신라정벌과 임나일본부에 대한 재검토가 필
요하다고 지적하고 스에마쓰 야스카즈의 『임나흥망사(任那興亡史)』를 비판했다. 즉 일본서기
의 과대평가이며 위지왜인전의 곡해라서 실증되지 않는다고 보았다.

34) 위가야 (2020), 「삼한·삼국 분국설의 구상과 파급」, 『사학연구』 137호, 한국사학회, pp.94-95.
이는 송호정과 이영식의 논고를 소개하는 형태로 소개된다. 송호정 (1997), 「북한 역사학계의
거두 김석형과 한국사연구」, 『역사비평』 38, 역사비평사, p.384. 이영식 (1993), 『伽倻諸國과
任那日本府』, 吉川弘文館, p.33.

35) 金達壽, 久野収 (1975), 「相互理解のための提案」, 『季刊三千里』 第4号, 三千里社, p.32.

36) 犬丸義一 (1976), 「近代史家のみた古代史論争」, 『季刊三千里』 第7号, 三千里社, p.44.

제5장 일본 '마르크스주의 역사학'의 전후  **233**

도마 세이타의 논고로 나타났는데 이는 일본인 마르크스주의 고대 사학자의 입장을 재고하는 계기가 되었다.[38]

즉 기존의 호태왕비 해석에 대한 논의가 이루어졌는데 도마 세이타는 일본이 조선에 대한 지배력이 최강이었다고 간주되는 4세기에는 그런 것이 없었다고 논한다. 칠지도와 호태왕비문 그리고『송서 왜국전(宋書倭國傳)』의 기사에도 5세기 왜의 조선에 대한 지배력이 강했음을 증명해주지 않고 있다고 결론짓는다. 이처럼 도마 세이타의 논리에도 나타나듯이 일본인 역사가가 기존의 조선사관(史觀)에 안주하고 있었던 것에 대한 반성이 일어났으며 그것은 일본인 '호태왕비문'에 문제가 있었음을 승인하는 것이었다.

그리고 호태왕비의 비문 탁본을 중국에서 일본으로 가지고 온 참모본부의 사코 가게아키(酒匂景信)라는 인물의 소개와 호태왕비 탁본 해독 및 해석이 참모본부에서 이루어졌다는 것을 통해 만들어낸 논리가 일본에서 상식화되어 버린 점을 비판적으로 다룬 것은 나카쓰카 아키라(中塚明)였다.

호태왕비문을 읽는 방식이나 해석에 참모본부가 영향을 주었으며 그것을 일본 군국주의의 조선 침략을 합리화하기 위해 이용했음을 밝혀낸 것이다. 이러한 일본의 사관은 어쩌면 메이지기 이래 오늘날에 이르기까지 변함없이 저류하고 있으며 일본의 조선사관의 근본적인 문제를 지적했다.[39] 그리고 일본인의 조선관에 대한 근본적

---

37) 村山正雄 (1965),「古代の日朝関係について-金錫亨教授の論文を批判する」,『朝鮮史研究会論文集』第1集, 朝鮮史研究会, pp.7-42.

38) 藤間生大 (1970),「現在における思想状況の課題として-金錫亨著「古代朝日関係史」について」,『歴史学研究』361, 青木書店, pp.18-29, p.51.

39) 中塚明 (1993),『近代日本の朝鮮認識』, 研文出版, pp.140-176. 나카쓰카 아키라 저, 성해준 역 (2005),『근대일본의 조선 인식』, 청어람미디어, pp.159-196.

인 반성을 촉구하게 된 것은 이진희의 저서를 예로 들 수 있는데, 이진희는 호태왕비문의 '개삭(改削)설'로 참모본부의 비문 교체설을 주장했다.[40] 이는 도쿄대학을 중심으로 하는 관학 아카데미즘의 아성 '사학회'의 논쟁을 불러일으켰고 일본인 사학자의 조선사관과 대립하게 되었다.

이처럼 일본 내에서 상식화된 조선관의 기원을 호태왕비문의 해석과 연결하여 참모본부의 사코 가게아키를 중심으로 만들어낸 고대사 인식에 대한 재고의 여지가 생겨나 변화가 일어나기 시작했다.

나카쓰카 아키라의 문제의식을 이어받아 사에키 아리키요(佐伯有淸)는 역사 해석을 전개하지만, 그 역시 전전의 관학 아카데미즘의 논리를 계승하는 형태로 실증주의와 부르주아 사학적 입장에서 벗어나지 못한다.

그리고 이노우에 미쓰사다는 "4세기 초 기내의 야마토조정(大和朝廷)이 강대해지고 이곳을 중심으로 고분 문화가 퍼져나갔다"[41]고 보는 입장에서 4세기 일본의 국가 성립을 고집했는데, 이는 앞서 언급한 도쿄대학 교수가 주축인 관학 아카데미즘의 계승이었다.

이노우에 미쓰사다의 역사학은 사카모토 타로가 구축한 실증주의적 아카데미즘의 역사학을 계승한 것이었다. 이노우에 미쓰사다는 국가의 성립을 율령국가의 초석을 연 다이카 개신(大化の改新)의 중요성을 언급했는데 그 선행연구로서 쓰다 소키치, 사카모토 타로, 와타나베 요시미치를 평가하면서 율령제의 파악을 위해 율령제의

---

40) 李進熙 (1972), 『広開土王陵碑の研究』, 吉川弘文館, pp.1-222. 井上秀雄 (1973), 『史林』 56卷 3号, 史学研究会, pp.161-166.

41) 井上光貞 (1975), 『古代史研究の世界』, 吉川弘文館, pp.234-235.

규정 방식에 의문을 품고 출발했다.[42) 그러나 이노우에 미쓰사다는 『일본서기』에서 개신의 조(詔)에 의문을 갖지만 『일본서기』의 허구성을 밝히는 것까지는 나아가지 못했다.

이노우에 미쓰사다에게 영향을 준 사카모토 타로는 1923년 도쿄대학 국사학과에서 미카미 산지(三上參次), 구로이타 가쓰미에게 수학했고 실증주의적 연구를 주장한 인물이다. 사카모토 타로는 『다이카 개신 연구(大化の改新の研究)』에서 쓰지 젠노스케(辻善之助)와 히라이즈미 기요시(平泉澄)의 영향을 받았다고 밝히고 있다.

특히 사카모토 타로가 구로이타 가쓰미의 지도를 받은 것으로 보아 구로이타 가쓰미의 역사관의 영향은 무시할 수가 없을 것이다. 사카모토 타로는 선행연구를 정리하면서 '다이카 개신'의 개념이 언제 어떻게 성립되었는지를 시작으로 연구방법론을 피력했다.

그와 동시에 사카모토 타로는 『일본서기』가 다이카 개신의 사실을 전하는 유일한 사적(史籍)이라고 주장했다. 그것은 주로 일본에서 다이카 개신 연구의 흐름을 정리하는 내용이었는데, 사카모토 타로는 이를 '개인사관'이라 부르고 이 대부분의 연구가 메이지기부터 쇼와 시대에 이르기까지의 변천을 보여주는 것으로 『일본서기』의 자료를 근거로 그 연구가 발전해왔음을 기술한다.

그런데 사카모토 타로는 쓰다 소키치의 '다이카 개신 연구'가 특색 있는 연구라고 보고 쓰다 소키치가 취한 『일본서기』의 사실 확인 작업의 연구 태도에 대해 논한다. 『일본서기』의 내용을 비판적으로 다루고 기존의 연구자들과는 다른, 사실관계의 확인이라는 관

---

42) 井上光貞 (1952), 『古代社会』, 朝倉書店, pp.46-48.

점에서 진행된 새로운 전기(轉機)를 만들어준 것이라고 간주했다. 따라서 사카모토 타로는 쓰다 소키치가 시도한 방식, 즉 기존 연구자의 사관을 무조건적으로 추종하는 것이 아니라, 과감하게 그것들을 구성하는 사실을 검토하는 것부터 시작하는 연구를 지향하게 된다.[43)]

물론 사카모토 타로는 결과적으로 구로이타 가쓰미의 서양 통사를 흉내 내는 동양 통사적 시대구분이나 사학 연구방법의 변화를 응용한 셈이다. 구로이타 가쓰미 역시 미우라 슈코와 구메 구니타케의 '다이카 개신' 연구를 연구사의 백미로 인정하며 지대한 영향을 받았지만, 쓰보이 쇼고로(坪井正五郎)의 연구방법을 활용하는 방식을 취한다.

그리하여 구로이타 가쓰미는 역사 사건의 연대적 해석이 아니라 사건의 전후 인과관계를 따지는 원인론을 일본 고유의 발전양식에 적용한다. 즉 정형적인 시대구분을 따르는 것이 아니라, 시대구분을 '무엇을 기준에 두고 그것을 따르는가'에 중점을 두고 다이카 개신도 사회적 개혁과정으로 다루었다.[44)]

구로이타 가쓰이는 방법론을 적극 도입하고 있었으며 쓰다 소키치의 논리와는 대조를 이루었다. 즉 쓰다 소키치는 『상대 일본의 사회 및 사상』에서 개신의 원인이 사회적 필요나 변화에 기인한 것이 아니라, 당나라 제도의 유입에 의한 것이라든가 개신의 조서(詔書)가 오미령(近江令)에 의해 인위적으로 작제(作制)된 것이라고 보는 입장과 사카모토 타로는 다른 것이었다.[45)]

---

43) 坂本太郎 (1943), 『大化の改新の研究』, 至文堂, pp.26-29.
44) 黒板勝美 (1908), 『国史の研究』, 文会堂, pp.298-336.

사카모토 타로는 구로이타 가쓰미가 제시한 시대구분법의 자율성 논리를 수용하고 쓰다 소키치의 다이카 개신 작위설을 비판하는 논리로 자신만의 역사 기술법을 발전시킨다. 그러나 이러한 사카모토 타로의 다이카 개신의 논리는 하라 히데사부로에 의해 비판받는다.

이는 쓰다 소키치의 논리와도 일맥상통하는데 하라 히데사부로는 정치적 사건으로서 다이카 개신을 근대 역사 연구의 소산이라고 보았다. 다이카 개신은 관찬(官撰)의 사서인 『일본서기』의 기사를 근거로 하여 근대사학이 학문적 인식으로서 관념적으로 재구성한 것[46]이라고 보았다.

하라 히데사부로는 다이카 개신을 근본부터 의심하는 입장이었으며 종래 고대국가의 성립에 관한 학설과는 다른 입장을 취하고 있었다. 하라 히데사부로는 기존의 일본 고대국가사(國家史) 연구의 이론적 전제에 문제가 존재한다고 보는 한편, 마르크스의 역사이론을 그대로 수용하는 연구 방식을 재확인하여 주체적으로 고대국가 형성의 성립사를 구성하고자 했다.

또한 그는 세계사적으로 보이는 마르크스주의 이론의 논리를 아시아에 대입시켜 독립적 국가를 형성한 것을 증명하고자 했으며 8세기를 일본 고대국가의 형성기로 상정했다.

하라 히데사부로는 시바하라 다쿠지에 의해 마르크스주의 이론을 학습했는데 시바하라 다쿠지는 아시아적 생산양식에 관한 새로운 학설을 구축했다. 시바하라 다쿠지는 기존에 진행된 발전단계로서 진화된 순서가 아니라 인간의 경제사 연구의 중추적 개념인 원시공

---

45) 津田左右吉 (1933), 『上代日本の社会及び思想』, 岩波書店, pp.240-253.

46) 原秀三郎 (1980), 『日本古代国家史研究-大化改新論批判』, 東京大学出版会, p.13.

동체 생산양식, 노예제 생산양식, 농노제(봉건제) 생산양식, 자본제 생산양식, 사회주의 생산양식은 모두 생산관계가 각각 발전하는 생산력에 대한 조응·비조응의 관계 및 생산력과 생산관계의 발전 사이에 존재하는 법칙에 의해 사회가 변화한다고 간주한다. 시바하라 다쿠지는 특히 '진보적 발전'에 중점을 두는 것이 아니라 발전논리 요소에 초점을 두고 이를 규명하고자 했다.

그리하여 시바하라 다쿠지는 일본의 원시공동체→노예제→봉건제의 발전단계를 그대로 대입시키는 것이 아니라, 아시아적 생산관계의 특징으로 공동노동이라는 생산양식을 근간으로 설명한다. 특히 원시적 농업공동체를 증거로 이를 증명하면서 그것을 로마, 게르만과 비교하여 일본적 특성을 설명하는 형태의 해석 방식을 취했다.[47]

바로 여기서 아시아적 생산양식에 관한 일본 마르크스주의자들의 '고대국가' 해석이 이루어진다. 특히 국가의 기원에 관한 문제를 생산관계, 신분제의 성립에 주안점을 둔다. 그것은 말 그대로 국가와 계급의 탄생을 기원적으로 살펴보는 논고들이었다.

그렇지만 이러한 아시아적 생산양식에 근거를 두고 전전에 나타났던 계급사회의 발생, 사유 토지의 결여, 국가 형태가 동양적 전제 정치로 이어져온 것이다. 그것은 곧 동양사회의 특성이나 보편적 논리에 '프로세스'를 갖고 있느냐의 논리로 연결된다.[48]

이는 서구를 중심에 둔 발전단계론에서 나타난 아시아적 생산양식 논리에 대한 충실한 종속이었다. 따라서 그것은 아시아적 생산

---

47) 芝原拓自 (1972), 『所有と生産様式の歴史理論』, 青木書店, pp.15-70.

48) 福本勝清 (2019),「アジア的生産様式の発見」,『明治大学教養論集』538, 明治大学教養論集刊行会, pp.117-159, 塩沢君夫 (1970),『アジア的生産様式論』, 御茶の水書房, 1970年, pp.11-36, 小谷汪之 (1985),『歴史の方法について』, 東京大学出版会, 1985年, pp.149-158.

양식의 독창성을 찾느냐 그렇지 않으면 서구의 발전단계와 동일한 보편적 발달과정을 거쳐 왔는가를 설명하기 위한 논리에 주목한 것이다.

동시에 그것은 고대부터 지속된 것인지 아니면 근대 이후에 형성된 것인지를 파악하게 해주는 열쇠가 되었다. 그러한 의미에서 일본 역사에서 원시적 국가가 성립한 시기, 즉 3세기인가 6세기인가 7세기인가를 검증하기 위해 '다이카 개신'이 성립된 흐름의 개관이나 동향이 매우 중요했던 것이다.[49]

사에키 아리키요는 나카 미치요의 기년론 비판을 과학적인 기년론이라고 해석했으며 나카 미치요의 고대사론은 과학적 논리에 근거를 두었다고 보았다. 1897년을 기년으로 문제 삼는 「상세년기고(上世年紀考)」를 통해 일본의 황통 기년의 오류를 지적한다. 이처럼 일본의 메이지기 고대사 연구자들은 실증주의 사학에 근거하여 과학성을 담보로 했으며 일본 기년의 문제를 통해 『일본서기』와 『고사기』의 내용을 비판적으로 다루었다.

즉 천황의 연대기를 보여주는 『일본서기』가 허위라는 것과 자료들이 가진 문제가 대두되었다. 따라서 이를 정당화하기 위해서는 새로운 해석 요소를 가져와야만 했다. 그것은 다름 아닌 기존의 해석 논리에 사용된 일정한 법칙에 대해 문제를 제시하는 방식이었다.

그것은 기년이라는 기호, 즉 간지(干支)와 사실(史實)을 다시 정합하는 방법이었다. 사료 그 자체의 기술에 따르면 일본 고유의 정체(政体) 등의 성립과 전개를 논한 기존의 논리들이 성립되지 않게 되

---

49) 佐伯有清 (1976), 「日本古代史研究の過去と現在」, 『北海道大学人文科学論集』 13, 北海道大学教養部人文科学論集編集委員会, pp.177-190.

는데, 해석의 기준이 된 연대관(年代觀)의 불안정성을 사료의 기술과 사실의 괴리가 의식되었던 것이다. 역사를 해석하는 기준에 의문을 갖게 되는데[50] 이를 제시한 것은 바로 나카 미치요였다.

나카 미치요는 『일본서기』를 기준으로 『삼국사기』와 비교한 것과, 지나의 『위서』·『진서』와 비교했을 경우 120년의 차이라는 모순이 생긴다고 주장한다.[51] 따라서 이를 재배열하기 위해 기준을 새로 설정하지 않으면 안 되었다. 나카 미치요가 주목한 것은 『한사(韓史)』였는데 상고(上古)의 사실을 확정하는 방법을 고안하게 된다.[52]

그것은 자국의 왕위계승의 정당성 사실화를 자처하기 위해 주변국가들의 기년을 활용하며 자국의 표준성을 제시하기 위한 작위적인 작업의 진척이었던 것이다.

이러한 역사의 개조론이 사실적인 가치로서 도구의 합리성은 완전성을 갖추지 못했음에도 심상적으로는 일본 내에서 고유한 정체성으로 자리잡고 있었다. 그것은 결국 기년 역사의 기준이 흔들리면서 이를 극복하고 새로운 통일성을 만들어가기 위해 조선과 중국의 서적들을 참고하여 다시 국민적 가치를 일본 내의 고서와 연결시켜 일본의 역사를 창출하려는 '역사가의 욕망=요소의 창출'이었다.

이처럼 메이지기 이래 나카 미치요의 '간지 120년'이라는 문제의 해결 방식은 신공황후(神功皇后)를 가공의 인물로 보게 되었고, 최대의 논쟁거리로서 고대국가의 형성을 3세기로 보는 설과 4세기로

---

50) 田中聡 (1998), 「「上古」の確定―紀年論争をめぐって」, 『江戸の思想』 8, ペリカン社, p.58.

51) 倉西裕子 (2003), 『日本書紀の真実―紀年論を解く』, 講談社, p.27.

52) 森清人 (1956), 『日本紀年の研究』, 詔勅講究所, p.141.

보는 설에 대한 논쟁이 확대되어간다. 3세기 설은 요시다 도고(吉田東伍), 모리 기요도(森淸人)에 의해 주창되었고 4세기 설의 대표자는 나카 미치요, 구메 구니타케, 구로이타 가쓰미였다.[53] 구로이타 가쓰미가 도쿄대학의 국사학과에서 중심적 역할을 담당하고 있을 때, 하니 고로는 실증주의 역사학을 근거로 하여 천황제주의의 반대 방향으로 나아갔다.

전전의 역사 해석 방식, 즉 나카 미치요의 '기년 논쟁'이 과학적이고 실증적이라고 평가하는 논리에 대해 비판한 의견들의 재비판이 이어진다. 마르크스주의 사학자 이누마루 기이치는 같은 마르크스주의 사학자 사에키 아리키요가 나카 미치요의 기년론을 과학적이고 실증적인 연구였다고 평가한 것에 대해 비판했다.

사에키 아리키요의 논리에 제국주의적 역사관이 오히려 뿌리 깊게 남아 있음이 투영된 것이라고 전전의 사고를 재현해냈다. 즉 이누마루 기이치는 나카 미치요의 기년론이 황기(皇紀)에 비판적 검토를 가한 것이기는 하지만, 결국 '신공황후 실재설'의 이론 위에 정한설을 긍정하는 논리를 내포하고 있었다는 것이다.

신공황후의 정한론이 공중누각이라는 점은 자명한 사실인데, 반드시 과학적이라고는 말할 수 없으며 황기를 비판한 점에서 과학적 일면을 갖고 있지만 그것은 신화 해석 사관의 탈피에 철저하지 못함을 비판한 것이다.

이러한 논리를 이누마루 기이치는 '부르주아적 자유주의적 고증사학'이라고 비판한다. 즉 나카 미치요나 미야케 요네키치가 전개한

---

53) 倉西裕子 (2003), 전게서, pp.28-29.

것은 실증주의적 혹은 과학적이라는 역사관의 입장에서 기존 신화 해석에 대해 진보적인 논리로 수정을 가한 것으로 역사관을 뒤집는다거나 그 속에 주체적 논리를 세우지 못하고 지속성과 연장선상에서 전개한 논리라고 본 것이다.

이것도 전체적 맥락에서 보면 제국주의적 역사관의 일종 혹은 변종에 불과했다. 특히 미야케 요네키치\가 고사(古史)의 오류를 지적한 행위는 국체를 무시한 것이라는 비난이 일자, 이에 대해 '애국의 정신은 사학연구에서 일어난다'[54]며 애국심에 근거하여 고사의 오류를 지적한 것이라고 설명했다. 미야케 요네키치는 애국적 입장=제국주의적 역사관이었다.

미야케 요네키치는 전전의 요시다 도고와 나카 미치요와 학문적으로 연결되어 있었고 제자인 시라토리 구라키치로 이어졌다. 그럼에도 불구하고 미야케 요네키치에 대한 평가 중 이와이 다다쿠마(岩井忠熊)는 미야케 요네키치가 천황제적인 국체사학과 대결하지 않고 다만 초월해버렸다고 논한다.

특히 엄밀한 사료 비판을 결여한 채 『기기』로부터 고대인의 사상을 도출했기 때문에 국체사관과 심각한 모순 대결이 생겨나지 않았다고 말한다. 이와이 다다쿠마는 『구사학(舊辭學)』 등에 대한 정밀한 평가가 결여되었고, 오자와 에이치(小沢栄一)에 의한 미야케 요네키치의 학문과 당시 과학적 역사학 건설에 노력의 내재적인 발전을 중시하는 관점이 약하다는 평가를 받았다.[55]

---

54) 犬丸義一 (1976), 「近代史家のみた古代史論争」, 『季刊三千里』 第7号, 三千里社, p.46-48.

55) 小沢栄一 (1968), 『近代日本史学史の研究』, 吉川弘文館, 岩井忠態 (1975), 「日本近代史学の形成」, 『岩波講座日本歴史』 (別巻1), 岩波書店, 森田俊男 (1972), 「三宅米吉論」, 『教育学研究』 39巻 1号 日本教育学会, p.2.

다시 말해서 오히려 내재적 발전론에 대한 논점이 약한 것을 단점으로 지적하면서 미야케 요네키치의 역사 기술 방식을 비판한다.[56] 그리하여 고대사 연구에서 일본 마르크스주의 사학자들의 경우 6세기 설, 7세기 설로 나뉘어져 4세기=일본 국가 형성설을 취하는 주장은 거의 사라지게 되었다. 이전에 4세기 성립설을 주장한 마르크스주의 사학자 이시모다 쇼도 결국 4세기 설을 포기하고 만다.[57] 이는 국가 성립설에 대한 재구성이 시도된 것으로 국가의 기원에 대한 해석이다.

이는 일본 고대국가의 성립이 아시아적 고대 전제국가의 논리와 연결된다. 기본적으로 씨족공동체와 동일단계로 파악하는 아시아적 공동체적 잔존설에 근거하여 아시아적 전제국가로 성립했다고 보았다.

즉 일본 최초의 국가가 형성되는 과정에서 사회적 생산 방식을 해석 요소로 설정하여 거기서 나타난 가부장제적 세대공동체의 발전과 이것이 발전하여 국가의 형태를 이루게 된 것 또한 성립 가능한데, 그것은 국가가 성립하는 가장 적합한 최고의 시기적 단계를 설명해낼 수 있기 때문이다.

그것은 노예제 계급관계 속에서 고대국가 성립의 중요한 계기를 찾아내는 것이며 가부장제 세대공동체가 성립하면 고대국가의 성립은 율령 체제의 형성과정에서 찾을 수 있기 때문이다. 그렇기 때문에 일본 고대사의 다이카 개신에 단서가 있다는 것이며 형태적으로

56) 直木孝次郎 (1980), 「日本古代史の研究と学問の自由-森鴎外・三宅米吉・津田左右吉を中心に」, 『歴史評論』 363, 校倉書房, pp.2-16.

57) 石母田正 (1973), 『日本古代国家論 第一部 官僚制と法の問題』, 岩波書店, pp.1-439.

사회발전에 의해 고대국가의 발전이 설명되는 것이다.

그런데 문제는 바로 고대국가의 발전단계로 볼 것인가 아니면 특이한 단계의 하나로 설명하여 새로운 국가로 발전했다고 볼 것인가에 차이가 생긴다는 점이다. 그렇지만 이는 모두 내재적 발달론에 근거를 둔 것이며 국가사(國家史)로서 국가론으로 수렴되는 것이다.

이는 국가 그 자체가 역사상에 어떻게 발생했는가를 설명하는 의미에서 기원론을 설명할 수 있지만 그 국가상을 설명할 때 사용된 배경 이론들에 의해 국가가 해석되는 것이다. 그것은 바로 마르크스 사학과 실증사학의 결합인 것이다.58)

마르크스주의적 통사의 효시로 일컬어지는 와타나베 요시미치의 『일본역사 논리』는 광개토왕비문을 근거로 조선 반도에의 노예획득 전쟁과 기내 세력의 발흥과 국토통일운동을 3, 4세기의 일로 기술하고 있는 사실에 의해 아직 사상적 변화가 일어나지 않고 있음을 확인했다.59)

이시모다 쇼는 일본이 율령국가의 성립을 둘러싸고 생산관계, 관료제, 신분제도 등을 고찰하면서 국가와 인민의 관계를 규명했다. 즉 이시모다 쇼는 일본 고대국가의 탄생 논리가 갖는 특수성을 찾고 있었다. 이러한 일련의 작업들은 제국주의의 지배로서 마르크스주의 이론을 수용하고 제국주의적 사관에 대한 저항의 논리, 즉 계

---

58) 芝池信幸 (1995), 「日本古代国家形成史論に関する諸前提」, 『紀要』 第8号, 滋賀県文化財保護協会, pp.32-43.

59) 犬丸義一 (1976), 「近代史家のみた古代史論争」, 『季刊三千里』 第7号, 三千里社, p.48. 와타나베 요시미치는 전전에 하야카와 지로(早川二郞)와 고대사 논쟁을 벌인다. 주로 아시아적 생산양식 논쟁 및 노예제 논쟁으로 전개되는데 특히 노예제 논쟁에 대해서는 주도적 역할을 했다. 渡部義通 (1951), 「民衆の科学は築かれて行く」, 『歷史評論』 5(6), 歷史評論社, pp.29-36. 渡部義通 (1953), 「マルクス主義史学「創立記」」, 『歷史評論』 50, pp.15-25. 藤間生大 (1983), 「渡部義通の学問と人」, 『歷史学研究』 512, 靑木書店, pp.52-56.

급의 분파가 생산관계와 어떻게 연관되어 생겨났으며 그것이 일본 내에서 어떤 특징을 갖고 있었는가라는 '내재적 특수성'을 밝혀내는 데 주력하고 있었다.

그것은 바로 일본 제국주의, 일본 마르크스주의 사학이었다. 그런데 전전의 과학적 고대사 연구 흐름의 연속선상에서 전후 마르크스주의 역사학의 계통을 이어나가던 와타나베 요시미치는 3, 4세기 일본 국가설을 유지했기 때문에 '천황제'의 황실 전통을 부정할 수 있었고 국체, 즉 천황제 통치가 절대적이었음을 비판하는 인식을 가질 수 있었다.[60]

결론적으로 일본 제국주의는 절대주의적 천황제 군부를 중심으로 하는 군사적·봉건적 제국주의일 뿐만 아니라 부르주아적 제국주의에서 구성되었다. 그리고 '이중의 제국주의'를 이루고 있기 때문에 제국주의적 역사관도 군사적·봉건적·제국주의적 역사관=천황제 군국주의적 역사관과 함께 부르주아적·제국주의적 역사관이라는 이중의 제국주의 사관으로부터 이루어진 것이라는 인식의 얕음, 후자에 대해서는 인식의 무자각성이 존재한다고 볼 수 있다.[61]

이처럼 내재적 발전론의 입장은 두 가지 비판을 병행하고 있었다. 내재적 발전론에 입각하여 기존의 기년론이 갖는 문제에 대한 수정 요구를 과학적 비판자의 입장이라고 본 것에 대해 평가하는 내재적 발전론의 입장과, 미야케 요네키치가 국체사관과 대결하지 않고 초월한 것은 내재적 연결성을 정밀하게 고찰하지 않아서 생기는 결함이라고 비판받은 것이다. 이러한 흐름을 도식화하면 [표 1]과 같다.

---

60) 渡部義通 (1986), 「「天皇制即国体論」への一批判」, 『天皇制の歴史(上)』, 校倉書房, pp.94-95.
61) 犬丸義一 (1976), 「近代史家のみた古代史論争」, 『季刊三千里』 第7号, 三千里社, p.48.

[표 1] 고대사 해석과 관련한 영향 관계 (필자 작성)

⟹: 상호관계, ⟺: 대립관계 ⟱: 영향관계

| 미우라 슈코 | = | 나카 미치요 | ⟺ | 구메 구니 타케 | ⟺ | 쓰다 소키치 |
| 요시다 도고 | ⟹ | 시라토리 구라키치 | | 구로이타 가쓰미 | | |
| 시바하라 타쿠지 | | | | | | |
| 하라 히데사부로 | ⟺ | 사카모토 타로 | | | ⟺ | |
| | | 이노우에 미쓰사다 | | | ⟺ | |
| 사헤키 아리키요 | | | | | | ⟱ |
| | | 하니 고로 | ⟸ | 와타나베 요시미치 |
| 이시모다 쇼 | = | 도마 세이타 | | |

# '미완의 사관'과 내재주의
# 초극의 행방

전후 일본에서 전개된 유물사관에 대한 해석 중 중요한 요소로서 '인민'이 등장한다. 즉 전전의 부르주아적 제국주의의 입장이 아니라 인민 내부에서 전개되는 인민을 위한, 인민에 의한 투쟁이야말로 창조적 세계를 만들어가는 것이라는 의견이 나오게 된다.

인민대중이 사회발전에 주체적으로 변화의 결정적인 역할을 담당하려면 인민대중에게 그것을 가능하게 할 수 있는 객관적 근거 및 인민대중의 의식이 살아나야 한다고 보았다. 이를 위해서는 객관적 법측성에 대해 납득할만한 해명을 제시해야만 했다.

그 해답은 바로 전후 마르크스주의 역사학자들의 '유물사관' 이론이었다. 즉 역사가가 관학 아카데미즘 속에서 부르주아적인 위치에서 진행한 계급투쟁사의 한계점을 인지하게 되었다. 그 반성에서 나온 논리로서 역사가가 인민 내부로 들어가 인민과 함께 하는 시점62)이 강조되었다.

전전의 관학 아카데미즘 사학의 진보 논리에 갇힌 한계성에 대해 전후 마르크스주의 사학자들은 창조성과 과학성을 새로운 요소로

---

62) 遠山茂樹 (2001), 『戰後歷史学と歷史認識』, 岩波書店, p.30.

등장시켰으며 '인민대중'과 접속이 가능한 유물사관을 접속시켜야 한다는 논리를 갖게 되었다.[63] 그것은 자본주의 세계와 사회주의 세계의 대립이라는 구조 속에서 일본은 노동자계급이나 피억압 민족의 해방에 중점을 두고 제국주의에 대항하는 논리로 사용되어 인민투쟁이라는 시점을 중시하게 된다.

미국 제국주의와 독점 자본주의에 반대하고 미국 제국주의에의 종속화와 독점 자본주의의 극복이론으로 수용되어간 전후 사정이 존재한다.[64] 이 종속적 미국 제국주의 논리를 극복하고 주체적 인민대중의 역할을 강조하면서 전근대적인 '민족' 개념과는 다른 민주 민족주의를 창출해야만 하는데,[65] 단순한 논리적 비약만으로는 허공에 맴도는 단순한 '문구(Frase)'에 불과하다고 보고 유물사관을 해명하고자 한다.

이러한 프로세스를 거치는 과정에서 중요한 개념으로 부상한 것은 마르크스 사학에 존재하는 내재적 이론으로서 인간성론과 과학성이 유물사관의 핵심 요소라고 해석하게 되었다. 즉 마르크스주의

---

63) 飛鳥井雅道 (1978),「明治社会主義者と朝鮮そして中国」,『季刊三千里』第13号, 三千里社, p.30.

64) 犬丸義一・中村新太郎 (1971),『物語日本近代史3』, 新日本出版社, pp.400-402.

65) 犬丸義一 (1984),「戦後日本マルクス主義史学史論」,『長崎総合科学大学紀要』25卷 1号, 長崎総合科学大学図書刊行委員会, pp.103-126. 전후 일본에서 1950년대 전환점을 맞은 마르크스주의 역사학 분야에서 중요한 키워드는 '민족의 문제'였다. 미국의 종속적 제국주의 아래 일본은 새롭게 사상을 형성하는 과정에서 '민족'의 문제를 둘러싸고 논쟁을 전개하는데, 그 근거는 종족(folk)과 민족(nation)의 차이점에서 출발했다. 즉 고대 원시부터 일본 민족이 존재했다는 입장과 원시사회에서는 종족이 존재했고 민족은 나중에 형성된 것이라고 보는 입장이었다. 이 논쟁은 결국 일본 민족의 형성을 둘러싸고 본질적인 것이라고 보는 입장과 근대 창출물로 보는 입장으로 나누어지게 되는데, 그 출발점에서부터 이미 한계성을 갖고 있었다. 즉 전자는 스탈린의『마르크스주의와 민족문제』에서 나온 민족의 정의를 중시한 '공식주의' 입장과 후자는 스탈린의「언어학에서의 마르크스주의에 대해」에서 나로도노스치(ナロードノスチ)=포크=민족체(民族体)=아민족(亜民族)에 근거를 두고 있었기 때문이다. 이처럼 일본의 전후 마르크스주의자들의 민족 개념 해석은 스탈린주의의 '내부=내재성' 속에서 민족 이론이 검토되고 전개되었다는 점에서 차이성이 발생했던 것이다.

해석을 둘러싸고 과학주의와 인간주의의 문제가 대두되어 이 부분에 초점이 맞추어졌다.

따라서 그것은 마르크스가 인간의 주체성 문제를 주장한 것에 대한 단편적 해석이며 과학주의만을 강조하는 것도 결국 단편주의라고 보는 논리가 등장한다.

이러한 흐름에 대해『계간삼천리』에 전개된 논설을 보면 마르크스주의의 새로운 지평과 가능성을 확인할 수 있다.『계간삼천리』에서 데라사와 쓰네노부(寺沢恒信)에게 마르크스주의 이론을 수학한 허만원은 헤겔의 변증법 이론을 바탕으로 마르크스주의의 유물론을 해석한 논고를 게재했다.

허만원은 '유물사관'이 갖는 역사성에 대해 논한다. 즉 유물사관을 둘러싸고 두 가지 견해가 나타났는데, ① 인간론이나 주체성의 문제가 결여되어 있다고 보는 시각이 등장하여 반마르크스주의자들의 공격 포인트가 되었다. 일본에서는 가와이 데이치(川合貞一)가 그 전형적인 인물이다.[66]

그와 반대로 ② 다카다 야스마(高田保馬)의 경우로 다카다 야스마는 마르크스에게 경제나 생산관계는 인간과 인간의 관계를 의미하는 것이기 때문에 유물사관에서 인간 중심주의적인 '유인사관(唯人史觀)'으로 귀결되어야 한다고 주장하며 이를 제3사관으로 제창했다.[67]

물론 다카다 야스마가 생산관계를 물질적 내용(생산력)으로부터

---

66) 川合貞一 (1932),『マルキシズムの哲学的批判』, 青年教育普及会, pp.10-35. 文部省学生部 (1932), 『思想問題に関する良書選奨』, 文部省学生部, pp.128-131.

67) 高田保馬 (1925),『階級及第三史觀』, 改造社, pp.306-341.

분리하여 생산관계에서 인간관계만을 형식 논리적으로 추출하여 고정화한 것은 한계점이었다.[68] 전자의 유물사관에서 인간을 뺀 사물 중심적인 경제주의라고 설파한 가와이 데이치와 마르크스의 경제문제가 모두 인간관계를 설파하는 것이라고 본 후자의 다카다 야스마는 대립적이었다.

허만원에 의하면 마르크스주의는 단순한 인간주의도 아니고 단순한 과학주의도 아니라는 것이다. 주체성과 과학성의 통일이야말로 마르크스주의의 본질이라고 주장한다. 또한 주체성과 과학성은 유물사관의 본질을 이루는 커다란 두 개의 기둥이라고 보고 이 주체성과 과학성의 총체적 관점이 필요하다고 지적한다.

허만원은 특히 마르크스에게 영향을 준 루트비히 포이어바흐의 논리를 빌려온다. 포이어바흐가 물론 종교를 레토릭으로 가져와 설명하고 있지만 모든 것을 인간에게서 찾는 인간을 중심에 둔 철학(=인간학)을 상기시켰다. 포이어바흐는 '신(神)'이라는 것 자체를 인간이 만든 것으로 인간 자신이 '자신'을 이상적으로 대상화한 것이라고 주장했다.

즉 그것은 마치 달을 보고 슬픈 얼굴을 하고 있는가라고 구가한 시인이 노래할 때에도 실제로는 달이 슬픈 얼굴을 하고 있는 것이 아니라, 슬픔 속에 있는 자기 자신을 달을 통해 보고 있는 것에 불과하다고 논했다.[69]

포이어바흐는 헤겔철학에서 출발했으며 이후 헤겔철학을 비판적으로 다루면서 유물론적 입장에서 기독교를 비판했다. 포이어바흐가

---

68) 許萬元 (1975),「唯物史観と人間」,『季刊三千里』第3号, 三千里社, p.149.
69) 許萬元 (1975),「唯物史観と人間」, 상게잡지, p.149.

1841년에 저술한 『기독교의 본질(Das wesen des Christentums)』은 일본에서 윤리사상의 하나로 소개되었다.[70] 그렇지만 포이어바흐는 마르크스의 이론을 단지 인간주의로 종결하지 않고 인간주의 속에 관철된 객관적 법측성을 과학적으로 취하는 것을 고민했다.[71]

이 입장을 자연주의와 인간주의의 통일로 정식화했다. 즉 인간 그 자체를 주체로서 취할 뿐만 아니라, 인간을 객관적으로 파악하고 인간의 주체적 활동을 통해 수행되는 객관적인 자연적 법칙 문제를 과학적으로 파악한다는 입장이다. 그것이야말로 주체성과 과학성의 통일이라고 보았다.

> 그 근간을 이루는 가장 중요한 것은 물질의 제1차성이라는 원칙에 따라 인간 의식의 가능성의 근저에 그것을 가능하게 하는 물질적 전제가 있음을 과학적으로 해명할 것을 요구한다. 현대 유물론은 의식의 능동성을 결코 부정하지 않는다. 그렇지만 그것은 물신화(物神化)를 부인하는 것일뿐이다.[72]

이는 또다시 마르크스주의 해석의 오류에서 반복적으로 나타났다. 즉 체코의 저명한 마르키스트인 아담 샤프(Adam Schaff)는 이러한 유물사관의 본질적 이중성(주체성과 과학성의 통일)을 간과하며 마르키시즘을 인간의 철학으로 제창했다.

다른 한편으로 프랑스의 저명한 마르키스트인 알튀세르는 마찬가지로 유물사관의 본질적 이중성을 간과하여 인간주의를 배제한 과

---

70) 綱島榮一郎 (1900), 『西洋倫理學史』, 東京專門學校出版部, pp.442-444, 小牧近江 (1925), 『プロレタリア文学手引』 第1編, 至上社, pp.17-37.

71) 루트비히 포이어바흐 저, 강대석 역 (2019), 『기독교의 본질』, 한길사, pp.13-28.

72) 許萬元 (1975), 「唯物史觀と人間」, 『季刊三千里』 第3号, 三千里社, p.149.

학주의만을 진정한 마르크시즘이라고 주장했다. 현재 이 두 종류의 사고방식이 상호 대립하고 있는데 양쪽 모두 일면적인 오류에 빠져 있는 것이라고 생각된다. 즉 양자가 마르크스의 사상을 전체적 통일로 취하는 것은 안 되고 마르크스의 한 측면만을 취한 나머지 다른 측면을 배제하고 있는 것으로 간주했다.[73]

『계간삼천리』에서 다루는 마르크스주의 역사학의 입장은 마르크스주의의 해석을 전개하면서 전전에 실증주의 사학에서 범한 오류를 극복하고, 마르크스주의의 주체론과 과학성을 동시에 총체적으로 보기 위해 노력했다. 그 이론 중 하나는 과학적 역사가의 자계(自戒)론이었다.

이를 달리 표현하면 현재주의의 극복 논리였다. 이는 이탈리아의 마르크스주의자 안토니오 그람시(Antonio Gramsci)가 베네데토 크로체(Benedetto Croce)의 역사관의 논리를 통해 새로 만들어낸 논리로서 '삶(생, 生)의 역사'라는 표현이 있다. 현재의 문제의식이나 현상을 삶 그대로 역사 속에 직접적으로 투영하는 것이 아니라, 역사의 객관적 사실을 있는 그대로 인식하려는 과학적인 역사 인식에 서는 것이 필요하다[74]고 제시한다.

일본에서는 이 저서가 1926년에 하니 고로에 의해 번역되었다. 하니 고로는 마르크스주의의 역사학 입장에서 인간의 주체적 측면을 강조하는 논리가 약하다는 역사 단계론이나 외압론에 의해 사회 발전의 계기를 찾는다는 논리와는 달리, 내부 인민들의 노력에 의해 변용되어온 것이라는 주체의 논리에 주목하여 일본 사회에 다대

---

73) 許萬元 (1975), 앞의 잡지, p.151.

74) 犬丸義一 (1976), 「近代史家のみた古代史論争」, 『季刊三千里』 第7号, 三千里社, p.49.

한 영향을 주었다.

주체의 역사란 세계사적 역사단계와 내부의 특수적 관련성을 동시에 논하는 방식으로 전체를 통괄하는 시선으로 역사를 다루게 된다. 이러한 하니 고로의 역사관 해석 요소는 '모든 역사는 현대의 역사'라고 논한 베네데토 크로체의 영향을 받은 것이다.[75]

따라서 하니 고로가 기존 역사서의 논리를 추종한 것은 아니었다. 즉 '역사관=고정된 시대구분'의 논리가 아닌 기년을 통해 역사를 구성하는 방식을 도입한다. 그것은 바로 '윤리' 요소를 통해 일본의 봉건 시대나 농노제에 대한 '해석'을 시도하고, 사회를 변혁시킨 것으로 보는 견해[76]로서 인민을 중심에 둔 일본 인민의 역사로서 천황제에 대한 반성을 시도한 것이다.[77]

베네데토 크로체는 '현대의 역사'란 무엇인가에 주목하며 이를 설명한다. 즉 '현대의 역사'에서 역사란 모든 정신작용과 마찬가지로 시간의 전후 외부에 서서 그것이 연결되고 있는 곳의 움직임과 동시에 형성되고, 이는 연대적이 아니라 개념적으로 차별성을 갖는 것이라고 보았다.

그리고 비현대적인 역사, 즉 과거의 역사는 어느 기성의 역사를 앞에 두고 그에 따라 이 역사에 대해 그것이 천년을 거쳐 온 것인지 한 시간을 거쳐 온 것인지와 상관없이 그것에 대한 비판으로 생긴 역사이다. 그렇지만 이 과거의 역사도 또한 현대의 역사이며 역사 존립의 조건은 사적(史的) 서술을 받는 사건이 그 역사가의 정신 속

---

75) 永原慶三 (2003), 『20世紀日本の歴史学』, 吉川弘文館, pp.96-98.

76) 羽仁五郎 (1949), 『日本における近代思想の前提』, 岩波書店, pp.10-18.

77) 羽仁五郎 (1978), 『自伝的戦後史(上)』, 講談社, p.220, pp.256-257.

에서 생명을 호흡하는 것78)이라고 논한다. 이 문장은 어떻게 이해하느냐에 따라 해석이 달라질 수 있는데 이 논리를 더욱 깊게 이해하게 해주는 글이 있어 소개하기로 한다.

> 현재의 역사가 삶(生)으로부터 직접 일어난다면 과거의 역사라고 흔히 불리는 것도 역시 생으로부터 직접 일어난다. 왜냐하면 하나의 살아 있는 현재적 관심만이 우리에게 과거의 하나의 사실을 연구하도록 충동을 일으키기 때문이다. 그러므로 이 과거의 사실은 현재의 삶과 결합되어 있는 한, 과거의 관심이 아닌 현재적 관심과 일치한다. 이 진리는 역사가들의 경험에 기반을 둔 여러 가지 표현들 속에 항상 수백 가지의 방법으로 계속 언급되고 있으며 또 역사는 삶의 교사(敎師, magistra vitae)라는 케케묵은 격언 속에도 있다. 내가 역사가들의 작업이 지니고 있는 이러한 형식들을 상기시키는 것은 '모든 진정한 역사는 현재의 역사이다'라는 정의를 역설적으로 보이지 않게 하기 위함이다.79)

그런데 문제는 역사에서 '삶과 사상'의 불가분성이 강조되어 역사의 확실성이나 효용성에 대해 반대적인 것이나 의심 등이 사라져 버리게 되는 점에 있다. 즉 하니 고로가 「진리가 우리를 자유롭게 할 것이다」라는 논고에서 언급한 "진리 자체의 상대성 인식이야말로 진리 추구에 끝없는 정신의 기초"80)로 연결된다. 이러한 흐름을 도식화하면 [표 2]와 같다.

---

78) ベネデット・クローチェ(Benedetto Croce)・羽仁五郎 訳 (1952), 『歴史叙述の理論及び歴史』, 岩波書店, pp.2-9, p.147.

79) 베네데토 크로체 저, 이상신 역 (1987), 『역사의 이론과 역사』, 삼영사, p.11.

80) 稲村徹元, 高木浩子 (1989), 「「真理がわれらを自由にする」文献考」, 『参考書誌研究』 35, 国立国会図書館, p.5.

[표 2] 마르크스주의 해석을 둘러싼 수용 영향 관계 (필자 작성)

‖: 상호관계, ⇔: 대립관계

| 유물(唯物)사관적 입장 | | 유인(唯人)사관 | | |
| --- | --- | --- | --- | --- |
| ‖ | | ‖ | | |
| 과학주의 입장 | | 주체성 입장 | | |
| ‖ | ⇔ | ‖ | | |
| 루이 알튀세르 | | 포이어바흐<br>아담 샤프 | ⇒ | 크로체 |
| ‖ | | ‖ | | |
| 가와이 데이치 | | 다카다 야스마 | | ⇓ |
| | ⇓ | | | |
| 안토니오 그람시(현재주의의 극복논리) | | | | |

# 전후 마르크스주의
# 고대사와 차별

　이상으로 본 논고에서는 전전에 기원을 갖는 실증주의 사학적 방법의 전개가 가진 진화주의적 입장을 분석하고, 마르크스주의 역사학자들이 세계사의 기본법칙으로서 마르크스주의 역사학의 발전론을 수용하여 그 흐름의 권역 안에서 일본 고대사 연구를 접속해가는 논리를 짚어보았다.

　일본에서는 메이지기 서구의 실증주의 사학이라는 논리를 수용하는 동시에 역사 서술에서 실증성과 과학성을 중시함으로써 『일본서기』와 『고사기』를 비판하면서 재해석하게 되었다. 그것은 사실(史實)을 재고하는 계기가 되었고 조선과 만주의 자료를 통해 고대사와 일선동조론을 새롭게 재구성하게 되었다. 그러한 과정 속에서 조선관이 형성되었고 일본의 역사학을 진보적으로 구축하는 결과를 가져왔음이 밝혀졌다.

　그리고 전후 마르크스주의 역사가들은 전전의 아시아적 생산양식이 갖는 논리 중 '정체'에 관한 문제를 해결하기 위해 일본의 특수성을 창출해냈고, 이를 근거로 하여 고대사를 재해석하면서 일본의 국가론을 구축하게 되었다. 그러나 전후 이러한 마르크스주의 역사학의 이론은 '타자'의 시선을 추종하는 논리에서 산출된 국민사라는 양가적 식민성의 문제를 인지하게 되었다. 이를 극복하는 논리로서 다시 마르크스주의 역사학의 흐름을 인간학과 과학성의 양극화 그리고 총체화의 가능성에 대해 논하게 되었다.

결국 미국 제국주의 아래 일본은 민족적 자립 국가를 만들어내기 위한 시대적 상황 속에서 마르크스주의를 재해석하고 새로운 주체를 찾기 위해 시도하는 흐름 속에서 전개된 것임이 드러났다.

이러한 흐름을 바탕에 두고 본 논고에서는 첫째, 나카 미치요-구메 구니타케-시라토리 구라키치-스에마쓰 야스카즈-쓰다 소키치 등이 전개한 고대사 논리들의 연관성과 차이성을 살펴보았다. 조선사와 한서를 활용하기는 했지만 그것은 결국 일본『고사기』와『일본서기』를 보강하는 의미로 사용되었다. 그러나 그것은 철저하게 일본 고대국가의 동아시아 지배와 일선동조론을 통한 식민지 지배의 정당성을 확보하기 위한 논리라는 한계성을 갖게 되었다.

특히 그것은 일본 내에서는 실증주의와 과학성이 중요한 '요소'로 작동했기 때문에 진보적 사관이 출현하여 역사 인식을 규정하는 역할을 담당하게 되었던 것이다.

물론 이에 대해 전후 마르크스주의 역사학의 대표자인 이누마루 기이치는 "부르주아적 실증주의 성과의 유물사관에 의한 해석의 변용이라는 단계에 멈춘 것이라는 반성"을 제안했다.[81] 이를 근거로 전후 마르크스주의자인 사에키 아리키요는 나카 미치요, 구메 구니타케, 미야케 요네키치, 시라토리 구라키치, 쓰다 소키치 등의 고증

---

81) 犬丸義一 (1976),「近代史家のみた古代史論争」,『季刊三千里』第7号, 三千里社, p.48.

주의, 실증주의적 부르주아 사학의 과대평가에 빠져 있다고 평가했다. 그렇지만 이러한 전전의 부르주아적 실증주의 사학은 전후 마르크스주의 사학의 내부로 침식되었고 공통의 정설로서 '학교 교과서'에 채용되어버리는 결과로 이어졌다.

둘째, 전후 일본의 마르크스주의 고대사가 전개한 논리들이 고대를 중국에 종속시켜 조선을 지배하는 이면성으로 파악하여 전개한 고대국가관이 아시아적 생산양식의 해석을 둘러싸고, 일본의 특수성을 강조하는 역사를 만들어내는 프로세스가 밝혀졌다. 물론 전전의 실증주의 역사학과 마르크스주의 역사학자 내부에서는 상호 간에 계승과 차이점을 가지면서도 천황제에 대한 비판과 긍정으로 나누어지게 되었다.

그럼에도 불구하고 마르크스주의 역사학자들은 원시제→노예제→봉건제라는 발전단계를 정식화했고, 그 내부에서 일본의 특수성을 강조하는 논리가 전개되면서 일본 역사서에 대한 기술이 완성되었다. 역사의 시대구분법이 사회구조의 특징으로서 실증성과 과학성을 강조하게 되었고, 그 요소들이 작동되어 근대와 원시 고대가 설정되면서 중세사를 서술하는 과정에서 일본의 통사로서 '원시, 고대, 중세, 근세, 근대'라는 역사적 구조가 형성되었던 것이다.

이 역사 구조의 내부를 관통하는 배경에 인민을 중시하고 인민에 의한 고대, 중세, 근대의 역사학으로 부각되었다. 그것은 마르크스주의에서 활용된 개념으로서 근대적 프롤레타리아가 석출되는 과정에서 생겨난 민중과 인민의 개념과 사회주의 이론의 하나로서 유럽의 마르크스 그리고 이를 원용하면서 파생된 자신들의 사회 내부적 뿌리와도 연결되는 주체적 논리의 고민이 시도되었던 것이다.

셋째, 마르크스주의 역사학을 재고할 때 등장한 것은 마르크스주의가 인간론인가 아니면 유물사관인가에 관한 논쟁이었다. 이때 인간론으로서 마르크스 유인론(唯人論)을 주장한 것은 다카다 야스마였다. 반면 유물사관이라고 주장한 것은 가와이 데이치였다. 즉 서구 마르크스주의 이론에 지배되어 현실을 인식하면서 일본 내의 새로운 논리를 찾으려고 노력하는 주체성 찾기가 둘로 갈라져 길항관계를 이루었던 것이다.

그러나 이 둘의 논쟁은 서구에서 이미 전개된 논리들의 반복적 수용이었다. 하나는 체코의 마르키스트이며 '인간 철학'이라고 받아들인 아담 샤프의 논리였고, 다른 하나는 프랑스의 마르크스주의자 알튀세르의 과학주의만을 간주하는 논리를 각각 수용하면서 생긴 논쟁이었다. 이 양가성을 봉합하기 위해 나타난 논리는 생활의 삶 속에서 역사적 인식 속에 갇혀버린 인식을 재고하는 방법으로 치환시키려고 했다. 즉 현재 내부에서 전해지는 역사의 논리 그대로 그 속에서 역사를 바라보고 직접적으로 투영하는 것이 아니라, 역사의 객관적 사실이 무엇인가를 바라보는 역사 인식론에 중점을 두어야 한다는 것으로 논점을 이동시키고 있었다.

이를 통해 전후 일본 내에서 전개된 1960년 신안보조약 체결 아래 미국 제국주의의 종속적 현실을 극복하는 동시에 조선의 식민지 지배에 대한 반성과 역사관에 대한 암부를 바로 직시하고자 했다. 이는 미국 제국주의에 종속된 일본을 통해 일본 제국주의에 의해 종속된 아시아를 다시 보는 탈제국주의 역사 인식의 발견이기도 하다. 바로 이러한 인식을 전후 일본 사회에 저류하는 차별과 배제의 논리를 현재의 역사에 투영하여 증명해보이고자 했던 것이다.

일본 내에서 전개된 실증주의 사학과 마르크스주의 역사학의 '고대사=조선관'의 문제는 일본의 군국주의, 제국주의와 식민지, 반식민지의 문제를 재론하는 계기가 되었다. 이는 서구의 피식민자와 아시아의 제국주의자였던 양면성을 전후 객관화하기 위한 시도이기도 하다.

# 참고 문헌

## 〈제1장〉

박양신 (2008), 「근대 일본에서의 '국민' '민족' 개념의 형성과 전개-nation 개념의 수용사」, 『동양사학연구』 104, 동양사학회, pp.235-265.

박찬승 (2016), 『민족·민족주의』, 소화.

베네딕트 앤더슨 저, 윤형숙 역 (2002), 『상상의 공동체-민족주의의 기원과 전파에 대한 성찰』, 나남.

시오카와 노부아키(塩川伸明) 저, 송석원 역 (2015), 『민족과 네이션』, 이담북스.

이병태 (2021), 「라 메트리의 유물론, 그리고 그 너머」, 『인문과학』 제122집, 인문과학연구소, pp.165-198.

장문석 (2011), 『민족주의』, 책세상.

프리드리히 엥겔스 저, 김민석 역 (2010), 『반듀링론』, 중원문화.

홉스봄 저, 강명세 역 (2019), 『1780년 이후의 민족과 민족주의』, 창비.


ア-ネスト·ゲルナー, 加藤節監 訳 (2020), 『民族とナショナリズム』, 岩波書店.

エンゲルス 著, 栗田賢三 訳 (1952), 『反ヂューリング論 (上巻)』, 岩波書店.

カール·カウツキー 著, 丸山敬一 訳 (1999), 「民族性と国際性」, 『中京法学』 34巻 1·2号, 中京大学法学会, pp.91-134.

カール·レンナー 著, 太田仁樹 訳 (2001), 「民族の生い立ち」, 『岡山大学経済学会雑誌』 32巻 4号, 岡山大学経済学会, pp.727-747.

カール·レンナー 著, 太田仁樹 訳 (2000), 「国家と民族 (上)」, 『岡山大学経済学会雑誌』 32巻 2号, 岡山大学経済学会, pp.357-380.

スターリン 著, 全集刊行会 訳 (1953), 『マルクス主義と民族問題』, 大月書店.

ベネディクト·アンダーソン 著, 白石さや·白石隆 訳 (1998), 『増補想像の共同体—ナショナリティの起源と流行』, NTT出版.

ミシェル·レブィ(Lowy Michael) 著, 丸山敬一 訳 (1985), 「マルクス主義者と民族問題」, 『中京法学』 第20巻 第2号, 中京大学法学会, pp.28-53.

高島善哉 (1970), 『民族と階級』, 現代評論社.

高杉一郎 (1990), 『スターリン体験』, 岩波書店.

菊地昌典 (1966), 『歴史としてのスターリン時代』, 盛田書店.

大野節夫 (1976),「帝国主義と民族抑圧ーレ-ニンの民族問題論」,『経済学論叢』24(1・2・3), 同志社大学経済学会, pp.44-80.

相田慎一 (1993),『カウツキー研究』, 昭和堂.

相田慎一 (1997),「カウツキー」,『民族問題』, ナカニシヤ出版.

相田慎一 (2002),『言語としての民族』, 御茶の水書房.

上条勇 (1994),『民族と民族問題の社会思想史』, 梓出版社.

上条勇 (1997),「バウアー」,『民族問題』, ナカニシヤ出版.

矢田俊隆 (1963),「オーストリア社会民主党と民族問題」,『スラヴ研究』7号, 北海道大学スラブ研究センター, pp.15-56.

植村邦彦 (2001),『マルクスを読む』, 青土社.

塩川伸明 (2008),『民族とネイションーナショナリズムという難問』, 岩波新書.

田中克彦 (2000),「ソビエト・エトノス科学論-その動機と展開」,『一橋大学博士論文』, 大学院社会学研究科・社会学部, pp.1-170.

田中克彦 (2001),「カール・カウツキーの国家語」,『言語からみた民族と国家』, 岩波書店.

中沢精次郎 (1962),「スターリンによるレーニン主義的民族理論の継承について」,『法学研究』35巻 11号, 慶應義塾大学法学研究会, pp.55-69.

倉田稔 (1997),「レンナー」,『民族問題』, ナカニシヤ出版.

村井淳 (1994),「スターリンの民族問題についての思想と政策」,『ロシア・東欧学会年報』23, ロシア・東欧学会, pp.76-84.

村井淳 (1993),「レーニンの民族問題についての思想と現状」,『ロシア・東欧学会年報』22, ロシア・東欧学会, pp.68-75.

太田仁樹 (2019),「カール・レンナ- の属人的民族的自治論と二元的連邦国家構想」,『岡山大学経済学会雑誌』50巻 3号, 岡山大学経済学会, pp.25-38.

太田仁樹 (2019),「変革主体論から見たマルクスの革命論とマルクス主義の革命論─発展それとも 歪曲」,『岡山大学経済学会雑誌』51巻 1号, 岡山大学経済学会, pp.1-18.

太田仁樹 (2003),「オット・バウア-『民族問題と社会民主主義』の論理」,『岡山大学経済学会雑誌』35巻 3号, 岡山大学経済学会, pp.195-213.

太田仁樹 (2004),「カール・レンナーの民族的自治論:『諸民族の自決権』を中心に」,『済学史学会年報』46巻 46号, 経済学史学会, pp.17-30.

丸山敬一 (1989),『マルクス主義と民族自決権』, 信山社.

丸山敬一 (1997),『民族問題-現代のアポリア』, ナカニシヤ出版.

丸山敬一 (2003),『民族自決権の意義と限界』, 有信堂高文社.


## 〈제2장〉

루이 알튀세르 외, 서관모 엮음, (2012),『역사적 맑스주의』, 중원문화.
차기벽 (1991),『民族主義原論』, 한길사.


ア・カ・アジジャン (1950),「スターリン『民族問題とレーニン主義』の解説」,
　　　『スターリン民族問題とレーニン主義　附解説アジジャン』, 世界経済
　　　研究所.
カール・カウツキー 著, 丸山敬一 訳 (1999),「民族性と国際性」,『中京法学』
　　　34巻 1・2号, 中京大学法学会.
カール・レンナー 著, 太田仁樹 (2000),「国家と民族」(上),『岡山大学経済学
　　　会雑誌』32巻 2号, 岡山大学経済学会.
ターリン 著, 全集刊行会 訳 (1953),『マルクス主義と民族問題』, 大月書店.
加藤一夫 (1993),「中・東欧諸国におけるナショナリズム・ルネサンス―O.バ
　　　ウアー民族理論の再評価をめぐって」,『現代思想』21-5, 青土社.
今村仁司 (1999),『現代思想の冒険者たち』, 講談社.
鈴木是生 (2006),「帝国の解体と民族自決論-バウアー, ウィルソン・レーニン
　　　(1)」,『名古屋外国語大学外国語学部紀要』30, 名古屋外国語大学.
米川紀生 (1987),「Otto Bauer 生誕百フェスティヴァルより」,『三重大学法経
　　　論叢』4巻 2号, 三重大学社会科学学会.
相田慎一 (1997),「カウツキー」,『民族問題』, ナカニシヤ出版.
相田慎一 (1993),『カウツキー研究』, 昭和堂.
相田慎一 (2002),『言語としての民族』, 御茶の水書房.
上条勇 (1997),「バウアー」,『民族問題』, ナカニシヤ出版.
矢田俊隆 (1977),『ハプスブルク帝国史研究』, 岩波書店.
塩川伸明 (2008),『民族とネイション』, 岩波新書.
田中克彦 (2001),『言語からみた民族と国家』, 岩波書店.
中沢精次郎 (1962),「スターリンによるレーニン主義的民族理論の継承につい
　　　て」,『法学研究』35巻 11号, 慶應義塾大学法学研究会.
村井淳 (1994),「スターリンの民族問題についての思想と政策」,『ロシア・東
　　　欧学会報』第23号, ロシア・東欧学会.
太田仁樹 (2003),「オット・バウア―『民族問題と社会民主主義』の論理」,『岡

山大学経済学会雑誌』35巻 3号, 岡山大学経済学会.

太田仁樹 (2019),「カール・レンナーの属人的民族的自治論と二元的連邦国家構想」,『岡山大学経済学会雑誌』50巻 3号, 岡山大学経済学会.

太田仁樹 (2002),「カール・レンナー『諸民族の自決権』(1),『岡山大学経済学会雑誌』34巻 2号, 岡山大学経済学会.

太田仁樹 (1995),「マルクス主義理論史研究の課題(Ⅳ)－松岡・丸山・田中氏の近著によせて」,『岡山大学経済学会雑誌』第24巻 1号.

Ephraim Nimni, Marxism and Nationalism; Theoretical Origins of a Political Crisis, Pluto Press, 1994.

Ronald G. Suny, The revenge of the Past, Nationalism, Revolution and the Collapse of the soviet union, stanford university press, 1993.

## 〈제3장〉

오구마 에이지 저, 조성은 역 (2019),『민주와 애국』, 돌베개, pp.19-20.

ヴァルター・ベンヤミン 著, 浅井健二郎 編訳 (1996),『ベンヤミン・コレクション. 2エッセイの思想』, ちくま学芸文庫, pp.387-411.

スターリン 著, 石山正三 訳 (1953),『弁証法的唯物論と史的唯物論』, 社会主義著作刊行会, p.199.

スターリン 著, 全集刊行会 訳 (1953),「マルクス主義と民族問題」,『マルクス主義と民族問題』, 大月書店, p.90.

家名田克男 (1959),「歴史学とマルクス主義-階級と民族」,『香川大学経済論叢』32巻 3-5号, 香川大学経済研究所, pp.87-108.

犬丸義一 (1984),「戦後日本マルクス主義史学史論」,『長崎総合科学大学紀要』25(1), 長崎総合科学大学図書刊行委員会, p.114.

磯前順一 (2019),『昭和・平成精神史』, 講談社, pp.31-33.

磯前順一・磯前礼子 篇 (2019),『石母田正と戦後マルクス主義史学』, 三元社, p.36.

大石嘉一郎 (1966),「「世界史の基本法則の再検討」によせて-像川論文を中心として」,『歴史学研究』No.311, 青木書店, pp.1-6.

道場親信 (1997),「言語」と「民族」-スターリン言語学論文と日本における受容をめぐる諸問題」,『現代社会理論研究』第7号, 日本社会学理論学会, pp.230-234.

道場親信 (2008), 『抵抗の同時代史』, 人文書院, pp.90-93.

藤間生大 (1951), 『日本民族の形成』, 岩波書店, p.283.

桑原武夫 (1954), 「伝統芸術について」, 『日本史研究』 21, 日本史研究会, pp. 36-38.

西田勝 (1968), 「国家の本質について」, 『国家と幻想』, 法政大学出版局, pp. 179-185.

石母田正 (1971), 『日本の古代国家』, 岩波書店, p.83.

石母田正 (1977), 「国家史のための前提について」, 『戦後歴史学の思想』, 法政大学出版局, p.169.

石母田正 (1981), 『歴史と民族の発見』, 東京大学出版会, pp.14-15.

成瀬治 (1977), 『世界史の意識と理論』, 岩波書店, p.108.

安丸良夫 (1977), 『日本ナショナリズムの前夜』, 朝日選書, pp.6-7.

王増芳 (2018), 「1950年代の日本における 「民族」の提起及びそれをめぐる論争-歴史学研究会を中心に」, 『教養デザイン研究論集』 第13号, 明治大学大学院, p.78.

遠山茂樹 (2001), 『戦後の歴史学と歴史意識』, 岩波書店, p.129.

原秀三郎 (1980), 『日本古代国家史研究-大化改新論批判』, 東京大学出版会, pp.1-10.

田中克彦 (2000), 『「スターリン言語学」精読』, 岩波書店, pp.252-253.

井上光貞 (1975), 『古代史研究の世界』, 吉川弘文館, p.2.

井上清 (1957), 「マルクス主義による民族理論」, 『岩波講座現代思想』 第3巻, 岩波書店, pp.73-92.

佐藤優 (2007), 『国家論』, NHKブックス, pp.142-144.

酒井直樹 (2012), 『日本思想という問題』, 岩波書店, p.viii.

丸山敬一 (1980), 「スターリン民族理論の特質-レーニンとの対比において」, 『中京法学』 15(1), 中京大学法学会, pp.16-42.

丸山敬一 (1987), 「スターリン 「マルクス主義と民族問題」 の理論的価値について」, 『中京法学』 21(3・4), 中京大学法学会, pp.1-2.


〈제4장〉

이상신 (2021), 『레오폴트 폰 랑케와 근대 역사학의 형성』, 고려대학교출판문화원, pp.161-165.

スターリン 著 全集刊行会 訳 (1953), 『マルクス主義と民族問題』, 大月書店, pp.5-68.

ランケ 著, 鈴木成高・相原信作 訳 (1966),『世界史概観』, 岩波文庫, pp.17-18.

江口朴郎 (2013),『帝国主義と民族』, 東京大学出版会, p.160.

岡部健彦 (1963),「歴史における「構造」:西ドイツ史学界の一傾向」,『史林』46
　　巻 6号, 史学研究会, p.129.

磯前順一・磯前礼子 篇 (2019),『石母田正と戦後マルクス主義史学』, 三元社,
　　pp.35-36.

吉武夏男 (1979),「転換期における人間性論について(3)」,『甲南女子大学研究
　　紀要』16, 甲南女子大学, p.70.

渡部義通 (1974),「津田史学の特質と現代的意義」,『津田左右吉』, 三一書房,
　　pp.115-146.

西田勝　(1968),　「国家の本質について」,　『国家と幻想』,　法政大学出版局,
　　pp.179-185.

石母田正 (1981),『歴史と民族の発見』, 東京大学出版会, p.20.

成瀬治 (1977),『世界史の意識と理論』, 岩波書店, pp.117-125.

小林秀雄 (1929),「ランケに關する研究(一)」,『史苑』2巻 2号, 立教大学, pp.
　　105-106, p.108.

小林秀雄 (1929),「ランケに関する研究(二)」,『史苑』3巻 2号, 立教大学, pp.
　　121-122.

小林秀雄 (1930),「ランケに關する研究(四)」,『史苑』3巻 6号, 立教大学, p.3.

佐藤真一 (2019),「ランケとニーブーア: 近代歴史学の成立過程」,『研究紀要』
　　87, 日本大学経済学部, pp.31-53.

小野高治 (1950),「歴史學研究會編世界史の基本法則」,『同志社大學經濟學論
　　叢』1巻 4号, 同志社大学経済学会, p.90.

神山四郎 (1952),「ランケ史学の根底に対する歴史哲学的一考察」,『史學』25
　　巻 3号, 三田史学会, p.125.

遠山茂樹 (2001),『戦後の歴史学と歴史意識』, 岩波書店, p.104.

井上光貞 (1975),『古代史研究の世界』, 吉川弘文館, p.2.

佐藤真一 (2015),「ランケと史料:刊行史料, ヴェネツィア報告書, 帝国議会文
　　書」,『教養諸学研究』139, 早稲田大学政治経済学部教養諸学研究会,
　　pp.25-48.

竹内好 (1971),「アジアのナショナリズム」,『日本とアジア』, 筑摩書房, p.112.

竹内好 (1974),「近代主義と民族の問題」,『竹内好評論集』第2巻, 筑摩書房,
　　p.280.

仲栄太郎 (1956),「ランケの世界史像」,『大阪学芸大学紀要 人文科学』(4), 大

阪學藝大學, p.107.

津田左右吉 (1929), 「歴史の矛盾」, 『史苑』 2巻 1号, 立教大学, pp.2-18.

津田左右吉 (1934), 「日本思想形成の過程」, 『史苑』 8巻 3・4号, 立教大学, pp.195-199.

津田左右吉 (1988), 「学問の立場から見た現時の思想界」, 『津田左右吉全集』 第 23巻, 岩波書店, pp.45-162.

津田左右吉 (2012), 「建国の事情と万世一系の思想」, 『古事記及び日本書紀の研 究』, 毎日ワンズ, p.10.

喜安朗 (1991), 「歴史理論」, 『史学雑誌』 第100巻 第5号, 史学会, pp.608-613.


## 〈제5장〉

김일수 (2005), 「역사가 金錫亨의 역사학」, 『역사와 경계』 54, 부산경남사학 회, p.57.

나카쓰카 아키라 저, 성해준 역 (2005), 『근대일본의 조선 인식』, 청어람미디 어, pp.159-196.

루트비히 포이어바흐 저, 강대석 역 (2019), 『기독교의 본질』, 한길사, pp.13-28.

베네데토 크로체 저, 이상신 역 (1987), 『역사의 이론과 역사』, 삼영사, p.11.

송호정 (1997), 「북한 역사학계의 거두 김석형과 한국사연구」, 『역사비평』 38, 역사비평사, p.384.

위가야 (2020), 「삼한・삼국 분국설의 구상과 파급」, 『사학연구』 137호, 한국 사학회, pp.94-95.

최재석 (1990), 『일본 고대사연구 비판』, 一志社, pp.148-185.


ベネデット・クローチェ(Benedetto Croce), 羽仁五郎 訳 (1952), 『歴史叙述の 理論及び歴史』, 岩波書店, pp.2-9.

江橋崇 (1985), 「指紋制度にみる国家意識の暗部」, 『季刊三千里』 第42号, 三 千里社, pp.24-32.

綱島榮一郎 (1900), 『西洋倫理學史』, 東京専門學校出版, pp.442-444.

姜尚中 (1985), 「「在日」の現在と未来の間」, 『季刊三千里』 第42号, 三千里社, pp.118-125.

犬丸義一 (1975), 「唯物史観と人間」, 『季刊三千里』 第7号, 三千里社, pp.42-49.

犬丸義一 (1976), 「近代史家のみた古代史論争」, 『季刊三千里』 第7号, 三千里 社, p.47.

犬丸義一 (1984), 「戦後日本マルクス主義史学史論」, 『長崎総合科学大学紀要』 25(1), 長崎総合科学大学, p.114.

犬丸義一, 中村新太郎 (1971), 『物語日本近代史3』, 新日本出版社, pp.400-402.

家永三郎 (1973), 『津田左右吉の思想史的研究』, 岩波書店, pp.3-599.

高田保馬 (1925), 『階級及第三史觀』, 改造社, pp.306-341.

工藤雅樹 (1979), 『日本人種論』, 古川弘文館, pp.136－137.

久米邦武 (1891), 「神道は祭天の古俗」, 『史学雑誌』 第23号, p.33.

金達壽 (1977), 「古代日本と朝鮮語」, 『季刊三千里』 第11号, 三千里社, p.32.

金達壽, 久野収 (1975), 「相互理解のための提案」, 『季刊三千里』 第4号, 三千里社, p.22.

磯前順一 編 (2019), 『石母田正と戦後マルクス主義史学:アジア的生産様式論争を中心に』, 三元社, p.49.

那珂通世 (1894), 「朝鮮古史考」, 『史学雑誌』 第5編 第5号, pp.44-45.

渡部義通 (1986), 「「天皇制即国体論」への一批判」, 『天皇制の歴史(上)』, 校倉書房, pp.94-95.

稲村徹元, 高木浩子 (1989), 「「真理がわれらを自由にする」文献考」, 『参考書誌研究』 35, 国立国会図書館, p.5.

藤間生大 (1951), 『日本民族の形成』, 岩波書店, p.283.

藤間生大 (1970), 「現在における思想状況の課題として」, 『歴史学研究』 361, 青木書店, pp.18-29, p.51.

藤間生大 (1983), 「渡部義通の学問と人」, 『歴史学研究』 512, 青木書店, pp.52-56.

瀧井一博 (1996), 「「日本におけるシュタイン問題」へのアプローチ」, 『人文學報』 第77号, 京都大学人文科学研究所, pp.27-62.

李永植 (1993), 『伽倻諸國と任那日本府』, 吉川弘文館, p.33.

李進熙 (1972), 『広開土王陵碑の研究』, 吉川弘文館, pp.1-222.

文部省学生部 (1932), 『思想問題に関する良書選奨』, 文部省学生部, pp.128-131.

福本勝清 (2002), 「アジア的生産様式論争史」, 『明治大学教養論集』 351, 明治大学教養論集刊行会, pp.27-67.

福本勝清 (2019), 「アジア的生産様式の発見」, 『明治大学教養論集』 538, 明治大学教養論集刊行会, pp.117-159.

本田喜代治 (1966), 「アジア的生産様式」再論-「停滞」と「段階」の問題を考慮しながら」, 『思想』 501, 岩波書店, pp.58-71.

森田俊男 (1972), 「三宅米吉論」, 『教育学研究』 39巻 1号, 日本教育学会, p.2.

森清人 (1956), 『日本紀年の研究』, 詔勅講究所, p.141.

三浦周行 (1918),「朝鮮の開国伝説」,『歴史と地理』第1巻 第5号, p.46.

霜多正次 (1975),「日本文化の伝統と朝鮮」,『季刊三千里』第3号, 三千里社, pp.12-15.

上田正昭 (1973),「古代史学と朝鮮」,『世界』330, 岩波書店, pp.247-257.

上田正昭 (1991),「津田左右吉の日本古典研究」,『古代学とその周辺』, 人文書院, pp.238-241.

西田勝 (1968),「国家の本質について」,『国家と幻想』, 法政大学出版局, pp.179-185.

石母田正 (1971),『日本の古代国家』, 岩波書店, p.83.

石母田正 (1973),『日本古代国家論 第一部 官僚制と法の問題』, 岩波書店, pp.1-439.

石母田正 (1977),「国家史のための前提について」,『戦後歴史学の思想』, 法政大学出版局, p.169.

石母田正 (1981),『歴史と民族の発見』, 東京大学出版会, pp.14-15.

石井寛治 (2000),「戦後歴史学と世界史」,『戦後歴史学再考』, 青木書店, p.31.

星野恆 (1890),「本邦ノ人種言語ニ付鄙考ヲ述テ世ノ真心愛国者ニ質ス」,『史学会雑誌』第11号, p.29.

小谷汪之 (1985),『歴史の方法について』, 東京大学出版会, pp.149-158.

小牧近江 (1925),『プロレタリア文学手引』第1編, 至上社, pp.17-37.

小澤佳憲 (2009),「北部九州の弥生時代集落と社会」,『国立歴史民俗博物館研究報告』149, 国立歴史民俗博物館, pp.166-167.

松沢裕作 (2012),『重野安繹と久米邦武—「正史」を夢みた歴史家』, 山川出版社, p.31.

柴田翔 (1975),「歴史のなかの言葉」,『季刊三千里』第2号, 三千里社, pp.19-21.

深作安文 (1931),『我國體觀念の發達』, 東洋圖書, pp.249-274.

辻忠夫 (1976),「アジア的生産様式論争の現段階」,『経済学論叢』23巻 5号・6号, 同志社大学経済学会, pp.642-660.

阿部桂司 (1977),「ゆがめられた朝鮮史像」,『季刊三千里』第10号, 三千里社, pp.216-217.

塩沢君夫 (1970),『アジア的生産様式論』, 御茶の水書房, pp.11-36.

永原慶三 (2003),『20世紀日本の歴史学』, 吉川弘文館, pp.96-98.

王増芳 (2018),「1950年代の日本における「民族」の提起及びそれをめぐる論争」,『教養デザイン研究論集』第13号, 明治大学大学院, p.78.

羽仁五郎 (1949),『日本における近代思想の前提』, 岩波書店, pp.10-18.

羽仁五郎 (1978),『自伝的戦後史(上)』, 講談社, p.220, pp.256-257.

遠山茂樹 (1968),『戦後の歴史学と歴史意識』, 岩波書店, p.7.

原秀三郎 (1980),『日本古代国家史研究-大化改新論批判』, 東京大学出版会, p.13.

田中宏 (1987),「内なる歴史の証人たち―在日朝鮮人が照射するもの」,『季刊三千里』第50号, 三千里社, p.32.

田中聡 (1998),「「上古」の確定―紀年論争をめぐって」,『江戸の思想』8, ペリカン社, p.58.

井上光貞 (1952),『古代社会』, 朝倉書店, pp.46-48.

井上光貞 (1975),『古代史研究の世界』, 吉川弘文館, p.2.

佐伯有清 (1976),「日本古代史研究の過去と現在」,『北海道大学人文科学論集』13, 北海道大学教養部人文科学論集編集委員会, pp.177-190.

中野好夫, 金達寿 (1975),「ナショナリズムについて」,『季刊三千里』第2号, 三千里社, pp.22-35.

中塚明 (1993),『近代日本の朝鮮認識』, 研文出版, pp.140-176.

芝原拓自 (1972),『所有と生産様式の歴史理論』, 青木書店, pp.15-70.

芝池信幸 (1995),「日本古代国家形成史論に関する諸前提」,『紀要』第8号, 滋賀県文化財保護協会, pp.32-43.

直木孝次郎 (1980),「日本古代史の研究と学問の自由」,『歴史評論』363, 校倉書房, pp.2-16.

津田左右吉 (1933),『上代日本の社会及び思想』, 岩波書店, pp.240-253.

津田左右吉 (1966),『津田左右吉全集』第28巻, 岩波書店, p.365.

倉西裕子 (2003),『日本書紀の真実』, 講談社, p.27.

川合貞一 (1932),『マルキシズムの哲学的批判』, 青年教育普及会, pp.10-35.

村山正雄 (1965),「古代の日朝関係について」,『朝鮮史研究会論文集』第1集, 朝鮮史研究会, pp.7-42.

沢田勲 (1972),「日本における「アジア的生産様式」論争の展開1」,『金沢経済大学論集』6巻 1号, pp.77-101.

坂本太郎 (1943),『大化の改新の研究』, 至文堂, pp.26-29.

許萬元 (1975),「唯物史観と人間」,『李刊三千里』第3号, 三千里社, p.149.

黒板勝美 (1908),『国史の研究』, 文会堂, pp.298-336.

# 초출일람

서문 : 새로 집필

제1장 전성곤, 「'민족 개념'의 정형화와 '다언어=탈배제성'의 문제」, 『인문과학 』123집, 연세대인문학연구원, 2021년.

제2장 전성곤, 「'역사 없는 민족'의 국민화와 프롤레타리아 내셔널리즘의 조정(措定)」, 『일본사상』41집, 한국일본사상사학회, 2021년.

제3장 전성곤, 「스탈린을 번역하는 이시모다 쇼」, 『일본문화연구』81집, 동아시아일본학회, 2022년.

제4장 전성곤, 「National History of Postwar Japan Facing "World History"」, 『인문논총』제57집, 인문과학, 경남대학교인문학연구원, 2022년. 내용을 대폭 수정 가필하였다.

제5장 전성곤, 「일본 '마르크스주의 역사학'의 '사관(史觀)'과 주체성」, 『일어일문학』 89, 대한일어일문학회, 2021년.

# 색인

## 전성곤(全成坤)

일본 오사카(大阪)대학 대학원에서 일본학을 전공, 문학박사. 오사카대학 외국인초빙 연구원, 고려대학교 일본연구센터 HK연구교수, 중국 북경외국어대학 일본연구센터 객 원교수, 중국 북화대학 외국인 교수를 지냈고, 현재 한림대학교 일본학연구소 HK교수. 주요 저서로는 『탈국민국가라는 외재적 식민주의와 제국』(공저, 2021년), 『Doing 자 이니치』(2021년), 『일본 탈국가론』(공저, 2018년), 『제국에의 길』(2015년), 『내적 오 리엔탈리즘 그 비판적 검토』(2012년), 『일본인류학과 동아시아』(2009년) 등이 있으며, 역서로는 『고류큐(古琉球)의 정치』(2010년), 『근대일본의 젠더 이데올로기』(2009년), 『인문학으로서의 죽음교육』(2008년) 등이 있다.

# 탈구성적 '국민화'
### - 중첩되는 전후론 -

초판인쇄   2022년 4월 15일
초판발행   2022년 4월 15일

지은이   전성곤
펴낸이   채종준
펴낸곳   한국학술정보㈜
주 소   경기도 파주시 회동길 230(문발동)
전 화   031) 908-3181(대표)
팩 스   031) 908-3189
홈페이지   http://ebook.kstudy.com
E-mail   출판사업부 publish@kstudy.com
출판신고   2003년 9월25일 제406-2003-000012호

ISBN   979-11-6801-424-4  93330